beck'sche reihe

bsr

In seiner zweibändigen Geschichte der deutschen Außenpolitik folgt Gregor Schöllgen dem schwierigen Weg Deutschlands von einem passiven Ordnungsfaktor im europäischen Staatensystem zu einem souveränen und integrierten Nationalstaat in der globalisierten Welt. Das 1871 gegründete Deutsche Reich, so sein Befund, war stark und schwach zugleich. Es war zu stark für das Gleichgewicht der Kräfte in Europa – und zu schwach, um dieses Europa von seiner deutschen Mitte aus dominieren zu können. Der dennoch immer wieder unternommene Versuch, dieser halbhegemonialen Stellung zu entkommen, mündete in die Katastrophe zweier Weltkriege. Die Teilung Deutschlands war die Folge. Dass die Deutschen diese akzeptierten, war die Voraussetzung für die neuerliche Vereinigung ihres Landes. Die beiden Bände verfolgen diesen Weg über beinahe zwei Jahrhunderte im Spiegel der Außenpolitik des Deutschen Bundes und des Kaiserlichen Deutschland, der Weimarer Republik und des Dritten Reiches, des geteilten und des wieder vereinigten Deutschland.

Gregor Schöllgen, geb. 1952, Professor für Neuere Geschichte an der Universität Erlangen, ist Mitherausgeber der Akten des Auswärtigen Amtes und des Nachlasses von Willy Brandt sowie Autor zahlreicher zeitgeschichtlicher Bücher. Bei C.H.Beck sind von ihm lieferbar: *Ulrich von Hassell* (2004), *Der Eiskönig* (2008).

Gregor Schöllgen

Deutsche Außenpolitik

Von 1815 bis 1945

Verlag C.H.Beck

Originalausgabe

Satz, Druck u. Bindung: Druckerei C.H.Beck, Nördlingen
Umschlagabbildung: Der Berliner Kongress, 1878, © Klaus Göken/bpk
Umschlagentwurf: malsyteufel, willich
Printed in Germany
ISBN 978 3 406 65446 6

www.beck.de

Inhalt

Vorwort

Das Buch ist der erste Teil einer zweibändigen Geschichte der deutschen Außenpolitik vom Wiener Kongress bis zur Gegenwart. Der zweite Band behandelt die Zeit seit Ende des Zweiten Weltkrieges. Beide Bände sind in sich geschlossene Darstellungen, die einander ergänzen. Sie sind aus den Quellen gehoben, allen voran den Akten des Auswärtigen Amtes. Diese liegen – mit einer editionsbedingten Ausnahme – für die Zeit des Deutschen Reiches in insgesamt 134 Bänden geschlossen vor. Eine im internationalen Vergleich beispiellose Anstrengung, die auch etwas über die Bereitschaft der 1870 gegründeten Behörde sagt, ihrer Geschichte ins Auge zu sehen.

Dieser erste Teil ist in einigen Partien eine vollständig neu geschriebene Fassung einer erstmals 2005 unter dem Titel «Jenseits von Hitler» erschienenen, seit geraumer Zeit vergriffenen Darstellung. Da sowohl die Quelleneditionen als auch und vor allem die Literatur zum Thema inzwischen alle Dimensionen sprengen, beschränkt sich die Bibliographie auf einige Standardwerke und neuere Titel.

Erlangen, im April 2013 *Gregor Schöllgen*

1. Prolog: Die Deutsche Frage

1815–1871

Am Anfang stand der Untergang. Überraschend kam er nicht. Denn dass dem Heiligen Römischen Reich Deutscher Nation keine Zukunft beschieden war, stand außer Frage. Das «Alte Reich», wie es im Lichte des 1871 gegründeten neuen Reiches genannt werden sollte, hatte seine beste Zeit lange hinter sich. Seit Jahrhunderten mit der Sicherung seiner erodierenden Außengrenzen und immer stärker mit sich selbst beschäftigt, fehlten ihm die Kraft und der Wille zur Behauptung seiner exponierten Stellung in der Mitte des europäischen Kontinents.

Die Frage war nicht ob, sondern wann und durch wen diesem dahinsiechenden, durch die Habsburger verwalteten Reich der Todesstoß versetzt werden würde. Am 6. August 1806 war es so weit. Unter dem Ansturm der von revolutionärem Elan beflügelten französischen Armeen und unter dem ultimativen politischen Druck ihres charismatischen Befehlshabers Kaiser Napoleons I. legte Franz II. die Krone des Heiligen Römischen Reiches Deutscher Nation nieder. Fortan begnügte er sich mit dem Titel eines Kaisers von Österreich, den er als Franz I. in weiser Voraussicht schon zwei Jahre zuvor angenommen hatte. Mit der Auflösung wurde *de jure* ein Reich liquidiert, das es *de facto* schon nicht mehr gab: Wenige Tage zuvor, am 25. Juli 1806, hatten die Fürsten West- und Süddeutschlands die von Napoleon dekretierte so genannte Rheinbundakte ratifiziert und waren damit nicht nur aus dem Reich ausgetreten, sondern hatten auch die Herrschaft des Franzosenkaisers rechts des Rheines anerkannt.

Was folgte, hat die innere und äußere Ordnung Deutschlands, Europas und der Welt innerhalb nicht einmal eines Jahrzehnts so grundlegend verändert wie kaum eine zweite Episode der neueren Geschichte. Zwar konnte schließlich die Macht der Franzosen durch den konzentrierten Druck der übrigen Mächte in der Völkerschlacht von Leipzig Mitte Oktober 1813 und mit dem Einmarsch der siegreichen Armeen in Paris Ende März 1814 gebrochen werden. Doch blieben die Spuren ihrer Herrschaft allenthalben sichtbar. So gesehen ist zu Recht gesagt worden, dass am Anfang «eines modernen Deutschland» Napoleon gewesen sei.[1]

Das Ende des Alten Reiches sowie die unauslöschbaren Spuren, die der große Franzosenkaiser in Deutschland hinterlassen hatte, warfen vor allem die Frage auf, was an dessen Stelle treten sollte. An der geostrategischen Lage Deutschlands hatte sich ja ebenso wenig geändert wie an seiner Bedeutung für die übrigen Akteure des Kontinents, die in dieser Lage gründete: Über Jahrhunderte hinweg war Deutschland das Auf- und Durchmarschgebiet ihrer Armeen, das Schlachtfeld ihrer Kriege und nicht zuletzt das Medium gewesen, auf dessen Kosten man immer wieder zu einer Lösung strittiger Fragen hatte finden können. Aus der Sicht der europäischen Großmächte sollte sich daran möglichst nichts ändern. Für die Deutschen verhielt es sich genau umgekehrt. Ihre prekäre, gefährdete Lage in der Mitte Europas musste in eine stabile, aus eigener Kraft verteidigungsfähige Formation überführt werden. Schon wegen der zweifelhaften Erfahrungen, die sich mit jedem Wandel im Zentrum des Kontinents verbanden, aber auch angesichts der politischen Rahmenbedingungen war das ein außerordentlich ehrgeiziges Ziel.

Hinzu kam, dass am Ende dieses Prozesses nur die Gründung eines deutschen Nationalstaates stehen konnte. Diese Zielsetzung wiederum setzte eine Antwort auf die nicht minder delikate Frage voraus, wer die nationalstaatliche Einigung in die Hand und die zu erwartenden schweren Auseinandersetzungen mit den zahlreichen Gegnern dieses Vorhabens innerhalb und außerhalb Deutschlands auf sich nehmen sollte: Der Kampf um die Vorherrschaft in Deutschland, seine nationalstaatliche Einigung und sein Aufstieg zu einer europäischen Großmacht waren Etappen ein und desselben Prozesses. Kein Wunder, dass die europäische Geschichte der auf Napoleon folgenden Jahrzehnte mal mehr, mal weniger stark, immer aber erkennbar auch von diesem Thema beherrscht worden ist.

Dabei ging es zunächst und vor allem um eine grundlegende Änderung der Rahmenbedingungen für die Deutsche Frage. Dass diese äußeren Bedingungen zumal anfänglich kaum von den Deutschen selbst beeinflusst werden konnten, war gewiss. Einmal abgesehen von ihrer Uneinigkeit gab es ein erklärtes Interesse der europäischen Ordnungsmächte, zu denen anfänglich auch Österreich und Preußen, also die beiden konkurrierenden Führungsmächte in Deutschland, selbst zählten, an ebendiesen Rahmenbedingungen festzuhalten. Nach dem, was Europa seit der großen französischen Revolution, also in den vergangenen zweieinhalb Jahrzehnten, erlebt und durchlitten hatte, galten die Wahrung des Friedens und namentlich die Vermeidung der Renaissance eines revolutionären und expansiven Frankreichs auch Österreich und Preußen als hohes Gut. Das machte sie einstweilen zu Hütern der neuen Ordnung.

Schon der seit dem Herbst 1814 in Wien tagende Kongress verflocht die Neuordnung Europas und die Neuordnung Deutschlands aufs Engste miteinander. Die Konstruktion war das Werk der siegreichen Koalition über Napoleon, der so genannten Quadrupelallianz aus Großbritannien, Russland, Österreich und Preußen. Den harten Kern dieser Allianz wiederum bildete die Ende September 1815 durch den russischen Zaren Alexander I., Preußens König Friedrich Wilhelm III. sowie den Kaiser von Österreich Franz I. bezeichnenderweise in Paris begründete «Heilige Allianz» dieser drei großen kontinentaleuropäischen Monarchien.

Die Bundesakte vom 8. Juni 1815, in der die künftige Gestalt Deutschlands festgelegt wurde, war zugleich auch ein Bestandteil der einen Tag später unterzeichneten Wiener Kongressakte. Sie trug erkennbar die Handschrift des österreichischen Außenministers Klemens Fürst zu Metternich, in dem viele den eigentlichen Regisseur des Kongresses sahen. Mit der Bundesakte kamen die schließlich 41 «*souveränen Fürsten* und *Freien Städte Deutschlands*» überein, «sich zu einem *beständigen Bunde* zu vereinigen», dessen «Zweck» die «Erhaltung der äußeren und inneren Sicherheit Deutschlands und der Unabhängigkeit und Unverletzbarkeit der einzelnen deutschen Staaten» war.[2] Da sich die Gemeinsamkeit auf die Verteidigung der Außengrenzen beschränkte und es nicht zu einer inneren Ausgestaltung, namentlich zu keiner gemeinsamen Verfassung kam, war der Deutsche Bund aufs Ganze gesehen ein «passiver Ordnungsfaktor im europäischen Staatensystem».[3] Das ließ unter den obwaltenden Umständen wenig Spielraum für eine nationalstaatliche Einigung, zumal die Könige von England, Dänemark und den Niederlanden als Landesherren von Hannover, Holstein und Luxemburg Mitglieder des Deutschen Bundes waren. Vor allem aber installierte der Wiener Kongress um Deutschland herum ein ebenso simples wie wirkungsvolles System der Status-quo-Sicherung.

Dieses System war nicht das Ergebnis hoher Diplomatie, sondern eine geradezu zwangsläufige Konsequenz aus dem großen europäischen Krieg zu Beginn des Jahrhunderts. Denn es lebte im Grunde vom Gegensatz zwischen England und Russland, Österreich und Preußen auf der einen und Frankreich auf der anderen Seite. Dass es diesen Gegensatz gab, dass also Frankreich als ernst zu nehmender Akteur auf der europäischen Bühne präsent blieb, war einer Entscheidung geschuldet, die im Lichte späterer Weichenstellungen nicht selbstverständlich, für die Zeitgenossen dieses frühen 19. Jahrhunderts aber naheliegend war. Anders als ein gutes Jahrhundert später, als das für den Ausbruch des Ersten Weltkrieges maßgeblich verantwortliche Deutsche Reich 1919 von den Verhandlungen der Pariser Konferenz ausgeschlossen wurde, war Frankreich 1815 in Wien mit von der Partie – und im Übrigen durch seinen Außenminister Charles-Maurice de Talleyrand bestens repräsentiert. Namentlich Großbritannien, das sich in ebendieser Zeit endgültig auf den Weg zur führenden Weltmacht begab, war daran interessiert, dass sich potentielle Spielverderber und Konkurrenten auf dem Kontinent gegenseitig in Schach hielten. Da lag es nahe, Frankreich im Kreis dieser Konkurrenten zu halten, und der geschmeidige Diplomat Talleyrand wusste diese Chance wohl zu nutzen.

Was die englische Strategie angeht, so ist sie als Politik der *Balance of Power* in die Geschichte eingegangen. Früher oder später haben alle übrigen europäischen Großmächte einmal zu spüren bekommen, was es damit auf sich hatte. Auch Preußen und später dann das unter seiner Führung gegründete Deutsche Reich. Im Falle Preußens lag diese Erfahrung einige Jahrzehnte zurück. Ein halbes Jahrhundert war es her, seit Großbritannien Ende 1761 seine Unterstützung für den mit dem Rücken zur Wand stehenden Preußenkönig Friedrich II. eingestellt hatte. Üppig war sie nie gewesen. An ein unmittelbares militärisches Eingreifen zugunsten Preußens hatte man während dieses 1756 ausgebrochenen, schließlich sieben Jahre währenden Krieges in London ohnehin nie gedacht. Aber die Subsidien, die man Friedrich hatte zukommen lassen, waren diesem doch von einigem Nutzen gewesen, als es ums nackte Überleben ging.

Allerdings interessierte sich England nur insoweit und so lange für das Schicksal Preußens, als dieses gebraucht wurde, um die Franzosen militärisch in Europa zu binden. Denn der Siebenjährige Krieg war nicht nur eine Auseinandersetzung Preußens mit seinen näheren und ferneren Nachbarn namentlich um die 1740 einverleibte österreichische Provinz Schlesien. Im weltpolitischen Zusammenhang ging es vor allem auch um das Kräftemessen zwischen Großbritannien und Frankreich in Kanada und anderen Gegenden der Welt. Und nachdem sich die Briten diesen Teil des amerikanischen Kontinents endgültig gesichert hatten, ließen sie Preußen fallen.

Es lag am unerwarteten Kurswechsel, den die russische Politik nach dem Tod der Zarin Elisabeth I., eine der entschiedensten Gegnerinnen Friedrichs, im Januar 1762 vornahm, dass die aufstrebende Großmacht das überstand. Kein Wunder, dass sich dieses Verhalten der britischen Politik während der Regentschaft König Georges III. tief ins Bewusstsein der Hohenzollern eingebrannt hat. Noch im April 1898 notierte Wilhelm II. – König von Preußen, dritter und zugleich letzter Kaiser des 1871 gegründeten Zweiten Reiches – an den Rand eines Schreibens der deutschen Botschaft in London: «Friedrich der Grosse! Wurde schmählich von Georg im Stich gelassen».[4]

Anlass dieser emotionalen Aufwallung war ein unerwartetes Bündnisangebot der britischen Regierung an die deutsche, von dem noch zu berichten ist. Es musste deshalb als sensationell gelten, weil sich für die britische Gleichgewichtspolitik Bündnisse, also verbindliche Engagements auf dem europäischen Kontinent, an sich verboten. Das lag an der überragenden Bedeutung, die das Kolonialreich – das British Empire – für Großbritannien besaß. Um den überseeischen Aufgaben gerecht werden zu können, mussten sich die Engländer in europäischen Angelegenheiten so weit als irgend möglich zurückhalten. Nur so ließen sich auf der einen Seite die Kräfte auf das Empire konzentrieren und auf der anderen Seite die kontinentaleuropäischen Großmächte politisch gegeneinander in Stellung bringen. Denn das war das Ziel der britischen Gleichgewichtspolitik. Die möglichen Konkurrenten um die führende Stellung in der außereuropäischen Welt mussten sich auf dem europäischen Kontinent mit britischer Hilfe gegenseitig in Schach halten, so dass sie über keine ausreichenden Kräfte verfügten, um die führende Weltmacht jenseits der Meere herausfordern zu können.

Im Grundsatz galt das auch schon für die Jahrzehnte nach dem Wiener Kongress, der mit seiner auch Großbritannien einbindenden Ordnung das äußerste Maß an Verpflichtung darstellte, das man in London zu diesem Zeitpunkt eingehen wollte. Im Kern reduzierte sich diese Verpflichtung auf das solidarische Einstehen für die mit Müh und Not wiederhergestellte gesellschaftliche und politische Ordnung in Europa. Solange diese gewahrt blieb, zeigte sich Großbritannien an den Entwicklungen auf dem Kontinent grundsätzlich desinteressiert. Die rote Linie, die nicht überschritten werden durfte, war ein Krieg, der die Ordnung in Frage stellte und England zum Eingreifen zwang. Solange diese Linie respektiert wurde, gab es für die Briten keine Veranlassung zur neuerlichen Einberufung eines gesamteuropäischen Kongresses und damit zur abermaligen öffentlichen Festlegung der Inselmacht auf auch für sie verbindliche Prinzipien.

Nicht einmal die revolutionären Erschütterungen, von denen Frankreich, Italien und nicht zuletzt Deutschland 1848/49 heimgesucht wurden, brachten die britische Regierung dazu, auf den auch in den folgenden Jahren verschiedentlich unterbreiteten Vorschlag eines europäischen Kongresses einzugehen. Dahinter steckte kein zauderndes Abwarten oder gar Zurückweichen vor einer unübersichtlichen Situation, sondern kühles Kalkül der auch wirtschaftlich führenden Macht Europas, die ihrerseits das Jahr 1848 ohne größere innere Verwerfungen überstanden hatte. Ohne Risiko war dieses Kalkül freilich nicht, denn es eröffnete Spielräume, die andere zu nutzen verstanden – allen voran Frankreich, in gewisser Weise Italien und nicht zuletzt Preußen. Ganz auf den Erhalt der bestehenden Ordnung fixiert, verweigerten sich die britischen Regierungen während der vierziger und fünfziger Jahre des 19. Jahrhunderts der Erkenntnis, dass diese Ordnung längst zu einem Haus ohne Fundament verkommen war: Die Solidarität, der Wille zu gemeinsamem Handeln, war kaum mehr als ein Lippenbekenntnis, seit sich die Mächte Europas 1848 in der maßgeblichen Regie Großbritanniens auf das Minimalziel verständigt hatten, das Ausufern der revolutionären Bewegungen in einen Krieg zu verhindern.

Gewiss, für sich genommen war das eine beachtliche Leistung. Und natürlich gilt auch in diesem Fall, dass man nachher stets klüger ist. Dennoch wird hier für den Betrachter erstmals ein Handlungsmuster erkennbar, das für die britische Politik bis zum vollständigen Zusammenbruch des traditionellen Staatensystems am Ende des Zweiten Weltkrieges charakteristisch bleiben sollte: Noch die Appeasementpolitik der dreißiger Jahre des 20. Jahrhunderts war im Kern nichts anderes als der Versuch, durch die Hinnahme von Verstößen gegen die – in diesem Fall 1919 etablierte – europäische Ordnung den großen Krieg und damit ein Eingreifen auf dem Kontinent zu vermeiden.

Insgesamt sind die britischen Regierungen damit immer wieder gescheitert, eben auch im weiten Vorfeld des Ersten Weltkrieges. Es ist müßig zu spekulieren, wann und womit die Entwicklung einsetzte, die schließlich in diese bis dahin größte Katastrophe der neueren europäischen Geschichte mündete; der Weg in diesen ersten Weltkrieg des 20. Jahrhunderts wird in den folgenden Kapiteln nachgezeichnet. Aber sicher ist doch, dass die 1871 gegründete Großmacht Deutsches Reich unter den gegebenen Umständen nicht mit dem Gleichgewicht der Kräfte in Europa harmonierte. Sicher ist auch, dass die Gründung dieses Reiches ohne die faktische Aufkündigung des 1815 beschlossenen Solidaritätsprinzips schwer vorstellbar war, jedenfalls zu diesem Zeitpunkt und mit dieser Dynamik.

Eben weil die Deutsche Frage seit 1815 vertraglich verbriefter Bestandteil der europäischen Ordnung gewesen ist, ließ sich in die deutschen Angelegenheiten nur Bewegung bringen, wenn diese Ordnung zerstört wurde oder doch jedenfalls im Zustand des Zerfalls war. Wer immer in Deutschland darauf setzte, musste warten können und einen Instinkt für den richtigen Zeitpunkt besitzen. Aus eigener Kraft, gar mit dem Mittel militärischer Gewalt eine Änderung der Rahmenbedingungen für die Gründung eines deutschen Nationalstaates herbeiführen zu wollen, war ein aussichtsloses Unterfangen.

Dass sich diese Rahmenbedingungen änderten, dass namentlich das Prinzip einer «zumindest partielle[n] Solidarität der Großmächte im Rahmen des europäischen ‹Konzerts› zwecks Sicherung des allgemeinen Friedens»[5] zu Grabe getragen wurde, hatte eine Fülle von Ursachen. Zu ihnen gehörten maßgebliche wie die erwähnte britische Europapolitik jener Jahre; zu ihnen gehörten aber auch ursprünglich periphere wie die Orientalische Frage. Wenn es einen Dauerbrenner in der neueren Geschichte Europas gab, dann war es diese. Die Orientalische Frage speiste sich aus mehreren Quellen. Das machte sie so gefährlich. In ihrem Mittelpunkt stand die Zukunft des Osmanischen Reiches. Seit die Türken 1683 zum zweiten Mal vor Wien gescheitert waren, befanden sie sich in der Defensive. Die Orientalische Frage war im Kern die Geschichte ihres Rückzugs vom Balkan, ihrer Vertreibung aus Europa an oder gar hinter die Meerengen. Dieser Grundzug erklärt ihre enorme Bedeutung für die europäische Politik bis zum Ende des Ersten Weltkrieges; und er erklärt die Schlüsselrolle, die Bosporus und Dardanellen dabei spielten.

Denn wer den Zugriff auf die türkischen Meerengen besaß, der kontrollierte sowohl die Ausfahrt aus dem Schwarzen Meer als auch die Zufahrt in dasselbe. Vom Osmanischen Reich einmal abgesehen, hatte keine andere Großmacht ein derart vitales Interesse an dieser Frage wie der zweite große Anrainer: Für Russland war die ungehinderte Passage durch Bosporus und Dardanellen vor allem aus militärischen, aber zusehends auch aus wirtschaftlichen Gründen lebenswichtig. Namentlich der russische Getreideexport lief, sofern nicht der politisch unwägbare Landweg über Deutschland genommen wurde, durch die Meerengen. Im Unterschied zu den Routen, die ihren Ausgang in den russischen Ostseehäfen hatten, garantierten Bosporus und Dardanellen ganzjährig eine eisfreie Fahrt ins Mittelmeer und von dort gegebenenfalls in den Atlantik. Kein Wunder, dass ihre Kontrolle ein Hauptziel der russischen Orientpolitik war.

Allerdings war die Kontrolle der Meerengen nur ein Ziel der russischen Orientpolitik unter anderen, und um die Mitte des 19. Jahrhunderts nicht einmal das vordringliche. Im Grunde hatte Zar Nikolaus I., der Ende 1825 seinem verstorbenen Bruder Alexander I. auf den Thron gefolgt war, nicht weniger im Sinn als ein russisches Protektorat über das Osmanische Reich und damit wiederum die Schaffung einer idealen Ausgangsposition für den von ihm ausdrücklich nicht ausgeschlossenen Fall einer Aufteilung des siechen Imperiums.

Diese Zielsetzung musste mit Englands Interessen kollidieren. Einmal abgesehen von der Bedeutung, die das Osmanische Reich für die Exporte der führenden Industrienation der Erde besaß, galten für die britische Regierung «die Integrität und die Unabhängigkeit» des Osmanischen Reiches als nicht zur Disposition stehende Voraussetzungen für die Ruhe, den Frieden und das Gleichgewicht «im übrigen Europa». An dieser Maxime hatte sich nichts geändert, seit sie im Sommer 1833 vom späteren Außen-, Innen- und Premierminister Henry John Temple, Third Viscount Palmerston, vor dem Unterhaus formuliert worden war,[6] weil sich an der Lageeinschätzung nichts geändert hatte: Mit Blick auf die Sicherung Indiens, den Dreh- und Angelpunkt des britischen Empire, waren stabile Verhältnisse im östlichen Mittelmeerraum einschließlich eines intakten Osmanischen Reiches unabdingbar. Gelegentlich von britischer Seite, zum Beispiel 1844 gegenüber dem russischen Außenminister Karl Robert Graf von Nesselrode, akademisch erörterte Pläne über eine eventuelle Aufteilung der Türkei änderten daran nichts.

Und so kam es, wie es nach Lage dieser Dinge kommen musste. Aus einem vergleichsweise nichtigen Anlass, nämlich der Forderung Russlands nach Restitution der Privilegien der orthodoxen Kirche im Osmanischen Reich, entwickelte sich im Handumdrehen ein rasant eskalierender Konflikt. Seine maßgeblichen Akteure waren hinter den Kulissen Großbritannien und auf der Bühne des Geschehens Russland. Zar Nikolaus I., dem nach der blutigen Niederschlagung der Aufstände in Polen und Ungarn 1831 beziehungsweise 1849 ein einschlägiger Ruf vorauseilte, war es vorbehalten, den entscheidenden Schritt zu tun und mit dem Einmarsch russischer Truppen in die Donaufürstentümer Moldau und Walachei die türkische Kriegserklärung zu provozieren. Den Beteiligten war von Anfang an bewusst, dass der Krieg leicht zu einem sämtliche europäische Großmächte involvierenden Flächenbrand werden konnte. Das erklärt, warum Großbritannien und in seinem Gefolge Frankreich fast ein halbes Jahr verstreichen ließen, bis sie der türkischen Kriegserklärung an Russland am 27. beziehungsweise 28. März 1854 ihre eigenen Kriegserklärungen an das Zarenreich folgen ließen.

Der daraus entstehende Konflikt, der als «Krimkrieg» in die Geschichte eingegangen ist, kann in seinen Folgen für die Entwicklung Europas im Allgemeinen und Deutschlands im Besonderen kaum hoch genug veranschlagt werden. Von einem russischen Protektorat über das Osmanische Reich konnte spätestens nach der Erstürmung der Festung Sewastopol durch britische und französische Truppen am 8. September 1855 keine Rede mehr sein. Ganz im Gegenteil musste Russland mit dem Ende März 1856 in Paris unterzeichneten Friedensvertrag unter anderem der Aufnahme der Türkei in den exklusiven Klub der nunmehr sechs europäischen Großmächte zustimmen und weitere demütigende Bestimmungen hinnehmen, darunter vor allem auch die Neutralisierung, also Entmilitarisierung des Schwarzen Meeres.

Dass der Vertrag in Frankreichs Hauptstadt verhandelt und unterzeichnet wurde, verweist auf die erstaunliche Entwicklung, die dieses Land in den vier Jahrzehnten seit dem Wiener Kongress genommen hatte. Sie war vor allem das Verdienst Charles-Louis Napoléon Bonapartes, eines Neffen des großen Franzosenkaisers. Nach einer zunächst gescheiterten Putschistenkarriere wurde er zum entscheidenden Gestalter der französischen und damit zwangsläufig auch der europäischen Politik. Im Herbst 1848 zum Präsidenten der Zweiten Republik gewählt, war er Anfang Dezember 1851 mit einem neuerlichen Staatsstreichversuch erfolgreich und ließ sich, zwischenzeitlich dank eines Plebiszits mit umfassenden Vollmachten ausgestattet, Anfang Dezember 1852 zum Kaiser der Franzosen proklamieren. Solchermaßen im Innern unangefochten und von den europäischen Mächten, allen voran Großbritannien, in seiner neuen Rolle anerkannt, machte sich Napoleon III. an eine umfassende Revision der immer noch von den Folgen des Wiener Kongresses gezeichneten außenpolitischen Lage seines Landes.

Ob ihm ohne die orientalische Krise ein derart durchschlagender Erfolg möglich gewesen wäre, wie Napoleon III. ihn dann tatsächlich verbuchen konnte, sei dahingestellt. So aber nutzte er die sich nicht ganz unerwartet eröffnende, weil von ihm selbst forcierte Chance und schlug sich schon vor Kriegsbeginn auf die richtige Seite. Nicht nur militärisch, auch politisch gehörte Frankreich als nunmehr völlig rehabilitierte und gestärkte Großmacht zu den Gewinnern. Jedenfalls kurzfristig. Langfristig bildete der endgültige Zusammenbruch der alten antifranzösischen Koalition das Einfallstor für jene dynamischen, im eigentlichen Sinne revolutionären Kräfte, die schließlich auch Napoleon III. und sein System hinwegfegen sollten.

Denn das war die mittelfristig entscheidende Folge des Krimkrieges: Er beendete eine Epoche in der Geschichte des europäischen Mächtesystems und bot somit den zukünftigen Nationalstaaten Italien und Deutschland die «Möglichkeit zu großen Erfolgen einer klug kalkulierenden Machtpolitik».[7] Was Italien angeht, so ist die Geschichte seiner Einigung unter der Führung Sardinien-Piemonts die Geschichte der Verdrängung Österreichs aus Italien – mit französischer und mit preußischer Hilfe. Zunächst erkämpfte sich Piemont 1859 an der Seite Frankreichs und daher mit Erfolg die Lombardei. Dann hatte Preußen ein unmittelbares Interesse daran, dass Italien, seit 1861 von Victor Emanuel II. als König geführt, 1866 nicht unter die Räder kam: Obgleich die Italiener den Krieg gegen Österreich verloren, musste Wien Anfang Oktober im Frieden von Wien Venetien an sie abtreten.

Basis für diese auf den ersten Blick überraschende diplomatische Niederlage Österreichs war ein geheimes Bündnis, das Italien am 8. April 1866 mit Preußen geschlossen hatte. Tatsächlich handelte es sich bei dem Feldzug Italiens gegen Österreich um ein Parallelunternehmen zu jenem «Deutschen Krieg», der mit dem preußischen Sieg über Österreich den Höhe- und vorläufigen Schlusspunkt einer Entwicklung markierte, die kaum jemand vorhergesehen hatte, als in Wien die neue Ordnung Deutschlands und Europas zu Papier gebracht wurde. Vielmehr deutete 1815 schon der Ort der Verhandlungen und der Vertragsunterzeichnung darauf hin, dass unter den gut 40 Mitgliedern des Deutschen Bundes Österreich die Führung beanspruchte. Den Anspruch zu erheben war eine Sache, ihn zu behaupten war eine andere. Ohne die offene oder auch stillschweigende Unterstützung der übrigen Großmächte, allen voran Großbritanniens, hätte Österreich die führende Rolle in Deutschland nicht spielen können.

Die englische Haltung in und zu den deutschen Angelegenheiten reflektierte zum einen die tatsächlichen Machtverhältnisse im Deutschen Bund. Zum anderen war sie aber auch Ausdruck einer präventiven Strategie gegenüber Preußen. Dessen Aufstieg zu einer europäischen Großmacht, gegen den sich die Kontinentalmächte während der vierziger und fünfziger Jahre des 18. Jahrhunderts, also in der Ära Friedrichs des Großen, zeitweilig vereint, im Ergebnis aber vergeblich gestemmt hatten, war nicht vergessen. Gewiss stand dieses Preußen am Ende der Napoleonischen Ära nicht gerade großartig da. Jedoch hatten die preußischen Herrscher in der Vergangenheit immer wieder unter Beweis gestellt, dass sie ihr Land auch durch scheinbar aussichtslose Situationen zum Erfolg führen konnten.

Also hatte man 1815 vorgebeugt und mit der konföderativen Struktur des Deutschen Bundes unter anderem dafür gesorgt, dass die neu gewonnenen rheinischen Provinzen Preußens in Zukunft von seinem Kernland getrennt blieben. Auch konnte Preußen unter entschiedenem politischen Druck der Großmächte, darunter Frankreich, dazu veranlasst werden, auf die ursprünglich angestrebte totale Annexion Sachsens zu verzichten und sich mit etwa zwei

Fünfteln des sächsischen Gebietes zufriedenzugeben. Auch dank dieser Weichenstellungen waren die Machtverhältnisse in Deutschland weitgehend zugunsten Österreichs geklärt.

Preußen fügte sich dem österreichischen Führungsanspruch mal mehr, mal weniger freiwillig. Wenn es die Machtprobe suchte, wie während der Revolutionsjahre 1848/49, zog es in der Regel den Kürzeren: In der so genannten Punktation von Olmütz zwang Österreich den Konkurrenten um die Führung in Deutschland am 29. November 1850 zum Nachgeben in allen strittigen Fragen und zu der Erklärung, deren «endliche und definitive Regulirung ... durch die gemeinsame Entscheidung aller deutschen Regierungen herbeizuführen».[8] Es sollte das letzte Mal sein, dass Preußen in der «Deutschen Frage», wie dieser Machtkampf seither genannt wurde, den Kürzeren zog.

Dass Preußen dann schließlich nicht nur über seinen deutschen Rivalen triumphierte, sondern mit diesem Triumph über den größeren Nachbarn auch den Grundstein für den Aufstieg zur führenden Macht des europäischen Kontinents legte, lag auch an seiner konsequenten Erneuerung und Modernisierung. Sie war nicht von langer Hand geplant, einstweilen auch kaum erkennbar, führte aber schließlich dazu, dass Preußen unbeschadet der politischen Kapitulation von Olmütz inzwischen «der materiell erschöpften und beharrlich vormodernen Habsburger Monarchie dauerhaft überlegen geworden war».[9]

Das zeigte sich zum Beispiel auf dem Gebiet der Wirtschaft und des Handels, auf dem Preußen auch deshalb mit Erfolg tätig werden konnte, weil der österreichische Konkurrent und namentlich der Mann an seiner Spitze, Fürst Metternich, die Tragweite der Aktivitäten schlicht unterschätzte. Beginnend mit der Verabschiedung des Zollgesetzes im Mai 1818 verschaffte sich Preußen gleichermaßen unauffällig wie unspektakulär eine respektable Machtbasis. Von hier aus ließen sich die entscheidenden politischen und militärischen Schritte hin zur Vorherrschaft in Deutschland tun, als die Zeit reif und der richtige Mann an den Schaltstellen der Macht war. Der Deutsche Zollverein, der zum 1. Januar 1834 die preußische mit der süddeutschen Zollunion verschmolz, muss in der Rückschau als der entscheidende Durchbruch gelten; die Verschmelzung des Zollvereins mit dem hannoverschen Steuerverein, infolge derer Preußen seit dem September 1851 unter anderem einen Zugang zur Nordsee hatte, tat ein Übriges.

Ernst zu nehmende Widerstände provozierten diese Maßnahmen nicht. Diejenigen, die wie Palmerston erkannten, dass der Zollverein Deutschland über ein «gemeinsames Nationalgefühl» zur Einigung führen werde,[10] trafen auf taube Ohren. Europa war mit anderen Problemen beschäftigt. Zum Beispiel im Frühjahr 1848 mit dem Krieg um Schleswig-Holstein. Hier kollidierte der dänische Anspruch auf Einverleibung der beiden Herzogtümer mit dem nämlichen deutschen. Es war Preußen, das den Anspruch eines noch gar nicht existierenden deutschen Nationalstaates auf die Herzogtümer durchzusetzen suchte. Dass es damit die Stimmung der Zeit traf, zeigte die breite Unterstützung, die es dabei zunächst durch den Bundestag und, nachdem dieser seine Arbeit eingestellt hatte, durch die seit Mitte Mai in der Frankfurter Paulskirche tagende Nationalversammlung erfuhr.

Daher war es alles andere als selbstverständlich, dass sich Preußen dem Druck namentlich Englands und Russlands beugte und Ende August 1848 mit Dänemark einen Waffenstillstand vereinbarte. Immerhin stellte man sich damit gegen die Forderungen und Erwartungen der empörten Abgeordneten in der Paulskirche. Gleichzeitig verschaffte aber dieses Solo Preußen in den Reihen der Großmächte Respekt und trug dazu bei, dass andere Maßnahmen wie die preußische Zollvereinspolitik aus dem Blickfeld der großen Politik gerieten, obgleich sie dem Machtgefüge in der Konsequenz wesentlich abträglicher waren als Preußens Auftritte auf diesem Parkett der großen Politik.

Denn dort glänzte Preußen nicht gerade durch Souveränität und Fortune. Ganz im Gegenteil schien es sich mit seiner Politik während des Krimkrieges wieder einmal aus dem Kreis der europäischen Großmächte zu verabschieden. Anders als Österreich, das im November 1853 immerhin seine bewaffnete Neutralität erklärte und sich dann faktisch auf die Seite Großbritanniens und Frankreichs schlug, blieb Preußen konsequent neutral. Das war im Wesentlichen die Entscheidung König Friedrich Wilhelms IV., der damit Briten und Franzosen «ein andres Beyspiel» geben wollte, «als das jammervolle welches Östreich denselben» gab.[11] Viele in des Königs Umgebung sahen das ganz anders, darunter auch Prinz Wilhelm, der nachmalige erste Kaiser des Deutschen Reiches, der gegenüber seinem Bruder eine «Neutralität für Preußen» – wiederholt und unmissverständlich – «für nicht nur nicht durchführbar[,] sondern auch nicht für rathsam erklärte».[12] Tatsächlich waren die Folgen unerfreulich.

Obgleich die Berliner Entscheidung für eine konsequente Neutralität maßgeblich dazu beitrug, dass der Krieg auf die orientalische Peripherie beschränkt blieb und sich nicht zu einem gesamteuropäischen Konflikt ausweitete, musste Preußen einen hohen Preis zahlen. Als Einzige unter den europäischen Großmächten war es auf der Pariser Friedenskonferenz anfänglich nicht zugelassen. Erst am 18. März 1856, mithin fast vier Wochen nach ihrer Eröffnung, durften Otto Freiherr von Manteuffel, Preußens Ministerpräsident und Außenminister, und Maximilian Graf von Hatzfeldt, der preußische Gesandte in Paris, «zwischen den Gesandten Großbritanniens und Russlands ... ihre Plätze» einnehmen, wie die beiden an ihren König schrieben.[13]

Eine demütigende Zurücksetzung. So empfand es die politische Führung des Landes. Nur einer sah das anders. Otto von Bismarck, der preußische Gesandte am Bundestag in Frankfurt, gab Ende Januar 1856 zu bedenken, dass Preußen mit seinem Drängen auf Zulassung zum «Concert» seine «bisherige freie Stellung» aufgebe, weil es sich dann von vornherein dem Druck der Mehrheit beugen müsse: «Je kühler wir uns zeigen, desto sicherer rechne ich auf unsere ehrenvolle und freie Zuziehung ... Änderungen von europäischen Rechten, welche uns und die von uns geschlossenen Verträge tangieren, werden, wenn sie je zu Stande kommen sollen, das unabweisliche Bedürfniß unserer Teilnahme erzeugen.»[14] So kam es dann auch wenige Wochen später, und nicht erst hier blitzte jene instinktsichere Witterung günstiger Konstellationen in der internationalen Politik auf, die Bismarck und mit ihm Preußen durch die kommenden anderthalb Jahrzehnte zum Ziel führen sollte. Dieses Ziel hatte jedenfalls Bismarck schon während des Krimkrieges fest im Blick.

In einem ausführlichen Schreiben, das er am 2. Mai 1857 von seinem Frankfurter Dienstort aus an Leopold von Gerlach, preußischer General und enger Vertrauter Friedrich Wilhelms IV., richtete, hat Bismarck die Grundzüge seines Verständnisses von Außenpolitik in der Nachkriegszeit zu Papier gebracht. Wie das 20 Jahre später verfasste so genannte Kissinger Diktat ist es zugleich eine nüchterne Bestandsaufnahme der Chancen und vor allem der Risiken und Schwächen preußischer Außenpolitik: «Wir haben keine Bündnisse und treiben keine auswärtige Politik, d. h. keine active, sondern wir beschränken uns darauf, die Steine, die in unsern Garten fallen, aufzusammeln ... alle die Nuancen von Möglichkeit, Wahrscheinlichkeit oder Absicht, für den Fall eines Krieges dieses oder jenes Bündniß schließen, zu dieser oder jener Gruppe gehören zu können, bleiben doch die Basis des Einflusses, den ein Staat heut zu Tage in Friedenszeiten üben kann.»

Das schloss, für Berliner Ohren unerhört, auch ein pragmatisches Zusammengehen mit dem Frankreich Kaiser Napoleons III. ein, der Bismarck seit dem Sommer 1855 «mehrere lange Audienzen» gewährt hatte. Er verlange ja gar nicht, schrieb der Gesandte an Gerlach, dass man «mit Frankreich ein Bündniß schließen» und gegen den Deutschen Bund «conspiriren» solle, «aber ist es nicht vernünftiger, mit den Franzosen, so lange sie uns in Ruhe lassen, auf freundlichem als auf kühlem Fuße zu stehn?»[15] Das galt vor allem für den von Bismarck für unausweichlich gehaltenen Konflikt mit Österreich. Wann immer es so weit sein würde, war man auf das Stillhalten Frankreichs angewiesen. Wie sich das Verhältnis zum westlichen Nachbarn danach entwickelte, würde man sehen, wenn der erste Schritt getan war.

Tatsächlich eröffneten sich dank der in Paris vollendeten Demontage der Wiener Ordnung ungeahnte Perspektiven für die preußische Politik. Jedenfalls sah das Bismarck so. Zum einen war die Solidarität der alten Ordnungsmächte England, Russland und Österreich endgültig in die Brüche gegangen, ohne dass sich gleichzeitig aus dem englisch-französischen Zweckbündnis eine Allianz mit Perspektive entwickeln konnte. Zum anderen hatte sich Österreich nicht nur aus der «Heiligen Allianz» verabschiedet und damit in Russland einen Gegner gefunden, der die Kräfte der Donaumonarchie zu einem guten Teil band; vielmehr war auch Großbritannien fortan nicht mehr bereit, Österreich als unverzichtbaren Garanten des europäischen Gleichgewichts zu betrachten. Das wog schwer in einer Zeit, die einen inneren Gärungsprozess dieses Vielvölkerstaates sah. Und schließlich gehörte der aus der Napoleonischen Ära herrührende englisch-russische Schulterschluss der Vergangenheit an. Fortan bildeten die beiden europäischen Flügelmächte nicht mehr jene Zange, die eine durch sie nicht kontrollierte Bewegung in der Mitte Europas von vornherein ausschloss.

So fand sich Preußen am Ende des Krimkrieges in einer Situation, die sich auf den ersten Blick ungünstiger ausnahm, als sie tatsächlich war. Bei näherer Betrachtung bot sie nämlich durchaus Chancen, nicht zuletzt die Möglichkeit, die überfällige nationalstaatliche Einigung Deutschlands in preußischer Regie ins Werk zu setzen. Genau genommen war es die einzig verbliebene Chance, dieses Ziel zu erreichen. Auf der einen Seite stand Österreich, voll und ganz mit sich selbst und seinen neuen Gegnern beschäftigt, als kraftvoller Initiator nicht mehr zur Verfügung. Auf der anderen Seite war der Versuch, den Nationalstaat von der Basis her ins Leben zu befördern, 1849 krachend gescheitert: Keines der Ziele, die sich die mit großen Erwartungen und Hoffnungen in der Paulskirche Versammelten gesteckt hatten, war erreicht worden. Wobei es besonders schwer wog, dass der preußische König sich Ende April 1849 rundweg geweigert hatte, die ihm von der Nationalversammlung angetragene Kaiserkrone eines kleindeutschen Nationalstaates anzunehmen. So blieb nur ein Weg, wenn man die sich seit 1856 eröffnete Chance nutzen und die nationalstaatliche Einigung unter preußischer Führung ins Werk setzen wollte. Die Frage war, ob es jemanden gab, der nicht nur diese Chance rechtzeitig erkennen, sondern auch bereit sein würde, den ohne jeden Zweifel riskanten Weg auch einzuschlagen und mit ganzer Konsequenz bis zu einem noch zu definierenden Ziel zu verfolgen.

Otto von Bismarck, am 1. April 1815 in der Altmark geboren, entstammte väterlicherseits jener Führungsschicht, auf die sich die Hohenzollern, die preußischen Könige, stets hatten verlassen können. Seine Schulzeit absolvierte der junge Bismarck in Berlin, das Studium der Rechte zunächst in Göttingen, dann wieder in der preußischen Metropole. Die anschließenden Jahre als Regierungsreferendar in Aachen und Potsdam ließen in dem nicht einmal Fünfundzwanzigjährigen die Erkenntnis reifen, dass die Beamtenlaufbahn ihm nicht die Möglichkeit bot, so «Musik zu machen, wie ich sie für gut erkenne».[16]

Also entschloss er sich 1838 zur Rückkehr aufs Land, zuletzt nach Schönhausen, wo er das Licht der Welt erblickt hatte und von wo aus er im Mai 1847 als Abgeordneter des Preußischen Vereinigten Landtages den Weg in die Politik nahm. Seine Stunde schlug, als die Revolution das Land erfasste. Keine Frage, dass Otto von Bismarck 1848/49 auf der Seite der Gegenrevolution stand. Keine Frage auch, dass er der Krone und dem Land als Diplomat diente, als diese seine Dienste benötigten – zunächst von 1851 bis 1859 als preußischer Gesandter am Deutschen Bundestag in Frankfurt, danach für drei Jahre in St. Petersburg sowie 1862 für einige Monate in Paris. Der Diplomatie, der Außenpolitik hatte schon immer seine Leidenschaft gegolten, und dass Bismarck gerade auf diesen Posten das Handwerk erlernte, zahlte sich aus, als es um die Herstellung der deutschen Einheit ging.

Natürlich war er erneut zur Stelle, als der König im Spätsommer 1862 wegen einer schweren Verfassungskrise unter Druck geriet, die sich aus einer Heeresreform entwickelt hatte. Wilhelm I. hatte schon im Oktober 1858 die Regierungsgeschäfte von seinem schwerkranken Bruder Friedrich Wilhelm IV. übernommen und nach dessen Tod Anfang Januar 1861 den preußischen Königsthron bestiegen. Seit dem 23. September 1862 amtierte Bismarck als preußischer Ministerpräsident, seit dem 8. Oktober auch als Minister der auswärtigen Angelegenheiten – in beiden Fällen, von einer zehnmonatigen Pause als Ministerpräsident 1873 abgesehen, fast 30 Jahre lang, bis zum 20. März 1890. 1874 drängte er das zweite seiner drei Kinder zum Eintritt in den diplomatischen Dienst des Deutschen Reiches, und vor allem in den letzten Jahren gehörte Herbert von Bismarck als Staatssekretär im Auswärtigen Amt zu den engsten Mitarbeitern seines Vaters.

Wir wissen nicht, wie der 1862 ausgetragene Konflikt mit der liberalen Opposition unter anderen Umständen als den obwaltenden ausgegangen wäre und ob Bismarck ihn politisch überlebt hätte. Immerhin regierte er vier Jahre lang ohne bewilligtes Budget, also gegen das Parlament. Dass die Parlamentarier schließlich dem Ministerpräsidenten verziehen, ja sogar seine politischen Verfehlungen im Nachhinein legalisierten, hatte einen einfachen Grund: die spektakulären außenpolitischen Erfolge des Mannes. Wohl wissend, dass der preußische Führungsanspruch in Deutschland nicht auf Österreichs Zustimmung rechnen konnte, führte Bismarck das Land in die unvermeidliche Auseinandersetzung mit der Habsburger Monarchie.

Dabei folgte er keinem von langer Hand vorbereiteten Plan, sondern wartete auf eine Chance. Sie ergab sich, als Dänemark durch ungeschicktes Taktieren den beiden deutschen Führungsmächten Österreich und Preußen den Anlass bot, gemeinsam im Frühjahr 1864 den in Deutschland äußerst populären Krieg um die beiden Herzogtümer Schleswig und Holstein endlich zu führen, ohne auf ernst zu nehmenden Widerstand namentlich der übrigen Großmächte zu stoßen. Mit der von Bismarck nach dem Sieg über Dänemark forcierten Lösung, wonach Preußen die Verwaltung des nördlichen Schleswig und damit ein Durchmarschrecht durch das südliche, von Österreich verwaltete Holstein zustand, war der Konflikt programmiert.

Der Anlass, den Bismarck nutzte, um Wien aus der Reserve zu locken, waren «revolutionäre … Tendenzen» in Holstein. Sollte sich in dieser Frage nicht die «aufrichtig angestrebte intime Gemeinsamkeit» zwischen Berlin und Wien verwirklichen lassen, dann allerdings, so Bismarck Ende Januar 1866, müsse man für Preußens «*ganze* Politik volle Freiheit gewinnen u[nd] von derselben den Gebrauch machen, welchen wir dem Interesse Preußens entsprechend halten».[17] Das war nichts anderes als eine diplomatisch verpackte Drohung. Kein Wunder, dass Österreich unter solchen Umständen

den über die «Schleswig-Holsteinische Angelegenheit» ausgebrochenen Konflikt nutzte, um seinerseits für klare Verhältnisse zu sorgen und «den Bruch und den Krieg zu erzwingen», wie Bismarck Anfang Juni 1866 an die wichtigsten preußischen Auslandsmissionen schrieb.[18] Und so ließ der preußische Ministerpräsident und Außenminister Österreich gewähren, überzeugt davon, dass dem Hohenzollernstaat die Zukunft gehöre: «Preußen», führte Bismarck Ende Februar 1866 im Kronrat aus, «sei die einzige lebensfähige Schöpfung, die aus den Ruinen des alten deutschen Reiches hervorgegangen sei und *hier*auf beruhe sein Beruf, an die Spitze Deutschlands zu treten.»[19]

Ein riskantes Spiel, zwang die eskalierende Situation doch die übrigen Mitglieder des Deutschen Bundes, Stellung in einem Konflikt zu beziehen, den nicht wenige als Bruder- beziehungsweise, wie der britische Außenminister Clarendon, als «Bürgerkrieg» empfanden.[20] Die Entscheidung verlief entlang einer erwarteten Linie. Nachdem Österreich am 14. Juni im Bundestag einen Mobilisierungsantrag gegen Preußen gestellt und dieses daraufhin den Bundesvertrag für gebrochen und erloschen erklärt hatte, schlugen sich die meisten Kleinstaaten Norddeutschlands auf Preußens Seite, während die größeren Akteure wie Bayern, Hannover, Sachsen und Württemberg mit Österreich gingen.

Weil aber der deutsche Krieg für Bismarck nur ein Zwischenstadium war und sein konnte, hatte er schon während der Auseinandersetzung stets das künftige Verhältnis zu den Gegnern in diesem Krieg, nicht zuletzt auch zu Österreich, im Blick und verzichtete auf dessen Demütigung, zumal auf die Einnahme Wiens. Auch ohne diesen letzten militärischen Triumph brachte der preußische Sieg, vor allem der durchschlagende Erfolg in der Schlacht von Königgrätz am 3. Juli 1866, nicht nur die meisten Kritiker Bismarcks im Innern zum Schweigen, sondern auch eine Reihe deutscher Staaten an Preußens Seite. Das war dringend nötig, denn allein hätte Preußen wohl kaum die Entscheidung gegen Frankreich herbeiführen können.

Bis es soweit war, galt es, die Verhältnisse im von Preußen kontrollierten Machtbereich zu konsolidieren und damit zugleich ein ausbaufähiges Fundament für die Zeit nach einer Niederwerfung Frankreichs zu schaffen – wann immer sie auch kommen würde. Das Ergebnis war der Norddeutsche Bund, den zunächst 16 Fürstentümer und Hansestädte nördlich der Mainlinie am 18. August 1866 aus der Taufe hoben. Die am 1. Juli 1867 nachgereichte, zuvor durch den Reichstag verabschiedete Verfassung bestimmte Preußens König zum «Präsidium». Außerdem installierte der Reichstag mit dem Bundeskanzler ein zentrales, verantwortliches und formell von Preußen unabhängiges Bundesorgan.

Dass tatsächlich der preußische Ministerpräsident Otto von Bismarck dieses Amt in Personalunion übernahm, verstand sich für ihn von selbst. Wie er überhaupt die Fäden in der Hand behielt und unmittelbar nach der förmlichen Auflösung des Deutschen Bundes, also noch im August 1866, damit begann, die süddeutschen Staaten durch geheime Bündnisse an das erfolgreiche und nach dem Sieg über Österreich prächtig dastehende Preußen zu binden. Der im Sommer 1867 erneuerte Zollverein tat ein Übriges, um den Norddeutschen Bund und die süddeutschen Staaten in eine optimale Ausgangsposition für die erwartete Entscheidung mit Frankreich zu bringen.

Den Waffengang gegen den westlichen Nachbarn hielt Bismarck schon deshalb für unabwendbar, weil Napoleon III. eine nationalstaatliche Einigung unter preußischer Führung nicht hinnehmen konnte. Sie gefährdete auf lange Sicht die mit dem Krimkrieg wiedergewonnene führende Stellung Frankreichs in Europa. Auch entfiel mit einem geeinten, handlungsfähigen deutschen Nationalstaat das Schlacht- und das Vorfeld, das Deutschland in seiner bestehenden äußeren und inneren Verfassung für Frankreich bot. Nicht zufällig hatte Paris 1866 insgeheim mit Wien gemeinsame Sache gegen Preußen gemacht.

Mit alledem war es vorbei, seit eine französische Armee Anfang September 1870 bei Sedan kapituliert hatte und Napoleon III. von seinen Landsleuten in den royalen Ruhestand geschickt worden war. Von außen betrachtet, trug er daran selbst die Schuld. Denn durch einen taktischen Kniff hatte Bismarck es geschafft, den Kaiser der Franzosen zu einer empörten Reaktion, nämlich zur Kriegserklärung an Preußen, zu zwingen. Hintergrund des Vorfalls war die Kandidatur eines Prinzen aus dem Hause Hohenzollern-Sigmaringen für den vakanten spanischen Königsthron, die von Spanien aus betrieben, aber in Frankreich entschieden abgelehnt wurde. Obgleich sich die Sache dann erledigte und der preußische König nur mittelbar involviert gewesen war, verlangte der französische Botschafter von Wilhelm I. «auf zuletzt sehr zudringliche Art» eine Erklärung, sich «für alle Zukunft» zu verpflichten, «niemals wieder» seine Zustimmung zu geben, «wenn die Hohenzollern auf ihre Kandidatur zurückkämen».[21] Als Bismarck aus der Umgebung seines Königs telegraphisch von diesem demütigenden Ansinnen in Kenntnis gesetzt wurde, zögerte er keinen Moment, kürzte den Text dieser Depesche, verschärfte ihren Ton so weiter und veröffentlichte ihn postwendend.

Bismarck war sich seiner Sache auch deshalb sicher, weil er die süddeutschen Staaten auf seiner Seite wusste. Dort ging man, von Bismarck darin bestärkt, davon aus, dass Frankreich nach dem preußischen Sieg über Österreich auf Kompensationen drängen werde. Daher bedurfte es keiner großen Überredungskünste, um die süddeutschen Staaten schon im Herbst 1866 zum Abschluss von Schutz- und Trutzbündnissen zu bewegen, die wiederum eine Anpassung ihrer Wehrgesetze an die preußische Heeresverfassung zur Folge hatte. Dank des Zollvereins waren sie ohnehin auf Preußen fixiert – viel stärker, als das manchem lieb war. Denn es gab auch gegenläufige Kräfte, und die bekamen ihre Chance, sich zu artikulieren: Aus den Wahlen zum 1868 eingerichteten Zollparlament gingen die Gegner einer nationalen Einigung unter preußischer Führung zum Beispiel in Bayern und Württemberg als klare Sieger hervor. Bismarck nahm es gelassen, denn er wusste, dass sich die Stimmung im Angesicht äußerer Bedrohung schlagartig ändern würde. Tatsächlich wurden die Deutschen unter dem Eindruck der französischen Kriegserklärung vom 19. Juli 1870 von einer Welle der nationalen Begeisterung erfasst. Nunmehr entfalteten auch die über Jahrzehnte, namentlich über den Zollverein, geknüpften Bande ihre von Bismarck erhoffte Wirkung.

Das Ganze war eine taktische Meisterleistung. Die Gegner einer nationalstaatlichen Einigung unter preußischer Führung hatten einlenken müssen, einer nach dem anderen, zuletzt selbst der große französische Nachbar; und Otto von Bismarck war seit dem 21. März 1871 nicht nur preußischer Ministerpräsident und Außenminister, sondern auch Kanzler des Deutschen Reiches. Aber die Kosten dieses Triumphzuges waren hoch. Denn genau genommen hatte Preußen durch ihn seine Bewegungsfreiheit eingebüßt, war mit der Versailler Proklamation vom Januar 1871 im Deutschen Reich aufgegangen, gewissermaßen in ihm gefangen. Konnte das gut gehen? Für den rückschauenden Betrachter stellt sich jedenfalls die Frage, ob Preußens Gewicht nicht zu groß für dieses Deutsche Reich gewesen ist. So wie dieses Deutsche Reich von Anfang an zu stark war für Europa.

2. Der halbe Hegemon

1871–1890

Endlich war es geschafft. Endlich hatten auch die Deutschen ihren eigenen Nationalstaat. Zwar war es lediglich die kleine Lösung, weil Österreich außen vor geblieben war, aber immerhin. Das Deutsche Reich war gemäß der seit dem 1. Januar 1871 gültigen, nach der Kaiserproklamation noch einmal redigierten Verfassung ein Bundesstaat aus 25 Einzelstaaten, darunter mit Preußen, Bayern, Sachsen und Württemberg vier Königreiche sowie mit Hamburg, Bremen und Lübeck drei Freie Städte.

Dass der Norddeutsche Bund die Vorlage für den neuen Staat bildete, zeigte schon die vielleicht wichtigste Festlegung, wonach nicht die Nation oder der Kaiser, sondern die 22 Monarchen und die Senate der drei Freien Städte Inhaber der Souveränität waren. Natürlich blieb die ausschlaggebende Stellung Preußens, das immerhin rund zwei Drittel des Reichsgebietes umfasste und drei Fünftel seiner Bevölkerung stellte, bestehen: Das «Präsidium des Bundes» stand «dem Könige von Preußen» zu, welcher den Namen «Deutscher Kaiser» führte. Er hatte das Reich völkerrechtlich zu vertreten; er hatte «im Namen des Reichs Krieg zu erklären und Frieden zu schließen», wenn dafür auch, von einem Angriff auf das Bundesgebiet oder dessen Küsten abgesehen, die Zustimmung des Bundesrates erforderlich war; er hatte «Bündnisse und andere Verträge mit fremden Staaten einzugehen, Gesandte zu beglaubigen und zu empfangen»; er ernannte den Reichskanzler.[1]

Eine folgenreiche, aber inzwischen vertraute Bestimmung. Denn die Verfassung des Deutschen Reiches übernahm auch hier das Vorbild des Norddeutschen Bundes. Der vormalige Bundes- und nunmehrige Reichskanzler war der einzige Minister, die von ihm geleitete Behörde war folglich das einzige Ministerium und die Schaltstelle der Macht. Alle übrigen, nach und nach aus diesem Ministerium ausgegliederten Ressorts firmierten als «Reichsämter». Auch das Auswärtige Amt, das allerdings bei der Reichsgründung bereits auf eine eigene Geschichte zurückblicken konnte. Mit Kabinettsorder vom 4. Januar 1870 hatte Wilhelm I. – Preußens König und «Präsidium» des Norddeutschen Bundes – dem Kanzleramt ein Amt zur Wahrnehmung der auswärtigen Angelegenheiten zur Seite gestellt. Dieses «Auswärtige Amt» war keine neu geschaffene Behörde, sondern eine Umwandlung des 1808, also im Zuge der preußischen Reformen, ins Leben gerufenen Preußischen Ministeriums der auswärtigen Angelegenheiten. An seiner Spitze stand seit 1871, da das Kaiserreich, vom Kanzler abgesehen, keine Minister kannte, der Staatssekretär des Auswärtigen Amtes.

Im Zentrum dieses maßgeblich von ihm selbst geschaffenen Machtgefüges saß bis März 1890, wie die Spinne im Netz, Otto von Bismarck. Er war nicht nur, wie alle seine Nachfolger im Amt des Reichskanzlers, preußischer Ministerpräsident, sondern er blieb auch preußischer Minister der auswärtigen Angelegenheiten. Eine beträchtliche Machtfülle, zu der es aber wohl keine Alternative gab, sofern derjenige, der das Deutsche Reich maßgeblich geschaffen hatte, es auch durch die zu erwartenden Stürme der neuen Zeit führen sollte. Und daran, dass diese Aufgabe von Bismarck wahrzunehmen war, gab es auf dem Höhepunkt seines Erfolgs und seines Ansehens, seiner Tatkraft und wohl auch seiner Gestaltungsmöglichkeiten kaum einen Zweifel.

Beileibe keine leichte Aufgabe. Denn die Einigung Deutschlands hatte den bei dieser Gelegenheit geschaffenen Nationalstaat fast zwangsläufig in den Rang einer europäischen Großmacht katapultiert, die in ihrem Gewicht den traditionellen europäischen Großmächten England, Frankreich und Russland vergleichbar, in vieler Hinsicht sogar bald überlegen war. Das galt ohnehin für Deutschlands territoriale Größe und für seine Einwohnerzahl: Mit einer Bevölkerung von gut 41 Millionen auf deutlich mehr als einer halben Million Quadratkilometer Fläche war das Deutsche Reich der nach Russland gewichtigste Staat Europas. Große Teile des heutigen Polen, nämlich Pommern, Posen, der östliche Teil Brandenburgs, Schlesien, West- und zum Teil Ostpreußen, gehörten vor

1919 beziehungsweise 1945 ebenso dazu wie das seit 1945 sowjetische, heute russische Nordostpreußen mit Königsberg oder auch Elsass-Lothringen, das 1919 wieder an Frankreich ging, und der nördliche Teil Schleswigs, der 1920 zu Dänemark kam.

Was die Zahl und übrigens auch das rasche Wachstum der Bevölkerung betrifft, so fielen sie schon deshalb ins Gewicht, weil sich immer stärker abzeichnete, dass die modernen Kriege von Massenheeren geführt werden würden. Der Trend war im Grunde schon in den Napoleonischen Feldzügen erkennbar gewesen; die Kriege Preußens beziehungsweise der deutschen Staaten gegen Österreich und Frankreich, aber auch der fast gleichzeitig ausgetragene amerikanische Bürgerkrieg hatten ihn verstärkt. Hinzu kam der vergleichsweise hohe Bildungsstand der Deutschen, Folge einer seit dem 18. Jahrhundert vor allem in Preußen konsequent vorangetriebenen Elementarschulbildung und später, in der Ära des preußischen Wissenschaftsadministrators Friedrich Althoff, auch einer international vorbildlichen Hochschulpolitik des Deutschen Reiches. Nicht erst heute weiß man um den engen Zusammenhang von solider Ausbildung und prosperierender Volkswirtschaft.

So gehörte das Reich alsbald auch zu den führenden Wirtschaftsnationen Europas. In den so genannten Leitsektoren, also bei der Kohleförderung sowie der Roheisen- und Stahlproduktion, hatte Deutschland, dessen Ressourcen mit der Reichsgründung gebündelt worden waren, führende Industrienationen der Zeit wie Frankreich oder Belgien hinter sich gelassen. Um die Jahrhundertwende wurde mit England das Ursprungsland der industriellen Revolution ins Visier genommen und bis zum Ausbruch des Ersten Weltkrieges auf fast allen Gebieten eingeholt. Zwar blieb die britische Seemacht die führende Handelsnation, doch konnte sich das Reich etwa bei der Dampfschifffahrtstonnage bis 1914 auf den zweiten Platz vorschieben, gefolgt von den USA, die Deutschland auch in den damals modernen, zukunftsweisenden Industriezweigen auf dem Fuße folgten. Beim Maschinenbau, der Elektro- und insbesondere der chemischen Industrie hielt das Deutsche Reich bei Kriegsausbruch die Weltspitze.

Das waren beachtliche, in mancher Hinsicht spektakuläre Erfolge. Mit ihnen machte man sich nicht nur Freunde, schon weil sie von Entwicklungen und Ereignissen flankiert wurden, die aus Sicht der Nachbarn auf eine unmittelbare Bedrohung des labilen Mächtegleichgewichts in Europa, wenn nicht auf den Todesstoß für die bestehende Friedensordnung hinauslaufen konnten: Der Schritt zur Kolonial- beziehungsweise Weltmacht und wenig später dann der Aufbau einer Schlachtflotte ließen die ohnehin schon stärkste Militärmacht des Kontinents perspektivisch in die Rolle einer Hegemonialmacht hineinwachsen.

Das war zumindest die Sorge der Nachbarn, und sie war so unbegründet nicht. Denn von Geburt an befand sich das Deutsche Reich in einer machtpolitischen Lage, die man als «halbhegemonial»[2] bezeichnet hat – zu stark, um von den anderen ignoriert oder übersehen werden zu können; zu schwach, um aus eigener Kraft die Hegemonie über den Kontinent errichten zu können. Dass diese Erwägung immer wieder eine Rolle spielte, dass die Deutschen wiederholt und mit unterschiedlichen Mitteln und Methoden versucht haben, der geostrategischen Falle durch die Flucht nach vorn zu entkommen, überrascht folglich nicht. Diese Vorstellung war nicht nur den meisten Deutschen, sondern auch ihren Nachbarn seit den Tagen Bismarcks derart vertraut, dass noch Hitler sie sich zunutze machen konnte, um hinter ihrer Deckung ganz andere Ziele ins Auge zu fassen.

So gesehen war die Reichsgründung, war Otto von Bismarcks große Tat ein zweifelhaftes, ein Danaergeschenk an die Deutschen. Eigentlich war der Kanzler auf halber Strecke stehen geblieben. Um der Nation dauerhaft das Gefühl der Sicherheit vor ihren zahlreichen, zum Teil sehr starken, zusehends missgünstigen Nachbarn zu geben, hätte er tun müssen, was er im Prozess der Reichsgründung gerade nicht tun wollte und danach, wenn er es denn gewollt hätte, nicht mehr tun konnte: Deutschland zur nicht mehr anfechtbaren Macht in Europa zu machen. Und so wird man zu dem Schluss kommen müssen, «dass der höchste Triumph Bismarcks schon die Wurzeln seines Scheiterns enthielt und die Gründung des Deutschen Reiches schon den Keim seines Untergangs».[3]

Kein Wunder, dass der Kanzler Alpträume hatte. Jedenfalls diktierte er Mitte Juni 1877 in Bad Kissingen, wo er wieder einmal zur Kur weilen musste, seinem Sohn Herbert die Wendung vom «cauchemar des coalitions», vom Alptraum gegnerischer Bündnisse, in die Feder. Bismarck hatte die Formulierung in einer französischen Zeitung entdeckt und sich zu eigen gemacht. Diese «Art Alp», hielt er in seinem berühmt gewordenen Kissinger Diktat fest, werde deutsche Staatsmänner wohl noch lange Zeit, wenn nicht sogar auf alle Zeiten, einholen.[4] Bismarck wusste, wovon er sprach, hatte er doch in den wenigen Jahren, die seit der Reichsgründung ins Land gegangen waren, erfahren müssen, was es bedeutete, wenn man von Gegnern und Skeptikern umringt war.

Denn das war die Lage: Mit acht Staaten hatte Deutschland eine gemeinsame Grenze. Darunter befanden sich mit Russland, Österreich-Ungarn und Frankreich allein drei Großmächte. Rechnete man, wie Bismarck es tat, die mittelbar benachbarten Großmächte England und Italien hinzu, kam man auf fünf. Kein zweites vergleichbares Land der Erde befand sich in einer derartigen Situation. Daraus ergab sich ein ebenso simples wie schwierig umzusetzendes Prinzip: Man musste die Nachbarn, die Großmächte zumal, daran hindern, sich zusammenzuschließen, sich untereinander auf Kosten Deutschlands zu verständigen.

Dass Frankreich auf nicht absehbare Zeit zu den Gegnern des Deutschen Reiches zählen musste, galt auf beiden Seiten der Grenze als ausgemacht. Daran hatten die Umstände seiner Gründung einigen Anteil. Immerhin war der preußische König am 18. Januar 1871 ausgerechnet im Spiegelsaal des Schlosses zu Versailles zum Deutschen Kaiser proklamiert worden, und wenig später, im Frankfurter Frieden vom 10. Mai, hatten die Deutschen ihren geschlagenen Nachbarn auch noch zur Zahlung von Kriegsentschädigung in beträchtlicher Höhe, vor allem aber zur Abtretung von Elsass-Lothringen gezwungen. Das waren Demütigungen, die Generationen von Franzosen nicht vergessen wollten. Die viel beschworene so genannte Erb- oder auch Erzfeindschaft, die in diesen Wochen und Monaten gestiftet wurde, blieb für die deutsche Politik über Jahrzehnte hinweg eine schwere Hypothek. Erst nach den beiden Weltkriegen war die Zeit reif für einen Ausgleich. Es ist wohl kein Zufall, dass die beiden Staatsmänner, mit deren Namen sich diese Aussöhnung verbindet, dass Konrad Adenauer und Charles de Gaulle vor der Jahrhundertwende, also in der Zeit des zweiten deutschen Kaiserreichs und der dritten französischen Republik, zur Welt gekommen sind.

Nicht so dramatisch wie im Falle Frankreichs, wenn auch vorerst alles andere als entspannt, stellte sich die Lage im Osten und Südosten des Reiches dar. Aus Russland, ohne dessen Zurückhaltung die Reichsgründung nicht vorstellbar gewesen wäre, kam schon früh das unüberhörbare Signal, dass die Grenze des Erträglichen erreicht sei. Vorerst völlig offen war, ob das geschlagene Österreich, dessen Kaiser seit der Neuordnung seines Reiches im Jahre 1867 – einer Folge der Niederlage gegen Preußen – zugleich als König von Ungarn firmierte, wieder an die Seite des deutschen Bruderstaates finden würde.

Und England? Hier waren bereits 1871 besorgte Warnungen zu hören gewesen. Gewiss, Benjamin Disraeli war damals nicht amtierender Premierminister, sondern lediglich Oppositionsführer im Unterhaus, und natürlich wollte er die nächsten Wahlen gewinnen, was den Konservativen drei Jahre später auch gelang. Möglicherweise hat ihn auch seine Tätigkeit als Romancier zu einer besonders dramatischen Formulierung verleitet. Jedenfalls sprach der Earl of Beaconsfield mit Blick auf den deutsch-französischen Krieg und die Reichsgründung von einer Revolution, genauer gesagt von «der deutschen Revolution», und nannte sie «ein größeres Ereignis als die französische Revolution des vergangenen Jahrhunderts».[5]

Man ahnt, wie ernst die Warnung war, wenn man weiß, wie tief in Europa nach den revolutionären Wellen der ersten Jahrhunderthälfte die Furcht vor neuen Erschütterungen dieser Art saß und wie zuverlässig diese Furcht den Kitt für antirevolutionäre Verbindungen liefern konnte. Konnte man überrascht sein, dass sich die deutsche Politik seit der Reichsgründung in der Defensive wähnte und dass sie dieser unkomfortablen, auf Dauer durchaus gefährlichen Lage möglichst bald entkommen wollte? Im Verständnis der Zeit gab es verschiedene Möglichkeiten, darunter die Flucht nach vorn, für die sich der Kanzler 1875 entschied. Dass der deutschen Außenpolitik dabei erst recht und nunmehr unmissverständlich ihre Grenzen aufgezeigt wurden, war ein Ergebnis, mit dem Bismarck wohl nicht gerechnet hat.

Das galt, genau genommen, auch schon für seine diskreten Sondierungen gegenüber Russland. Dabei hatte der Gedanke, die russischen Sorgen vor dem enorm gestärkten deutschen Nachbarn dadurch zu neutralisieren, dass man dem Zarenreich auf dem Balkan neue Perspektiven eröffnete, einiges für sich: Konnte man nicht die Russen für den preußischen Machtzuwachs in Mitteleuropa durch die Aufwertung ihres Machtbereichs in Südosteuropa entschädigen? Offenbar hat der Kanzler den Gesandten Joseph Maria von Radowitz, der sein besonderes Vertrauen genoss, im Februar 1875 in diesem Sinne in St. Petersburg vorfühlen lassen. Aber die Russen winkten ab, und das nicht zum letzten Mal, obgleich die Idee unausgesprochen auf eine Stärkung der russischen Balkanposition zu Lasten Österreich-Ungarns hinauslief. Offenbar war ihnen der Preis, nämlich die Neutralität in einem deutsch-französischen Krieg, zu hoch.

Immerhin blieb die Initiative den meisten Zeitgenossen verborgen. Das machte den Rückschlag, in den sie mündete, erträglich. Anders sah es mit dem Versuchsballon aus, den Bismarck wenige Wochen später vor aller Augen aufsteigen ließ. Dabei leitete ihn eine aus deutscher Sicht naheliegende Frage: Konnte man es dem Reich verdenken, wenn es im äußersten Notfall durch eine Initiative nach Westen, durch einen präventiven Vorstoß gegen Frankreich, drohendem Unheil zu entgehen suchte? Die Antwort ließ keinen Spielraum für Interpretationen.

Dabei war der Anlass für die schwere Krise des Frühjahrs 1875 eher banal. Ein Zeitungsartikel hatte sie ausgelöst. Am 8. April war in der *Post* ein Beitrag erschienen, in dem der Publizist Konstantin Rößler unter der Überschrift «Ist der Krieg in Sicht?» nach den Konsequenzen der neuen französischen Heeresreform fragte. Vier Wochen zuvor, am 13. März 1875, hatte nämlich das Pariser Parlament ein Gesetz beschlossen, das im Kriegsfall eine deutliche Verstärkung der Truppen vorsah. Bismarck, der vor der Veröffentlichung nicht informiert worden war, nutzte die Gelegenheit der umgehend einsetzenden Kampagne, um die Stimmungslage der europäischen Nachbarn zu sondieren. Sie war eindeutig. Zwar hatte der Kanzler selbst – anders als der preußische Generalstabschef Helmuth Graf von Moltke – nicht an einen präventiven Schlag Deutschlands gegen seinen westlichen Nachbarn gedacht. Dennoch gelang es der routinierten französischen Diplomatie, in den europäischen Hauptstädten ebendiesen Eindruck zu erwecken.

Entsprechend fielen in London und St. Petersburg die Reaktionen aus. Umgehend wurden sowohl der britische Botschafter in Berlin, Lord Odo Russell, als auch der russische Staatskanzler Alexander Fürst Gortschakow, der sich Mitte Mai an der Seite seines Zaren in der deutschen Hauptstadt aufhielt, bei der Reichsregierung vorstellig. An ihrer entschlossenen Haltung ließen weder der eine noch der andere einen Zweifel: Eine nachhaltige Schwächung, gar ein Ausfall des Machtfaktors Frankreich, so ihre Botschaft, sei mit dem Gleichgewicht der Kräfte auf dem Kontinent nicht vereinbar und also weder für Großbritannien noch für Russland akzeptabel. Bismarck verstand und wies am 1. Juni 1875 im *Reichs-Anzeiger* für die «Reichsregierung» kriegerische Entschließungen oder auch nur Erwägungen weit von sich.[6]

Die Krise war entschärft. Der Alptraum blieb. Keine Geringere als Victoria, Königin von Großbritannien und Irland, nutzte die Gelegenheit, um Wilhelm I., dem König von Preußen und Deutschen Kaiser, zum Abschluss der Krise – «mit wiederholter Versicherung unwandelbarer Freundschaft», aber unmissverständlich – vor Augen zu führen, was auf dem Spiel stand. Der Umstand, so die Königin, dass «Frankreich oder irgendein Nachbarland» des Deutschen Reiches «auf die erste günstige Gelegenheit zum Losschlagen» warte, sei noch kein ausreichender Grund für einen deutschen Angriff. «Eine solche Politik könnte wohl für den Augenblick von Erfolg sein, allein sie würde notwendig (und mit Recht) die allgemeine Indignation Europas wachrufen» und Deutschland «ohne Alliierte und ohne teilnehmende Freunde lassen».[7]

Keine Frage, das Deutsche Reich war von den «bedrohlichen Folgen seiner Gründung»[8] eingeholt worden. Der deutsche Bewegungsspielraum musste seither als deutlich eingeschränkt gelten. Entsprechend düster war des Kanzlers Stimmung. Sie reflektierte durchaus das allgemeine Empfinden der Zeit, die als «Große Depression» in die Geschichte eingegangen ist. Dabei handelte es sich mehr um ein diffuses Gefühl als um eine tiefe Krise im strengen Sinne des Wortes, wuchs doch die Wirtschaft auch nach 1873, allerdings nicht mehr mit der atemberaubenden Geschwindigkeit der so genannten Gründerjahre. Der Optimismus war jedenfalls dahin – in der Wirtschaft wie in der Politik. Die Zeiten, in denen Bismarck die europäischen Angelegenheiten «beim ersten Frühstück abgemacht, gekämmt und gebürstet hatte»,[9] wie er Ende Juni 1872 an seine Tochter schrieb, würden nicht wiederkommen.

Selbstverständlich hieß das nicht, dass man sich in Berlin fortan auf das reine Reagieren verlegen musste oder gar zur Handlungsunfähigkeit verdammt war. Ganz im Gegenteil ließ sich aus der Not sogar eine Tugend machen, sofern es gelang, außer dem notorisch revisionistischen Frankreich alle übrigen Großmächte so an Deutschland zu binden, dass sie keine Veranlassung sahen, sich ihrerseits gegen das Reich zu verbünden. Klug eingefädelt, ließen sich mit einer solchen Defensivdiplomatie sogar zwei Ziele erreichen: Wenn die Bindung an Deutschland den Nachbarn an dieser Front Ruhe verschaffte, hatten sie die Möglichkeit, sich in der außereuropäischen Welt oder auch an den Rändern des Kontinents anderen Horizonten zuzuwenden. Taten das alle zur gleichen Zeit, würden sie sich dort zwangsläufig miteinander beschäftigen müssen und Deutschland in Frieden lassen.

Das war der Grundgedanke jener eingangs zitierten Aufzeichnung, die Bismarck am 15. Juni 1877 zu Bad Kissingen seinem Sohn Herbert, Legationssekretär im Auswärtigen Amt, diktierte. Hier entwarf der Kanzler mit einem Satz das «Bild», das ihm «vorschwebt[e]», nämlich «nicht das irgend eines Ländererwerbs, sondern das einer politischen Gesamtsituation, in welcher alle Mächte außer Frankreich unser bedürfen, und von Koalitionen gegen uns durch ihre Beziehungen zueinander nach Möglichkeit abgehalten werden.»[10]

Um diese für das Reich günstige «Gesamtsituation» erwirken zu können, mussten allerdings zwei Voraussetzungen gegeben sein. Einmal hatte Deutschland den «Ländererwerb», also eine aktive Kolonialpolitik, anderen zu überlassen, und das war im aufziehenden Zeitalter des Imperialismus leichter gesagt als getan. Und dann musste Frankreich isoliert, also von Bündnissen mit anderen Großmächten ferngehalten werden. Das setzte bei diesen entweder Desinteresse an einem Arrangement mit Frankreich oder aber ein Angebot Deutschlands voraus, das attraktiv genug war, um sie von einem Zusammengehen mit Frankreich abzuhalten. Im Falle Großbritanniens waren mit dem Wahlsieg Disraelis Anfang 1874 die Würfel zugunsten einer Politik der *Splendid Isolation*, also des relativen Desinteresses an den kontinentaleuropäischen Angelegenheiten, gefallen. Anders lagen die Dinge bei Österreich-Ungarn und Russland. Den beiden musste das besondere Interesse der deutschen Politik gelten, weil das Zusammengehen eines oder gar beider östlicher Nachbarn mit Frankreich die Einschnürung Deutschlands und damit den Alptraum Bismarcks Wirklichkeit hätte werden lassen.

Das zu verhindern, erforderte ein beträchtliches Maß an diplomatischer Virtuosität und machtpolitischer Kaltschnäuzigkeit. Der Kanzler besaß beides. Allerdings wurde ihm das Geschäft auch durch den Umstand erleichtert, dass im Zeitalter der Geheimdiplomatie beinahe alles machbar schien. Dennoch waren beträchtliche Hürden zu nehmen. Was das Verhältnis Deutschlands zu Russland und Österreich-Ungarn anging, so sprach zwar einiges für eine Dreierlösung. Doch standen dem vorderhand nicht nur der 1866 offen ausgebrochene deutsch-österreichische Bruderzwist und eine deutlich spürbare Erkaltung im deutsch-russischen Verhältnis im Wege, sondern auch und vor allem der russisch-österreichische Gegensatz.

Entsprechend bescheiden waren die ersten Versuche. Wohl hatten sich schon Anfang Juni 1873 Franz Joseph I., Kaiser von Österreich und König von Ungarn, und Alexander II., Kaiser aller Reußen, auf den Friedenserhalt verständigt; auch wollten sie sich konsultieren, falls ein Dritter diesen Frieden gefährden sollte. Schließlich war am 22. Oktober Wilhelm I. dieser Absprache beigetreten. Doch waren für diesen allgemein gehaltenen Zusammenschluss, das so genannte Drei-Kaiser-Abkommen, neben verwandtschaftlichen Bindungen vor allem weltanschauliche Gemeinsamkeiten, wie das konservative Prinzip und die antirepublikanische Grundhaltung der drei Monarchien, verantwortlich. Den tiefen Interessengegensatz, der sich an der orientalischen Krise entfachte, vermochten solche Absprachen nicht zu überdecken. Dass er in der großen Orientkrise der Jahre 1875 bis 1878 offen ausbrach, war kein Zufall, und dass Bismarck sein Bild einer für Deutschland günstigen Gesamtsituation vor diesem Hintergrund entwarf, auch nicht.

Der Rückzug beziehungsweise die Vertreibung der Türken aus Europa, die, wie gesehen, im Mittelpunkt der Orientalischen Frage standen, warf zwangsläufig eine schwierige Frage auf. Wer sollte die geräumten Gebiete und damit, direkt oder indirekt, das strategisch wichtige Vorfeld der Meerengen kontrollieren: die Großmächte oder die dort zum Teil seit Jahrhunderten unter türkischer Herrschaft lebenden Völker? In deren Reihen wurde jedenfalls der Ruf nach Unabhängigkeit und nationalstaatlicher Organisation immer lauter. Bislang hatten jedoch lediglich die Griechen ihre 1822 verkündete Unabhängigkeit erkämpfen können. Hingegen lebten Bosnier und Herzegowiner, Serben und Montenegriner, Bulgaren, Rumänen und Albaner immer noch unter türkischer Herrschaft.

Damit sollte es nun vorbei sein. Als sich im Sommer 1875, beginnend mit Aufständen in Bosnien und der Herzegowina, die Völker des Balkans gegen die türkischen Usurpatoren erhoben, riefen sie gleichsam automatisch die Großmächte auf den Plan, allen voran Russland, Österreich-Ungarn und England. Unter dem Vorwand, den slawischen Brüdern zu Hilfe zu eilen, in Wahrheit aber mit dem seit Katharina der Großen verfolgten Ziel, die Meerengen endlich unter ihre Kontrolle zu bringen, griffen die Russen im April 1877 gegen die Türken in den Konflikt ein. Anfang März des folgenden

Jahres schien das Ziel erreicht. Mit dem Vorfrieden von San Stefano wurde unter anderem ein so genanntes Großbulgarien installiert, das Russland als Verbündeter die Möglichkeit eines Zangengriffs auf Bosporus und Dardanellen eröffnet hätte.

Da aber waren andere vor – die Briten wegen der Meerengen, die sie für die Passage ins Schwarze Meer offen halten wollten, und die Österreicher wegen des Balkans, den man in Wien als Vorhof, als natürliches Expansionsfeld der Doppelmonarchie betrachtete. Hier entfaltete der Krimkrieg eine seiner geschichtsmächtigen Spätfolgen. Österreichs aus Sicht der Westmächte problematische, weil lange Zeit schwankende Haltung hatte dazu geführt, dass namentlich die Briten das Kaiserreich auf den Status einer zwar unverzichtbaren, aber eben doch regional operierenden Ordnungsmacht auf dem Balkan zurückgestuft hatten. Mit dem Sieg Preußens wurde Österreich dann 1866 vollends aus Mitteleuropa abgedrängt. Südosteuropa wurde zum einzig verbliebenen Aktionsraum der Doppelmonarchie. Nur dort waren die im Zeitalter des Imperialismus für eine Großmacht unverzichtbaren Erfolge zu holen, dort musste sich ihr Schicksal entscheiden. Wien konnte es nicht zulassen, dass eine andere Großmacht zum dominanten Akteur vor der eigenen Haustür wurde. 1877 nicht, und später auch nicht.

Die Zeichen standen auf Krieg. Damit schlug die Stunde Otto von Bismarcks. Während der Krise war er sorgfältig darauf bedacht, Berlin nicht in den Konflikt hineinziehen zu lassen. Schon Anfang Dezember 1876 stellte er vor dem Reichstag, also öffentlich, klar, dass er vorerst «in dem Ganzen für Deutschland kein Interesse sehe, welches auch nur ... die gesunden Knochen eines einzigen pommerschen Musketiers werth wäre».[11] Hinter den Kulissen setzte der Kanzler – wohl wissend, dass er gerade jetzt unabkömmlich war – alle Mittel einschließlich der Rücktrittsdrohung ein, um seinen kaiserlichen Herrn von einem Eingreifen in den Konflikt abzuhalten. Mitte Oktober 1876 hatte er in einem seiner scharfsinnigen Diktate zu Protokoll gegeben, dass «unser Hauptinteresse nicht in dieser oder jener Gestaltung der Verhältnisse des türkischen Reiches liegt, sondern in der Stellung, in welche die uns befreundeten Mächte zu uns und untereinander gebracht werden».[12] Erst nachdem alles ausgestanden war, ließ er, jedenfalls intern, die Katze aus dem Sack und räsonierte gegenüber dem Auswärtigen Amt offen über den «Triumph unserer Staatskunst», der darin bestehe, «das orientalische Geschwür offen zu halten und dadurch die Einigkeit der andern Großmächte zu vereiteln und unsern eigenen Frieden zu sichern».[13]

Die unappetitliche Metapher gab ziemlich genau Bismarcks Strategie auf dem großen Friedenskongress wieder, der vom 13. Juni bis zum 13. Juli 1878 in der deutschen Hauptstadt abgehalten wurde. Die Wahl des Austragungsortes sagte einiges über das politische Gewicht des noch jungen Deutschen Reiches, aber auch über die Reputation seines ersten Kanzlers aus. Dank seiner überlegenen Verhandlungsführung erwarb er sich das Vertrauen der versammelten Staatsmänner Europas, nicht zuletzt Benjamin Disraelis, der sein Land als Premierminister auf dem Berliner Kongress vertrat. Vor allem dank einer Reihe von Bismarck vermittelter bilateraler Absprachen zwischen den Teilnehmern gelang es in diesen vier Wochen tatsächlich, das «orientalische Geschwür offen zu halten». Ging alles nach Plan, würden die Energien der übrigen Mächte, stärker noch als zuvor, an die Peripherie des europäischen Geschehens gelenkt und ihre Aufmerksamkeit dort fixiert.

Die Einzelheiten der umfänglichen Kongressakte sind hier nicht von Interesse, wohl aber die Folgen, die der Friedensschluss für die deutsche Politik zeitigte. Dazu gehörte vor allem eine nachhaltige, folgenreiche Trübung des Verhältnisses zu Russland. Dort war man über den Ausgang der Verhandlungen, vor allem über die faktische Annullierung des Vorfriedens, begreiflicherweise sehr verstimmt: Bismarck, so die nicht unberechtigte Auffassung in St. Petersburg, hatte den militärischen Triumph der Russen in eine diplomatische Niederlage verwandelt.

Daran ließ Zar Alexander II. keinen Zweifel, als er seinem «lieben Oheim und Freund» Kaiser Wilhelm I. am 15. August 1879 ein eigenhändiges Schreiben zukommen ließ, das als «Ohrfeigenbrief» Karriere gemacht hat. Schwere Vorwürfe über die «immer feindlichere» Politik «deutsche[r] Vertreter» und namentlich des Fürsten Bismarck gingen mit unmissverständlichen Warnungen vor den «traurigen Folgen» für die Beziehungen einher. Auch ein Hinweis auf den «Dienst», den Russland dem Nachbarn 1870 durch sein Stillhalten im deutsch-französischen Krieg geleistet hatte, fehlte nicht.[14] Allerdings ließ Alexander unerwähnt, dass der deutsche Onkel 1870 zugleich als sein Racheengel fungiert und Frankreich die demütigende Behandlung heimgezahlt hatte, die Russland am Ende des Krimkrieges im Pariser Frieden vom März 1856 zuteilgeworden war. Auf der anderen Seite hätte der Zar die Liste seiner Vorwürfe an die Adresse des Kaisers durchaus noch verlängern können, etwa um einen Hinweis auf die Schutzzollgesetze, die nur wenige Wochen zuvor, Mitte Juli 1879, den Reichstag passiert hatten und nicht zuletzt den russischen Getreideexport treffen mussten.

Nein, mit dem Verhältnis zwischen St. Petersburg und Berlin stand es nicht mehr zum Besten, ganz im Gegenteil: Die erstaunlich guten Beziehungen Deutschlands zu Österreich-Ungarn trugen das Ihre dazu bei, die Verunsicherung in Russland weiter zu erhöhen. Genau das sollten sie auch, soweit es nach Bismarck ging. Der Reichskanzler war nämlich die treibende Kraft beim Zustandekommen des am 7. Oktober 1879 zwischen Deutschland und Österreich-Ungarn geschlossenen Bündnisvertrages, der bis zum Untergang der Donaumonarchie im Herbst 1918 in Kraft geblieben und als «Zweibundvertrag» in die Geschichte eingegangen ist.

Er bildete den Grundstein eines komplexen Systems von Defensivbündnissen, mit deren Hilfe Bismarck das Deutsche Reich auf absehbare Zeit vor der Bildung einer gegnerischen Koalition zu schützen gedachte. Das war leichter zu planen, als es sich umsetzen ließ. Denn einmal waren die Akteure nicht von Berlin aus zu steuern. Das galt für die Großmächte, also die potentiellen Bündnispartner des Deutschen Reiches. Es galt für die jungen Staaten Südosteuropas – Serbien, Rumänien, Montenegro, in gewisser Weise auch Bulgarien –, die ihrerseits, direkt oder indirekt, die politischen Manöver der Kontrahenten in Wien und St. Petersburg beeinflussten. Und es galt für das Osmanische Reich, das immer noch einen beträchtlichen Besitzstand in Europa hatte und wegen seiner geostrategischen Schlüsselrolle als stiller Teilhaber mit am Verhandlungstisch saß – jedenfalls dann, wenn Österreich-Ungarn und Russland dort Platz genommen hatten.

Und dann beruhen Bündnisse auf Gegenseitigkeit. Was immer Bismarck von seinen künftigen Partnern wollte – er konnte es nur bekommen, wenn er ihnen seinerseits dort entgegenkam, wo es um ihre Interessen ging, wo ihre Sicherheit auf dem Spiel stand. Ebendas war in Südosteuropa der Fall – für Russland, für Österreich-Ungarn, in gewisser Weise auch für Italien. Wusste der Kanzler, auf was er sich da einließ? Ahnte Bismarck, dass er sich, wenn auch ungewollt, an der Herstellung einer gefährlichen Zeitbombe beteiligte, die zu einem Zeitpunkt und unter Umständen detonieren konnte, den man von Berlin aus vielleicht beeinflussen, aber nicht bestimmen konnte? Aber selbst wenn der Kanzler das vorausgesehen hätte, wäre ihm angesichts der delikaten Lage, in der sich Deutschland seit Mitte der siebziger Jahre befand, wohl kaum eine Alternative geblieben. So verwob er die deutsche Außenpolitik in einem dichten Netz zum Teil sehr weitreichender Verpflichtungen und Verbindlichkeiten. Das war die Rechnung, die dem Kanzler für seine größte Tat, die Reichsgründung, durch die Umstände aufgemacht wurde. Das war der Preis, den er zu zahlen hatte, wenn er seine Alpträume in Grenzen halten wollte.

Auf den ersten Blick nehmen sich die Verträge – allesamt kurze, prägnante Dokumente – eindeutig und wenig brisant aus. Auch der Zweibundvertrag. Sollte «wider Verhoffen und gegen den aufrichtigen Wunsch» der beiden Kaiser von Deutschland und Österreich eines ihrer Reiche von Russland angegriffen werden, wollten sie sich «mit der gesamten Kriegsmacht» beistehen. Das galt auch für den Fall, dass eine «andere Macht» – also vor allem das nicht ausdrücklich genannte Frankreich – einen der beiden angreifen und dabei durch Russland Unterstützung finden sollte.[15] Ohne Zweifel handelte es sich hier um eine solide, zudem rein defensive Absicherung für den Fall eines Zweifrontenkrieges. So gesehen konnte man sich in Berlin zufrieden zurücklehnen – jedenfalls soweit man dort den Vertragstext überhaupt kannte. Das traf nur auf einen kleinen Kreis enger Vertrauter Bismarcks zu, und in dem gab es keine Zweifel.

Anders bei den Nachfolgern. Als sie die Verträge, darunter den von 1879, zu Gesicht bekamen, stellten sich ihnen Fragen, die auch dem ersten Reichskanzler nicht fremd gewesen sind: Waren die Bestimmungen des Vertrages eindeutig und unmissverständlich? War geklärt, wann ein Angriff vorlag? Wie würde man sich zum Beispiel verhalten, wenn ein russischer «Angriff» auf Österreich-Ungarn als Befreiungsschlag zu werten war, also als Reaktion des Zaren auf ein Manöver Wiens in Südosteuropa? Was würde man antworten, wenn die Russen in diesem Fall präventive, wenn nicht defensive Motive geltend machten?

Vorerst war es noch nicht so weit. Ganz im Gegenteil gingen Russen und Österreicher zunächst wieder aufeinander zu. Das war ja auch eines der Ziele gewesen, die Wilhelm I. und Franz Joseph I. mit ihrer demonstrativen Annäherung verfolgt hatten: Alexander II. beziehungsweise Alexander III., der seinem Mitte März 1881 ermordeten Vater nachfolgte, sollten erneut in das gemeinsame Boot geholt werden. Um die Bereitschaft des zögernden Zaren zu fördern, wurde er kurzerhand über die allgemeinen Ziele des Zweibundvertrages ins Bild gesetzt. Das half, und so konnten die Vertreter der drei Monarchen am 18. Juni 1881 ihre Unterschrift unter ein bemerkenswertes Dokument setzen, das die «geheimen Abmachungen» von 1873, also das Drei-Kaiser-Abkommen, ersetzte und als «Drei-Kaiser-Bündnis» in die Geschichtsbücher eingegangen ist.

Bemerkenswert war es deshalb, weil sich die drei «wohlwollende Neutralität» für den Fall zusagten, dass sich einer von ihnen «mit einer vierten Großmacht im Kriege befinden würde». Diese Bestimmung konnte also, rein theoretisch, auch in einem Fall Anwendung finden, der seit 1875 praktisch als ausgeschlossen galt: bei einem deutschen Angriff auf Frankreich. Im Übrigen dokumentierten der Vertrag und ein gleichzeitig unterzeichnetes Zusatzprotokoll das eigentliche Problem des russisch-österreichischen Verhältnisses, nämlich die verfahrene Lage in der Orientalischen Frage. Auch deshalb waren die Abmachungen vorerst nur für drei Jahre in Kraft. Von den Meerengen über Bosnien, die Herzegowina, den Sandschak von Novipazar, Ostrumelien und Bulgarien bis hin zur

«Haltung der Beamten im Orient» wurde zu allem Stellung bezogen, was zwischen Wien und St. Petersburg umstritten war.[16] Aus jeder dieser Fragen sollte sich in den kommenden drei Jahrzehnten eine mehr oder weniger schwere Krise und mit ihr ein Problem für die deutsche Außenpolitik entwickeln.

Sicher kann niemand in die Zukunft schauen. Als er im Frühsommer 1881 seine Unterschrift unter das Drei-Kaiser-Bündnis setzte, konnte auch Bismarck nicht vorhersehen, wie sich die Dinge im Orient entwickeln würden. Aber dass es sich dort um ein Minenfeld handelte, wusste er. Und obgleich ihm diese Krisenregion noch wenige Jahre zuvor nicht die Knochen eines einzigen pommerschen Musketiers wert gewesen war, schloss der Kanzler – in Ermangelung kurzfristig realisierbarer Alternativen – in rascher Folge Verträge, die Deutschland mittel- oder langfristig ebendort binden mussten. Das galt für den Zweibundvertrag, es galt für das Drei-Kaiser-Bündnis, und es galt auch für den so genannten Dreibundvertrag, ein Defensivabkommen zwischen dem Deutschen Reich, Österreich-Ungarn und Italien, das am 20. Mai 1882 in Wien das Licht der Welt erblickte.

Italien sah sich damals in einer Lage, die durchaus derjenigen Deutschlands vergleichbar war. Auch das Königreich hatte seine nationalstaatliche Einigung erst 1871 abschließen können, zählte also zu den jungen, noch nicht etablierten und insofern gefährdeten Großmächten. Ähnlich wie Deutschland befand sich auch Italien in einer Zweifrontensituation – bedrängt von Österreich-Ungarn auf der einen, von Frankreich auf der anderen Seite. Das Verhältnis zum östlichen, zum österreichischen Nachbarn war gespannt, seit sich Italien, wie gesehen, 1866 im Vorfeld des «deutschen Krieges» auf die Seite Preußens geschlagen und trotz klarer Niederlagen zu Lande und zur See von Österreich Venetien erhalten hatte. Dass die Österreicher auf dem Berliner Kongress zu den Gewinnern gehörten und ihre Stellung ausgerechnet in Südosteuropa, an der Gegenküste Italiens, festigen konnten, sorgte in Rom für einige Nervosität. Nicht wesentlich besser sah es im traditionell ambivalenten Verhältnis zum westlichen Nachbarn aus, vor allem seit Frankreich im Mai 1881 ein Protektorat über Tunesien errichtet hatte und damit einer italienischen Okkupation dieser anderen Gegenküste zuvorgekommen war.

Kein Wunder, dass sich die Italiener in dieser Situation auf die Waffenbrüderschaft von 1866 besannen und auf deutsche Unterstützung hofften. Wäre alles nach ihren Wünschen verlaufen, hätte sich Berlin auf eine exklusive Absprache mit Rom über gemeinsame Interessen eingelassen. Das wollte Bismarck gerade nicht. Die Schnittlinien italienischer und österreichisch-ungarischer Interessen im Adria-Raum vor Augen, verlangte der Kanzler von den Italienern, sich erst einmal mit ihren österreichischen Nachbarn im Grundsatz zu einigen, bevor er der deutschen Unterschrift unter einem Dreibundabkommen zustimmte.

Der Geheimvertrag – im Übrigen keine Fortschreibung des Zweibundvertrages, sondern ein eigenständiges Dokument – brachte Italien beträchtliche, Deutschland zusätzliche Sicherheit für den Fall, dass der eine oder andere von Frankreich «ohne unmittelbare Herausforderung» angegriffen werden sollte: Im Falle eines französischen Angriffs auf Italien sollte der Bündnisfall für Deutschland und Österreich-Ungarn gelten, im Falle eines solchen auf Deutschland hätte nur Italien eingreifen müssen. Das reichte Bismarck, denn hätte sich Russland auf die Seite des angreifenden Frankreich geschlagen, wäre Deutschland über die entsprechende Bestimmung des Zweibundvertrages nach dieser Seite hin abgesichert gewesen.

So gesehen war das Abkommen für Deutschland durchaus von einigem Wert. Vorderhand noch wichtiger war die Aussicht, dass Österreich-Ungarn, gegenüber Italien entlastet, sich nunmehr noch stärker als zuvor auf die Sicherung gegen etwaige russische Vorstöße konzentrieren konnte. War das bereits eine Vorentscheidung Berlins zugunsten der Doppelmonarchie? Jedenfalls findet sich im Dreibundvertrag auch die Verpflichtung zu «wohlwollender Neutralität» für den Fall, dass «eine Großmacht, die den gegenwärtigen Vertrag nicht unterschrieben hat», die «Sicherheit» einer der drei Vertragsparteien bedrohen und diese sich «dadurch gezwungen sehen sollte, ihr den Krieg zu machen».[17] Welche Großmacht konnte damit wohl gemeint sein, wenn nicht das russische Zarenreich? Was sollte man aus jener Formulierung lesen, wenn nicht die Einladung zu einem Präventivschlag, falls sich Österreich-Ungarn von Russland bedroht sehen sollte? Und wie war dieses Szenario mit den einschlägigen Bestimmungen des Zweibundvertrages und des Drei-Kaiser-Bündnisses vereinbar?

Keine Frage, Bismarcks Bündnispolitik gewann mit jedem Schritt eine Eigendynamik, die sich über kurz oder lang der Kontrolle durch ihren Erfinder entziehen musste. So auch der Dreibund. Er zwang den Kanzler und seine Nachfolger, sich bei jeder Vertragsverlängerung auf die speziellen Forderungen und Wünsche der Partner einzulassen, wenn sie prinzipiell am Erhalt der Konstruktion interessiert waren. Im Falle Wiens bezogen sich diese Forderungen in aller Regel auf den Balkan und hatten damit per se eine antirussische Spitze. Im Falle Roms musste sich Berlin schrittweise auf die imperialistischen Ambitionen der Italiener, vor allem in Nordafrika, einlassen, womit der Vertrag zwangsläufig eine antifranzösische Stoßrichtung bekam.

Überdies musste der Dreibundvertrag, und zwar von Anfang an, auch noch der probritischen Ausrichtung der italienischen Außenpolitik Rechnung tragen. Schon dem ursprünglichen Abkommen von 1882 war eine so genannte Ministererklärung beigegeben, wonach seine Abmachungen «in keiner Weise ... als gegen England gerichtet angesehen werden» konnten.[18] Die italienische Regierung hatte gute Gründe, auf dieser Auslegung zu bestehen. Einmal war die italienische Flotte der britischen nicht gewachsen; würden sich die Briten also im Konfliktfall auf die Seite der Franzosen schlagen, was zwar im Augenblick wenig wahrscheinlich, grundsätzlich aber nicht auszuschließen war, hätten die Italiener schlechte Karten. Und dann gab es ja noch den Wunsch Roms nach einem eigenen Kolonialreich, mit dessen Aufbau die Italiener am Horn von Afrika beginnen wollten. So wie die Dinge lagen, war dieser Wunsch nur im Windschatten der englischen Kolonialpolitik realisierbar.

Bismarck kamen die italienischen Verbindungen zu Großbritannien nicht ungelegen, ließ sich doch auf diese Weise, also über den Dreibund, für das Reich eine Hintertür nach England offen halten.

Das war nicht so selbstverständlich, wie es klang, denn Mitte der achtziger Jahre führte die deutsche Kolonialpolitik zu einer regelrechten Eiszeit im ohnehin eher unterkühlten deutsch-britischen Verhältnis. Und es war niemand anderes als Otto von Bismarck selbst, der den Deutschen den Weg in die Kolonien wies und ihnen so einen Platz an der Sonne verschaffte.

Kolonien für Deutschland? Eine absurde Vorstellung, jedenfalls bis es so weit war. Schon Friedrich der Große, der eigentliche Begründer der Großmacht Preußen, hatte seinen Nachfolgern ausdrücklich Abstinenz auf dem Gebiet des Kolonialerwerbs, übrigens auch des Flottenbaus, empfohlen: Preußen, schrieb er 1768, «ist eine Kontinentalmacht; es braucht eine gute Armee und keine Flotte. Unsere Ostseehäfen gestatten uns nicht, unsere Schiff-Fahrt auszudehnen, und wenn wir keine Kolonien in Afrika und Amerika haben, beglückwünsche ich meine Nachfolger, weil diese entfernten Besitzungen die Staaten, denen sie gehören, entvölkern, man muß sie durch große Flotten schützen, und sie bilden fortwährend neue Anlässe zu Kriegen, als ob wir nicht schon genug davon mit unsern Nachbarn hätten.»[19] An dieser Auffassung hatte sich, sieht man einmal von dem ohnehin nicht sehr wirklichkeitsnahen Forderungskatalog der Paulskirche 1848/49 ab, seither kaum etwas geändert. Schon gar nicht für Otto von Bismarck. Der Reichskanzler ließ keinen Zweifel, dass er von derartigen Experimenten wenig hielt. Vor allem waren sie nicht mit dem erklärten Verzicht auf «Ländererwerb» vereinbar, der seit Mitte der siebziger Jahre zum Kernbestand seines außenpolitischen Konzepts gehörte.

Und dann kam es doch anders. Am 24. April 1884 stellte die Berliner Regierung die Niederlassung, die der Bremer Großkaufmann Adolf Lüderitz während des vergangenen Jahres in Angra Pequena gegründet hatte, ausdrücklich unter den Schutz des Reiches. Damit begann die Geschichte von Deutsch-Südwestafrika, dem heutigen Namibia. Die deutsche Anfrage in London, ob es englischerseits Rechtsansprüche auf dieses Gebiet gebe, war ein halbes Jahr lang unbeantwortet geblieben. Jetzt schuf Bismarck vollendete Tatsachen. Den folgenreichen Schritt verband der Kanzler mit der provokanten, aber naheliegenden Überlegung, «weshalb das Recht zu kolonisieren, welches England in weitestem Maße ausübt, uns versagt sein sollte».[20]

Um weiteren Missverständnissen aus dem Weg zu gehen, ergriff die Reichsregierung im Folgenden ihrerseits die Initiative und beauftragte im Sommer 1884 Gustav Nachtigal, Afrikaforscher und Generalkonsul in Tunis, in Westafrika die deutsche Flagge zu hissen. Das tat dieser mit Erfolg in Togo und Kamerun. Im Februar des kommenden Jahres erhielt schließlich der Afrikareisende und Vorsitzende der Gesellschaft für Deutsche Kolonisation, Carl Peters, einen Schutzbrief der deutschen Regierung, durch den seine Verträge mit mehreren Häuptlingen Ostafrikas und Sansibars faktisch anerkannt wurden. Das war die Geburtsstunde Deutsch-Ostafrikas, des heutigen Tansania, der vierten deutschen Kolonie auf dem Schwarzen Kontinent, wenn diese auch erst seit Anfang des Jahres 1891 vom Reich aus verwaltet wurde. Abgeschlossen wurde das kurze Kapitel deutschen Kolonialerwerbs im Frühjahr 1885, als Nordost-Neuguinea und die Inselgruppe Nova Britannia zu Schutzgebieten des Reiches erklärt wurden, Letztere unter dem Namen «Bismarck-Archipel».

So kam es, dass eine pazifische Inselgruppe für einige Jahrzehnte den Namen eines Mannes trug, der ursprünglich von einem deutschen Kolonialreich nichts hatte wissen wollen und schon deshalb nach dessen Errichtung so schnell wie möglich wieder zur Tagesordnung zurückzukehren gedachte. Umso mehr überrascht die Geschichte der deutschen Landnahme, die durchaus keine Episode blieb. Was in aller Welt hatte Bismarck bewogen, mit seinen Maximen zu brechen und Deutschland auf einen Weg zu bringen, der es in schwieriges, zudem ganz ungewohntes Gelände führte? Natürlich spielten auch im deutschen Fall Motive eine Rolle, die im Zeitalter des Imperialismus allgemein für das Ausgreifen nach Übersee verantwortlich waren. Seit Frankreich 1881 in Tunis sein Protektorat errichtet und Großbritannien im darauf folgenden Jahr Ägypten okkupiert hatte, war man in Europa von der Notwendigkeit aktiver Kolonialpolitik überzeugt. Die Aussichten auf Rohstoffe, auf neue Absatzmärkte für die heimischen Produkte, auf Siedlungsgebiete für die rasch wachsende Bevölkerung oder auch auf strategisch vorteilhafte Positionen schienen verlockend. Hinzu kam die Möglichkeit, gegebenenfalls von innenpolitischen Schwierigkeiten abzulenken oder auch missionarische und zivilisatorische Aufgaben zu erfüllen.

Das war in Deutschland nicht anders als in England, Frankreich oder Italien, wenn auch die Kolonialbewegung im Reich eher zögernd auf Touren kam, im Grunde sogar erst durch Bismarcks Vorstoß ihren Durchbruch erlebte. Für dessen Kolonialpolitik wiederum waren die zeittypischen Motive allenfalls von untergeordneter Bedeutung. Seine Afrika-Politik war in erster Linie Europa-Politik. Offensichtlich betrachtete der Kanzler die Kolonien auch als eine Art Verhandlungsmasse. Mit ihrer Hilfe hoffte er, etwas von jener Bewegungsfreiheit zurückzugewinnen, die der preußisch-deutschen Politik wenn nicht schon mit der Reichsgründung, so doch spätestens mit der «Krieg in Sicht»-Krise abhandengekommen war.

Ein gefährliches Spiel, denn es setzte die Kooperation ausgerechnet Frankreichs voraus. Dass die Rechnung kurzzeitig aufging, lag daran, dass die französische Regierung in der Amtszeit des Ministerpräsidenten Jules Ferry ihrerseits Interesse an einer begrenzten Zusammenarbeit mit dem ungeliebten Nachbarn haben musste. Angesichts erheblicher Probleme mit China in Ost- und Südostasien und mit England in Afrika kam Paris ein Stillhalten Deutschlands in Europa sehr gelegen. Das galt erst recht für die Stoßrichtung der deutschen Afrika-Politik, die zwangsläufig mit den Interessen Großbritanniens – Frankreichs traditionellen Rivalen auf der weltpolitischen Bühne – kollidierte.

Mit Genugtuung nahm man in Paris wahr, wie sich Bismarck auf der so genannten Kongo-Konferenz, die von Mitte November 1884 bis Ende Februar 1885 in Berlin tagte, für französische und belgische Interessen ins Zeug legte und England zum Einlenken zwang. Viel Arbeit hat ihm das nicht gemacht. Gerade acht Mal traten die Delegierten in dieser Zeit für einige Stunden zusammen, um festzulegen, was die Mehrzahl der 14 teilnehmenden Staaten, darunter übrigens auch die USA, ohnehin wollten: Sie riefen einen unabhängigen, dem Handel aller Nationen offenstehenden Kongo-Staat ins Leben, als dessen Souverän der belgische König Leopold II. amtierte. Der installierte in seiner privaten Kolonie, von den Berliner Vertragsstaaten lange Zeit unbehelligt, ein Regiment, das in seiner Brutalität so ziemlich alles in den Schatten stellte, was der in dieser Hinsicht nicht gerade zimperliche Imperialismus der Europäer aufzubieten hatte: Bis der Kongo 1908 auf internationalen Druck hin in den Besitz des belgischen Staates überging, hatte sich seine Bevölkerung fast halbiert.

Für das Deutsche Reich brachte die in seiner Hauptstadt abgehaltene Berliner Konferenz einen schönen Zugewinn an internationaler Reputation. Allerdings war das auch schon der Scheitelpunkt deutscher Afrika-Politik. Gut vier Wochen nach Abschluss der Kongo-Konferenz wurde der unpopuläre Ferry in Paris zum Rücktritt gezwungen. Damit endete die Tauwetterepisode im französisch-deutschen Verhältnis. Unter dem Kriegsminister Georges Boulanger wurde sie sogar wenig später von einem militanten Revanchismus abgelöst. Eine ausgesprochen gefährliche Situation, zumal gleichzeitig die Orientalische Frage wieder an Sprengkraft gewann.

Bismarcks Kolonialpolitik hinterließ einen Scherbenhaufen. Kurzfristig musste das ihretwegen beschädigte Verhältnis zu England repariert werden; denn nur so konnte man der aufziehenden Doppelkrise einigermaßen gefasst ins Auge sehen, die sich aus dem französischen Revanchismus und der bulgarischen Krise mit ihrer Belastung des deutsch-russischen Verhältnisses entwickelte. Das gelang. Langfristig galt es hingegen, jene Geister zu bannen, welche der Imperialismus in Deutschland gerufen hatte. Das sollte keinem mehr gelingen – Bismarck nicht, und seinen Nachfolgern auch nicht. Welche Lawine er da losgetreten hatte, ahnte der Kanzler wohl schon, als er Ende Januar 1885 in einem Schreiben an den deutschen Botschafter in London, den Grafen Georg Herbert zu Münster, über die große Bedeutung auch des «kleinste[n] Zipfel[s] von Neu-Guinea oder Westafrika» reflektierte, «wenn derselbe objektiv auch ganz wertlos sein» mochte. Aber die öffentliche Meinung in Deutschland legte inzwischen «ein so starkes Gewicht auf die Kolonialpolitik», dass sogar «die Stellung der Regierung im Innern» von ihrem «Gelingen» abhing.[21]

So hatte Bismarck mit dem Aufmarsch in Afrika und im Pazifik die Bewegungsfreiheit der deutschen Politik nicht etwa erhöht, sondern weiter eingeschränkt, und zwar nach außen und im Innern. Auszubaden hatten das andere. Seine Nachfolger übernahmen nicht nur das koloniale Erbe und die mit ihm verbundenen, in die Zukunft gerichteten Erwartungen der Deutschen, sondern auch den schlechten Ruf, welcher der deutschen Kolonialpolitik seit den Tagen Bismarcks anhing. Die Forderung nach einem eigenen überseeischen Imperium war, für sich genommen, kein Problem. Wer hätte sie im Zeitalter des Imperialismus ernsthaft in Frage stellen wollen? Problematisch waren die Methoden, die Bismarck anwandte, erwischte er die Briten doch auf dem falschen Fuß. Ihr Empire stand damals, Anfang der achtziger Jahre, unter erheblichem Druck. In Afghanistan, also im Vorfeld Indiens, waren die Russen aktiv, und der so genannte Mahdi-Aufstand im Sudan bedeutete eine akute Gefährdung der gerade erst errichteten britischen Herrschaft über Ägypten.

Hier setzte Bismarck den Hebel an. Zweimal, im Januar 1885 und erneut im März und April 1886, ließ er der britischen Regierung über den Grafen Münster beziehungsweise über dessen Nachfolger als deutscher Botschafter in London, Paul Graf von Hatzfeldt, signalisieren, welche Folgen ihre renitente Haltung in der Kolonialfrage zeitigen könnte – nämlich einen entsprechenden «Handel» mit Frankreich beziehungsweise mit Russland, «wenn England uns nicht befriedige». In diesem Sinne war die Ägyptenpolitik Berlins ein Druckmittel. Mit ihm sollte zunächst der britische Widerstand gegen Deutschlands «koloniale Bestrebungen» überwunden und dann England von einer Annäherung an den Dreibund überzeugt werden.[22] So gesehen hatte Bismarcks Orientpolitik durchaus ein konstruktives Element.

Zu gut wusste der Kanzler um die britische Schlüsselrolle für die Geschicke Europas: Hatte nicht seit dem ausgehenden 17. Jahrhundert England am Ende immer auf der Siegerseite gestanden? Außerdem spitzte sich die allgemeine Lage für das Deutsche Reich während der Jahre 1885 bis 1887 gefährlich zu. In Frankreich blies, wie gesagt, Kriegsminister Boulanger zur Revanche gegen Deutschland, und auf dem Balkan führte insbesondere die Bulgarische Frage zu einer schweren internationalen Krise.

Bulgarien war auf dem Berliner Kongress zweigeteilt worden, und zwar in das Fürstentum Bulgarien und in den südlichen Landesteil Ostrumelien, eine von der Hohen Pforte abhängige Provinz mit Verwaltungsautonomie. Die im September 1885 durch Alexander I. aus dem Hause Battenberg vollzogene Vereinigung traf auf heftigen Widerstand Russlands, das seinen Einfluss schwinden sah. Damit nicht genug, suchte Serbien die Gunst der Stunde zu nutzen, griff im November 1885 Bulgarien an, scheiterte aber auf ganzer Linie und wurde nur dank einer massiven diplomatischen Intervention Österreich-Ungarns vor einem Debakel bewahrt. Die äußerst verwickelten Ereignisse führten im Ergebnis dazu, dass Russland im August 1886 für den Sturz Alexanders sorgte und damit seinen Einfluss in Bulgarien wieder stabilisierte, Deutschland, obgleich formal strikt neutral, diese Aktion guthieß, Österreich sich übervorteilt fühlte und die 1887 anstehende Erneuerung des Drei-Kaiser-Bündnisses als aussichtslos gelten musste.

Diese irritierenden Vorgänge auf dem Balkan und in Frankreich sorgten in Berlin für Handlungsbedarf, auch gegenüber England. Eine Wiederannäherung an die verstimmten Briten war das Gebot der Stunde. Sie kulminierte in zwei taktisch angelegten, verklausuliert formulierten Bündnisangeboten, die Bismarck im November 1887 und im Januar 1889 dem britischen Premierminister, Robert Cecil Marquess of Salisbury, unterbreitete. Nicht dass er ernsthaft an eine Annahme geglaubt hätte – aber erstens war es dem Kanzler wichtig, den Beginn der Tauwetterperiode zu signalisieren, und zweitens verband er damit den Wunsch, genau genommen sogar die Forderung nach einem britischen Beitritt zum so genannten Orientdreibund. Dabei handelte es sich um eine seit Februar angebahnte, Mitte Dezember 1887 durch Notenaustausch geschlossene Vereinbarung zwischen Österreich-Ungarn, Italien und eben Großbritannien über die Aufrechterhaltung des Friedens und des Status quo im Orient, insbesondere in Bulgarien und an den türkischen Meerengen.

Bismarck hatte dabei als Geburtshelfer fungiert und der britischen Regierung schon Anfang Februar 1887 zu verstehen gegeben, «daß wir, wenn England sich von jeder Beteiligung an der europäischen Politik zurückzöge, keinen Grund mehr haben würden, den französischen Wünschen in Ägypten oder den russischen im Orient ... unsere Förderung vorzuenthalten».[23] An den Methoden hatte sich also nichts geändert, wohl aber an den Zielen, die Bismarck verfolgte. Nicht mehr um die Sicherung entlegener, ohnehin eher bedeutungsloser afrikanischer Kolonien ging es ihm jetzt. Eine Wiederannäherung Englands an das Reich und eine Unterstützung seiner Dreibundpartner, also Italiens und vor allem Österreich-Ungarns, standen auf seiner Tagesordnung. Um diese zu erlangen, kam der Kanzler sogar der Bitte des britischen Premiers nach und setzte ihn über den Inhalt des Zweibundvertrages in Kenntnis.

Kein Zweifel, Bismarck stand unter Zugzwang. Wie sehr, ahnte nur eine ganz kleine Gruppe deutscher Diplomaten und Politiker, die den Inhalt aller durch den Kanzler getroffenen Absprachen und Abkommen kannte. Legte man sie nebeneinander, musste man zu dem Ergebnis kommen, dass Bismarck nicht mehr in der politischen Offensive war. Ganz im Gegenteil hatte seine Bewegungsfreiheit weiter abgenommen. Er saß in der Falle. Denn der Orientdreibund war nicht zuletzt eine Reaktion, ein dringend notwendiger Ausgleich für die beträchtlichen Zugeständnisse, die Bismarck wenig zuvor sowohl an die Dreibundpartner als auch an Russland hatte machen müssen. So konnte der Dreibundvertrag im Februar 1887 nur verlängert werden, weil Deutschland Italiens nordafrikanischen Interessen Rechnung trug.

Noch weiter gingen die Absprachen mit St. Petersburg. Dass der Zar die Initiative ergriff, lag an dem massiven Druck, den die deutsche Politik – direkt und indirekt, vor, während und auch im Nachgang der Verhandlungen – auf Russland ausübte. Nicht nur hob das Reich im Februar 1885 und erneut im März 1887 die Agrarzölle drastisch an, sondern es drehte im November 1887 auch den Kredithahn zu. Selbst wenn das eine Reaktion auf die Beschränkung «bei Erwerbung von Grundbesitz und Immobilien in den westlichen Provinzen Rußlands *durch Ausländer*»[24] im Mai des Jahres gewesen ist, war die Maßnahme doch auch, in den Worten Herbert von Bismarcks, ein Hieb «vor die Schienbeine» der Russen.[25] Vor allem aber konnte man in St. Petersburg nicht die Ohren verschließen, wenn in Berlin mehr oder weniger offen über einen Präventivkrieg gesprochen und im Reichstag eine neue Wehrvorlage eingebracht wurde, welche die Friedenspräsenzstärke des Heeres um gut 40 000 Mann erhöhte. Vor allem der Generalquartiermeister Alfred Graf von Waldersee hatte keinen Zweifel, dass es zu einem Krieg mit Russland kommen werde und man, um nicht ins Hintertreffen zu geraten, in die Offensive gehen müsse. Noch am 17. November 1887, einen Tag bevor der Zar zu einem Besuch nach Berlin kam, notierte er in sein Tagebuch, dass «nach meiner vollsten Überzeugung Rußland die Absicht hat, etwa im Frühjahr loszuschlagen. Da *wir* völlig fertig sind, so ist es konsequent, wenn wir uns nunmehr schnell zum Kriege entschließen.»[26]

In diesem Klima also hatten beide Seiten unter strengster Geheimhaltung über ein Abkommen verhandelt, das einen Ersatz für das Drei-Kaiser-Bündnis bilden konnte. Am 18. Juni 1887 wurde in Berlin ein geheimer Neutralitätsvertrag unterzeichnet, den Bismarck später einmal als «Rückversicherungsvertrag» bezeichnet hat und der zu den bemerkenswertesten Dokumenten der Zeit zählt. Er sah wohlwollende Neutralität im Kriegsfall vor, nahm aber ausdrücklich den Fall eines russischen Angriffs auf Österreich und eines deutschen auf Frankreich von dieser Regelung aus. Die eigentliche Brisanz der Abmachungen jedoch lag in einem als «ganz geheim» eingestuften Zusatzprotokoll, das ausdrücklich die russischen Interessen in Bulgarien und an den türkischen Meerengen bestätigte, ja die Russen sogar zu einer aktiven Politik an Bosporus und Dardanellen ermutigte.

Kein Wunder, dass selbst nach Eröffnung der Kampfhandlungen am 1. August 1914 weder die russische noch die deutsche Seite es gewagt hat, das Zusatzprotokoll zu veröffentlichen, sondern dass dieses brisante Dokument erst durch die Bolschewiki ans Tageslicht gebracht worden ist. Kein Wunder aber auch, dass Bismarck sich alsbald gezwungen sah, seinen eigenen, ungewöhnlich weitgehenden Zugeständnissen an Russland gegenzusteuern, wollte er nicht den Ausbruch eines europäischen Konflikts mit womöglich unkalkulierbaren Konsequenzen für Deutschland riskieren.

Wohl konnte der Rückversicherungsvertrag mit Russland in Verbindung mit dem ja nach wie vor bestehenden Zweibundvertrag mit Österreich-Ungarn als vollwertiger Ersatz für das Drei-Kaiser-Bündnis gelten. Auch waren seine Bestimmungen geeignet, die Spannungen an der orientalischen Peripherie zu fixieren und damit die Aufmerksamkeit der anderen Mächte von der Mitte Europas abzulenken. Damit das aber gelang, mussten andere mitspielen – die Italiener, die Österreicher und vor allem die Briten. Sie mussten die Russen von jenen Aktionen auf dem Balkan und an den Meerengen abhalten, zu denen diese durch die deutsche Politik und namentlich durch den Rückversicherungsvertrag gerade ermuntert wurden. Die Briten zu der Verpflichtung zu bringen, sich gemeinsam mit Italienern und Österreichern für den Status quo in dieser Weltgegend einzusetzen, war der eigentliche Sinn des Orientdreibundes.

Vieles ist über diesen Schlussstein der Bismarck'schen Bündnispolitik gesagt worden. Bildete er den Höhepunkt einer virtuos gehandhabten außenpolitischen Strategie? War er Ausdruck eines Systems bloßer Aushilfen und somit des Scheiterns? Fest steht, dass in den Dämmerstunden dieser Kanzlerschaft einiges zusammenkam, von dem die Reichsregierung manches nicht beziehungsweise nicht mehr zu steuern vermochte. Das galt sowieso für die komplexen äußeren Umstände, vor allem die tumultuösen Zustände auf dem Balkan. Es galt aber auch für die Folgen einer Außenpolitik, mit der Bismarck ursprünglich die bereits in der Reichsgründung angelegte Beschränkung des deutschen Handlungsspielraums aufbrechen wollte.

Gemessen an den Kosten und den Hypotheken auf die Zukunft, waren die Erfolge bescheiden. Sicher hatte man mit der indirekten Anbindung Englands einem Zurückschlagen der Spannungen von der orientalischen Peripherie in die Mitte Europas mit einiger Wahrscheinlichkeit vorgebeugt. Auch und vor allem war das Reich für weitere drei Jahre, also solange der Rückversicherungsvertrag lief, gegen einen Zweifrontenkrieg gesichert – soweit das überhaupt möglich war. Allerdings musste man zur Not Österreich fallen- und den Russen den Orient überlassen. Das war der Preis, den Bismarck seit Mitte der achtziger Jahre zu zahlen bereit war – wenn denn die deutsche Politik überhaupt noch Optionen besaß.

Diesen eingeengten Handlungsspielraum hat der Kanzler seinen Nachfolgern hinterlassen. Auch wenn diese sich für Österreich-Ungarn entschieden, blieben sie auf dem Weg, den Bismarck eingeschlagen hatte. Denn der Zweibundvertrag, der bis zum bitteren Ende, also bis zur Auflösung der Doppelmonarchie in der Endphase des Ersten Weltkrieges, in Kraft bleiben sollte, mutierte im Laufe der Jahrzehnte von einem rein defensiven Arrangement zu einem Instrument offensiver Balkanpolitik. Dank dieses Vertrages der deutschen Rückendeckung gewiss, konnte sich Österreich-Ungarn an riskante Operationen wie 1908 an die Annexion Bosniens und der Herzegowina machen, ohne befürchten zu müssen, sich gegebenenfalls alleine in einem Krieg mit Russland wiederzufinden. Damit aber wurde nicht nur der besagte Handlungsspielraum der deutschen Außenpolitik weiter eingeschränkt, sondern das Reich wurde auch kaum merklich in jene Orientalische Frage hineingezogen, in der es, allen Ankündigungen der siebziger Jahre zum Trotz, schon seit den Tagen Bismarcks in erheblichem Maße engagiert war.

Denn kein anderer als der erste Reichskanzler selbst hatte den Deutschen schon in den achtziger Jahren den Weg in diese gefährliche Gegend der Weltpolitik gewiesen. Immerhin hatte Bismarck der Entsendung ziviler Berater für türkische Behörden, einer deutschen Militärmission zur Instruktion der osmanischen Armee und nicht zuletzt einer folgenreichen wirtschaftlichen Betätigung deutscher Banken und Firmen östlich von Bosporus und Dardanellen zugestimmt. Zwar hatte er im September 1888 die Direktoren der Deutschen Bank einerseits auf das Risiko eines Engagements in der Türkei hingewiesen und eine «amtliche Förderung» ausdrücklich ausgeschlossen, andererseits aber die Herren auch wissen lassen, dass «politische Bedenken gegen die Bewerbung um eine Konzession für kleinasiatische Eisenbahnbauten nicht» bestünden,[27] und damit den Weg für die Gründung der Anatolischen Eisenbahngesellschaft im März des folgenden Jahres frei gemacht. Dass die sich daraus entwickelnde Idee der Bagdadbahn nach der Jahrhundertwende zu einer der schwersten Hypotheken der deutschen Außenpolitik werden sollte, war, als es passierte, nicht wirklich überraschend. Aber vorherzusehen war diese Entwicklung in den achtziger Jahren auch nicht, weil man weder die Entscheidungen der übrigen Akteure in dieser Angelegenheit voraussagen noch vorhersehen konnte, wie sich die Nachfolger Bismarcks in dieser Frage positionieren würden.

Vergleichbares gilt schließlich für Bismarcks Kolonial- und die davon nicht zu trennende England-Politik. Nicht nur ist diese manchem britischen Staatsmann und Beamten in unangenehmer Erinnerung geblieben. Vielmehr haben die Nachfolger des Reichsgründers auch hier den Faden seiner Politik aufgenommen und schon 1893 erneut versucht, der Regierung in London die Pistole auf die Brust zu setzen, um durch Druck in ägyptischen Angelegenheiten andernorts Zugeständnisse zu erzwingen. Auch hinter der 1898 aufgenommenen Flottenpolitik wird dieser Ansatz erkennbar. Das musste schiefgehen, schon weil die Epigonen nicht die lange Erfahrung und instinktgeleitete Souveränität Bismarcks besaßen.

Jetzt zeigte sich die Kehrseite seiner hoch entwickelten Staatskunst. Sie war nur im Alleingang zu verwirklichen, und sie war, ebendeshalb, nicht schulbildend. Sie konnte es nicht sein: «Er hinterließ eine Nation», hat 30 Jahre später mit Max Weber einer seiner größten Bewunderer und zugleich Kritiker gesagt, «*ohne allen und jeden politischen Willen*, gewohnt, daß der große Staatsmann an ihrer Spitze für sie die Politik schon besorgen werde … Eine politische Tradition dagegen hinterließ der große Staatsmann *überhaupt nicht*.»[28] Die Nachfolger Otto von Bismarcks waren mit seinem Vermächtnis überfordert.

3. Griff nach der Weltmacht

1890–1914

Der Großmachtstatus war kein Ziel, er war eine Etappe. Im Zeitalter des Imperialismus, das 1881/82 mit der faktischen Inbesitznahme Tunesiens durch Frankreich und Ägyptens durch Großbritannien eingeläutet worden war, konnte es keine Großmacht bei der Sicherung des heimischen Besitzstandes belassen. Das galt für England, Frankreich sowie in gewisser Weise auch für Russland, also die etablierten Weltmächte ihrer Zeit; es galt für Deutschland und Italien, die Neulinge im Kreis der europäischen Großmächte; es galt selbst für Österreich-Ungarn, das sich allerdings in pragmatischer Selbstbeschränkung auf den Balkan, also das Terrain vor der eigenen Haustür, konzentrierte; und es galt nicht zuletzt für die beiden außereuropäischen Großmächte Japan und USA, die in der zweiten Hälfte der neunziger Jahre des 19. Jahrhunderts zu Weltmächten aufstiegen – Japan durch seinen Krieg gegen China, Amerika infolge des Krieges gegen Spanien.

Weltmacht zu sein hieß, die Energie und die Fähigkeit zu besitzen, in der vermeintlich letzten Runde der Aufteilung der Erde in Macht-, Interessen- und Einflusssphären mitzumischen. Wer diese Energie und diese Fähigkeit nicht besaß oder nicht unter Beweis stellte, galt als schwach und lief Gefahr, seinerseits Gegenstand expansiver Ambitionen anderer zu werden. Nachdem mithin der erste Schritt, die Gründung einer deutschen Großmacht, getan war, gab es kaum eine Alternative, als ihm den zweiten folgen zu lassen. Dieser Griff nach der Weltmacht, der im Grunde nichts anderes war als die Erarbeitung und Sicherung eines Status unter seinesgleichen, ist nicht mit dem Griff nach der Weltherrschaft zu verwechseln, den die Deutschen in der Zeit des «Dritten Reiches» versucht haben.

Verstellt wurde der Blick durch den irreführenden Buchtitel *Griff nach der Weltmacht*, den der Verlag 1961 einem Buch des Historikers Fritz Fischer über die *Kriegszielpolitik des kaiserlichen Deutschland 1914/18* verpasste. Tatsächlich erbrachte das ungemein anregende, breit rezipierte Buch einmal mehr den Nachweis, dass die deutsche Politik während dieses Krieges die Hegemonie über den europäischen Kontinent anstrebte, also nachholte, was Bismarck versäumt hatte. Wenn man es so sehen mochte, zogen die Nachfolger des Reichsgründers die überfällige Konsequenz aus seiner Tat und lieferten – nicht zum letzten Mal und ganz entgegen ihrer Absicht – den Beweis, dass sich die Existenz einer deutschen Großmacht nicht mit dem Gleichgewicht der Kräfte auf dem Kontinent vereinbaren ließ.

Wer aber waren sie? Wer folgte auf Bismarck und warum? Dessen Abtritt von der politischen Bühne war abzusehen, als Wilhelm II. Mitte Juni 1888 das Ruder in Preußen und damit in Deutschland übernahm. Sein todkranker Vater, Friedrich III., hatte nach dem Ableben Wilhelms I. nur 99 Tage lang den Thron verwalten können. Nicht zuletzt in den Fragen des Umgangs mit der Sozialdemokratie und der Verbesserung des Arbeitsschutzes prallten die Auffassungen des jungen Monarchen und des greisen Kanzlers unversöhnlich aufeinander. Vor allem aber die schon früh erkennbare Entschlossenheit Wilhelms II., anders als sein Großvater die Zügel der Innen- wie der Außenpolitik selbst in die Hand zu nehmen, führten Bismarck am 18. März 1890 dazu, um seine Entlassung zu ersuchen.

Schon den Zeitgenossen, erst recht den Nachgeborenen hat Wilhelm II. Rätsel aufgegeben. Kein Wunder, wenn man bedenkt, dass Deutschlands Weg in die Katastrophe des Ersten Weltkrieges in seine Regierungszeit fällt. Dabei war er in seiner häufig sprunghaften, unberechenbaren, auftrumpfenden Art ein typischer Vertreter seines Volkes: «Dieser Kaiser, über den ihr euch aufregt, ist euer Spiegelbild», schrieb 1909 der linksliberale Politiker und Publizist Friedrich Naumann, wahrlich kein Apologet des Monarchen und seiner Herrschaft.[1] Die besagten Eigenschaften, aber auch Unsicherheit und Willensschwäche paarten sich mit einer raschen Auffassungsgabe, einem exzellenten Gedächtnis, weitgespannten künstlerischen und wissenschaftlichen Neigungen und Interessen sowie mit einem ausgeprägten politischen Instinkt und einer hohen Sensibilität. Gut möglich, dass der Kaiser mit seinen Attitüden auch ein schweres Handicap kompensierte: Als er am 27. Januar 1859 das Licht der Welt erblickte, mussten die Ärzte eine körperliche Missbildung des linken Armes registrieren, die trotz aller Anstrengungen in den folgenden Jahren nicht zu beheben war. Man ahnt, was es bedeutet haben muss, unter diesen Umständen beinahe drei Jahrzehnte lang ein Land und eine Dynastie zu repräsentieren.

Das tat Wilhelm II. nach außen auf eine Art und Weise, die ihm zuhause hohen Zuspruch eintrug. Ganz offenkundig entsprach die Außenpolitik seinen Neigungen, und was immer im Einzelnen über sie zu sagen ist, eines kann man dem Kaiser nicht absprechen: Er war stets aufs Beste informiert, Folge eines intensiven Aktenstudiums, von dem die dichte, handschriftliche Kommentierung der Akten des Auswärtigen Amtes beredtes Zeugnis ablegt. Eine neue Ausrichtung vermochte er den auswärtigen Beziehungen vorderhand, solange Bismarck noch im Amt war, nicht zu geben, wohl aber setzte er mit einer neuen Form kaiserlicher Reisediplomatie Akzente. So stattete er im August 1889 Großbritannien und wenige Wochen darauf, im November, der Türkei einen ersten Besuch ab. Die England-Visite, die dem Kaiser unter anderem die Ernennung zum Ehrenadmiral der Flotte eintrug, diente nicht zuletzt dem Besuch seiner Großmutter, der Königin Victoria. Diese enge familiäre Bindung an das englische Königshaus erklärt seine anglophilen Neigungen, die nicht immer mit seiner späteren England-Politik vereinbar waren.

Eine erste Spur hinterließen sie schon in der deutschen Außenpolitik, kaum dass Bismarck sich in den Sachsenwald zurückgezogen hatte. Wenn es nämlich in den auswärtigen Beziehungen des Reiches über diesen Wechsel des politischen Führungspersonals hinweg eine Kontinuität gegeben hat, dann in der Politik gegenüber Großbritannien: Am 1. Juli 1890 wurde der noch in der Bismarck-Ära vorbereitete so genannte Helgoland-Sansibar-Vertrag geschlossen. Den Deutschen brachte er die Kontrolle über das seit 1815 britische Helgoland, den Briten die Schutzherrschaft unter anderem über Sansibar, Pemba, Witu und Kismaju. In Deutschland war das Abkommen, also der Verzicht auf einen substantiell geringen, symbolisch indessen bedeutenden Teil des afrikanischen Kolonialreichs, äußerst unpopulär. Die Afrika-Kampagne Otto von Bismarcks in den Jahren 1884/85, wie immer sie sich erklärte, hatte seine Landsleute auf den Geschmack gebracht und geradezu zwangsläufig die Saat antienglischer Ressentiments gelegt, die um die Jahrhundertwende aufgehen sollte.

In der politischen Führung des Reiches war die Fortschreibung der in den ausgehenden achtziger Jahren begonnenen Politik gegenüber Großbritannien einstweilen unumstritten. Denn sie war ein gemeinsamer Nenner, auf den sich alle – Kaiser, Kanzler und Auswärtiges Amt – verständigen konnten. Das ließ schon deshalb aufhorchen, weil der deutschen Politik mit dem Rückzug Bismarcks und seines Sohnes Herbert, der von 1886 bis 1890 den Posten des Staatssekretärs im Auswärtigen Amt und damit formell dessen Leitung innegehabt hatte, gleichsam über Nacht die Direktion abhandengekommen war. Fortan wirkten eine Reihe von Personen und Interessen, aber auch eine Fülle neuer Themen und Probleme auf den politischen Entscheidungsprozess ein. Dafür gibt es einen augenfälligen Beleg: Als sich das Auswärtige Amt 1922 daranmachte, innerhalb von nur fünf Jahren seine Akten unter dem Titel *Die Große Politik der Europäischen Kabinette 1871–1914* zu edieren, ließen sich diese für die ersten beiden Jahrzehnte, also für die Ära Bismarck, in sechs Bänden unterbringen. Für die Dokumentation der folgenden 25 Jahre wurden 48 Bände benötigt.

Wer sich in Berlin zu welchem Zeitpunkt durchsetzte, hing immer stärker auch von dem Einfluss ab, den eine Person oder eine Gruppe auf Wilhelm II. nehmen konnte. Die beiden Reichskanzler, die Bismarcks Erbe zunächst anzutreten hatten, waren dabei nur eingeschränkt erfolgreich. Der Erste, Leo Graf von Caprivi, der Reichskanzler der Jahre 1890 bis 1894, kam aus dem Militär, hatte als Generalstabschef des 10. Armeecorps im deutsch-französischen Krieg von sich reden gemacht und danach im Kriegsministerium und in der Admiralität führende Positionen innegehabt, besaß aber auf dem Gebiet der Außenpolitik praktisch keine Erfahrung. Sein Nachfolger bis 1900, Chlodwig Fürst zu Hohenlohe-Schillingsfürst, war unter anderem von 1866 bis 1870 bayerischer Ministerpräsident und Außenminister gewesen. Erfahrung besaß er besonders im Umgang mit Frankreich und den Franzosen, hatte er doch in den siebziger Jahren einige Zeit als deutscher Botschafter in Paris und seit 1885 als Statthalter von Elsass-Lothringen amtiert. Allerdings war Hohenlohe-Schillingsfürst zum Zeitpunkt seiner Berufung zum Reichskanzler schon fünfundsiebzig – für damalige Verhältnisse ein biblisches Alter.

Erstaunlich ist, wie sich das Auswärtige Amt nach dem Rückzug des ersten Kanzlers entwickeln konnte. Bismarck, der ja von 1862 bis 1890 immer auch preußischer Außenminister war, hatte das gleichsam aus dem preußischen Ministerium der auswärtigen Angelegenheiten heraus gegründete Amt stets als dem Kanzler nachgeordnete Behörde betrachtet und behandelt. Das änderte sich nach seinem Abtritt rasch, weil zwangsläufig diejenigen an Einfluss gewannen, die nach Bismarck über einschlägige Kenntnisse in der deutschen Außenpolitik verfügten, und die saßen nun einmal in der dafür zuständigen Behörde.

Allen voran Friedrich von Holstein. Beinahe ein halbes Jahrhundert, von 1860 bis 1906, hat er im Dienst der preußischen beziehungsweise deutschen Außenpolitik gestanden und vor allem seit 1890 ihr Profil erkennbar mitgeprägt – als Vortragender Rat des Amtes, also keineswegs an dessen Spitze. Allerdings besaßen nur wenige seine Erfahrung und sein Durchsetzungsvermögen, und kaum jemand hatte wie er das Immediatrecht, also das Privileg, dem Kaiser direkt vortragen zu dürfen. Starke Partner hatte Holstein vor allem in Paul Graf von Hatzfeldt, dem deutschen Botschafter in London von 1885 bis 1901, in gewisser Weise auch in Adolf Freiherr Marschall von Bieberstein, der zunächst, von 1890 bis 1897, als Staatssekretär des Auswärtigen Amtes, danach für 15 Jahre als Botschafter auf dem außerordentlich wichtigen Posten in Konstantinopel Dienst tat.

Obgleich sich also Kaiser, Kanzler und Auswärtiges Amt seit dem Frühjahr 1890 mit unterschiedlichen Voraussetzungen, Erwartungen und Interessen an die Gestaltung der Außenpolitik machten, wurde doch alsbald eine Grundstruktur erkennbar. Das gilt vor allem für die Zurückhaltung auf kolonialem Gebiet: «Je weniger Afrika, desto besser für uns», soll Caprivi gesagt haben,[2] und tatsächlich wurde die mit dem Helgoland-Sansibar-Vertrag eingeschlagene Linie in zwei Abkommen mit Großbritannien über Guinea und Kamerun, die 1893 zustande kamen, weiterverfolgt. Entsprechend eindeutig war die Konzentration auf Europa. Das lag an den Prioritäten im Auswärtigen Amt, wo Holstein immer stärker auf den Zweibund, Marschall vor allem auf den Dreibund setzte. Es lag aber auch am Kanzler. Caprivi war entschlossen, die Stellung Deutschlands auf dem Kontinent durch wirtschaftliche und militärische Maßnahmen weiter zu festigen. Eine Serie von Handelsverträgen und eine große Armeereform waren die Mittel, die der Kanzler gegen zum Teil erhebliche Widerstände im Innern durchsetzte: Am Ende brachte die Reform die zweijährige Dienstzeit und eine Heeresstärke von über 550 000 Mann.

Zu diesem Zeitpunkt, Mitte des Jahres 1893, ließ sich schon nicht mehr genau sagen, in welchem Maße die deutsche Politik das Heft des Handelns abgegeben hatte und lediglich auf Vorgaben von außen reagierte. Inzwischen hatte man nämlich in St. Petersburg die Konsequenz aus der Entscheidung Berlins gezogen, den Rückversicherungsvertrag nicht zu erneuern. Der Entschluss war wenige Tage nach Bismarcks Rücktritt gefallen. Die Neuen in Berlin waren nicht davon überzeugt, dass sich Deutschland unter den obwaltenden Umständen aus einem offenen Konflikt zwischen Großbritannien und Russland würde heraushalten können, wenn dieser über die Orientalische Frage aufbrach. Vor allem aber waren sie nicht bereit, gegebenenfalls Österreich-Ungarn fallen zu lassen. Darin nämlich sahen die Nachfolger des Reichsgründers die logische Konsequenz der von Bismarck angelegten Konstruktion, und da sich die Waagschale auch sonst, vor allem bei Holstein, immer stärker zugunsten des Zweibundes mit Österreich-Ungarn zu neigen begann, brachte selbst der russische Vorschlag, auf das ganz geheime Zusatzprotokoll zum Rückversicherungsvertrag zu verzichten, keinen Durchbruch.

Dass nunmehr in St. Petersburg die Alarmglocken schlugen, kann man verstehen. Nahm man alles zusammen – die kolonialpolitische Abstinenz, die demonstrative Hinwendung zu England und Österreich-Ungarn, die Handels- und die Militärpolitik –, konnte es kaum einen Zweifel geben, dass Russland der Hauptbetroffene des deutschen Kurswechsels war. Kein Wunder, dass jetzt am Zarenhof jene Partei Oberwasser bekam, die für ein Zusammengehen mit Frankreich plädierte: Hatte man nicht schon immer vor der deutschen Politik gewarnt? Litt nicht der russische Getreideexport seit Jahren unter der deutschen Schutzzollpolitik? Musste nicht die russische Wirtschaft ihren Kreditbedarf seit 1887 an der Pariser Börse decken? Jetzt zog man die Notbremse.

Als am 23. Juli 1891 die französische Flotte im russischen Kronstadt einlief, ahnten viele, dass in der Weltpolitik eine neue Zeitrechnung anbrechen würde. Tatsächlich verpflichtete die Militärkonvention, die am 17. August des folgenden Jahres von Frankreich und Russland unterzeichnet wurde und um die Jahreswende 1893/94 in Kraft trat, die beiden Länder nicht nur zum Beistand im Falle eines Angriffs einer der Dreibundmächte, sondern auch zu einem koordinierten Handeln im Vorfeld: «Falls der Dreibund», so stand dort zu lesen, «oder eine der an ihm beteiligten Mächte etwa mobil machen sollten, werden auch Frankreich und Russland auf die erste Kunde von diesem Ereignis, ohne daß noch besonders eine vorhergehende Verständigung nötig ist, sofort und gemeinsam ihre gesamten Streitkräfte mobil machen und so nahe wie möglich an die Grenze werfen.»[3]

Damit war nicht nur der Weg in ein System mehr oder weniger starrer Allianzen eingeschlagen; es war auch der Automatismus kriegsvorbereitender Maßnahmen vorgezeichnet. Das wissen wir jedenfalls heute. Damals war das noch nicht ohne Weiteres erkennbar. Es war wohl auch nicht so gemeint, jedenfalls nicht seitens Russlands. Einen Bruch mit Deutschland wollte man in St. Petersburg keinesfalls riskieren. Schon deshalb hatte Zar Alexander III. einer schriftlichen Fixierung der Verhandlungen mit Frankreich nur zögernd zugestimmt – aber er hatte es schließlich doch getan.

Daher war die Frage, ob der «Neue Kurs» die deutsche Außenpolitik nicht früher oder später in eine Sackgasse führen könnte, keinesfalls abwegig. Die Russen hatten die Zurückweisung durch

Deutschland mit einer Konsequenz beantwortet, die in Berlin wenig Spielraum für Interpretationen ließ. Und die Engländer wollten das deutsche Entgegenkommen partout nicht mit den Maßnahmen beantworten, die man diesseits des Kanals erwartet hatte, ganz im Gegenteil. Nicht nur ließen sie wenig Neigung erkennen, sich eindeutig dem Dreibund anzunähern, sie brachen auch die vertraglichen Brücken zu Deutschlands Dreibundpartnern Österreich-Ungarn und Italien ab: Im Februar 1896 kündigte London den Orientdreibund auf.

Das war eine unmittelbare Reaktion auf die deutsche Politik, nicht zuletzt auf Äußerungen und Aktivitäten Wilhelms II. Der war Ende 1895 endgültig zu dem Schluss gekommen, dass die «Continentalmächte nächstens Schritte berathen müssen zur Wahrung ihrer gemeinsamen Interessen gegen England».[4] Das war nicht so abwegig, wie es klingen mochte. Die jüngsten Vorkommnisse in Asien schienen nämlich darauf hinzudeuten, dass eine pragmatische Zusammenarbeit der führenden Kontinentalmächte auch nach Abschluss der französisch-russischen Allianz durchaus im Horizont des Möglichen lag. Selbst ein Zusammengehen Deutschlands mit Frankreich und Russland war keineswegs ausgeschlossen, wenn gemeinsame Interessen auf dem Spiel standen. Und war es nicht so, dass auch Franzosen und Russen in der Kolonialpolitik noch offene Rechnungen mit Großbritannien hatten, übrigens deutlich höhere und wesentlich ältere als der Neuling auf der Weltbühne?

Die asiatischen Verwicklungen sprachen jedenfalls dafür. Am 10. Juni 1894 hatte Japan den Angriff auf das zwischen ihm und China umstrittene Korea eröffnet. Der Verlauf des folgenden Krieges war eine Überraschung, weil der unerwartet hohe Ausbildungsstand der japanischen Armee zu einem schnellen militärischen und der Präliminarfriede von Shimonoseki zu einem durchschlagenden politischen Erfolg für Japan führten. Immerhin musste China Mitte April 1895 auf Korea, Formosa, aber auch auf Teile des Festlandes, namentlich auf die Halbinsel Liaotung mit Port Arthur, verzichten. Die Haltung der Europäer, für die hier einiges auf dem Spiel stand, war nicht einheitlich. Während sich die Briten bedeckt hielten und auf eine Annäherung an Japan vorbereiteten, schritten Russen, Franzosen und Deutsche zur Tat. Die konzentrierte, koordinierte diplomatische Initiative der drei Großmächte, die als «Ostasiatischer Dreibund» in die Geschichte eingegangen ist, zwang Japan wenig später, im Frieden von Chefoo einen Teil seiner Beute wieder an China abzutreten.

Eine bemerkenswerte Episode, wenn auch aus der weitergehenden kaiserlichen Idee einer europäischen Kontinentalliga gegen England nichts geworden ist. Zwar hat Wilhelm II. sie immer wieder einmal ins Gespräch gebracht, tatsächlich gruben ihr aber Stoßrichtung und Methoden der deutschen Außenpolitik schon seit Mitte der neunziger Jahre zusehends das Wasser ab. Je unverhohlener die Deutschen nämlich ihre kolonialpolitische Zurückhaltung aufgaben, umso mehr wuchsen die Spannungen – an allen Ecken und Enden der Welt und mit mehr oder weniger allen Akteuren in der Weltpolitik. Dass zunächst vor allem die Divergenzen mit den Briten im Vordergrund standen, kam Russen und Franzosen zwar nicht ungelegen. Aber für ein gemeinsames Vorgehen, für eine Kontinentalliga mit Deutschland gegen England reichte das trotz übereinstimmender Interessen in den ostasiatischen Angelegenheiten nicht.

Gleichermaßen erstaunt und gelassen nahm man in St. Petersburg und Paris zur Kenntnis, wie sich Berlin und London 1896 über eine Frage in die Haare gerieten, die weder französische noch russische und genau genommen auch keine deutschen Interessen berührte. Wen kümmerten schon die Vorgänge im südafrikanischen Transvaal? Der durch Nachfahren von Siedlern niederländischer Herkunft bis 1856 in Etappen gegründete Burenstaat war ähnlich wie der schon 1842 aus der Taufe gehobene Oranjefreistaat im Visier britischer Expansionsgelüste. Die Engländer hatten die beiden Burenrepubliken wiederholt besetzt, sie aber auch wieder freigeben und deren Unabhängigkeit anerkennen müssen. Rohstoff- und namentlich Goldvorkommen hielten freilich das Interesse wach. Ende Dezember 1895 unternahm der Administrator der *British South Africa Company* in Rhodesien, Leander Starr Jameson, eigenmächtig den nächsten Versuch zur Einnahme Transvaals.

Die Aufregung war beträchtlich. Auch in Deutschland, auch und vor allem bei Wilhelm II. Der hatte schon Wochen zuvor den Eindruck gewonnen, dass England «wegen ein paar Quadratmeilen voll Neger und Palmbäume» seinem «einzigen wirklichen Freund, dem Deutschen Kaiser, Enkel ihrer Majestät der Königin von Großbritannien und Irland», mit Krieg drohe.[5] Jetzt war das Maß voll. Zunächst wollte er dem Präsidenten von Transvaal, Ohm Krüger, mit seiner Marineinfanterie zu Hilfe eilen, ihm auch die deutsche Schutzherrschaft anbieten. Dann ließ er es aber auf Drängen des Auswärtigen Amtes doch bei einem Telegramm bewenden und übermittelte Krüger seinen «aufrichtigen Glückwunsch» für den Sieg über die «Friedensstörer» und die Wahrung der «Unabhängigkeit des Landes gegen Angriffe von außen».[6]

Das Telegramm hat Geschichte geschrieben, schon weil die britische Öffentlichkeit mit großer Erregung reagierte und die Regierung in London zu handeln zwang. Der Umgangston wurde schärfer, die Maßnahmen und Forderungen wurden drastischer. Auf beiden Seiten. Die englischen Aktivitäten erreichten Ende Juli 1897 in der Kündigung des Handelsvertrages mit dem Reich ihren vorläufigen Höhepunkt, die deutschen im Entschluss zum Aufbau einer Schlachtflotte. In der Erkenntnis, dass die Briten ihren deutschen Verwandten nicht nur einen ordentlichen Kolonialbesitz absprechen, sondern auch deren überlegene Industrie «vernichten» wollten, war der Kaiser nämlich im Frühjahr und Sommer 1897 zu einer doppelten Schlussfolgerung gelangt. Erstens bekam man, zumal von England, «gutwillig nichts», was man sich «nicht mit bewehrter Faust» selbst holte,[7] und daher galt zweitens: «naves esse aedificandas».[8] Es mussten Schiffe her. Hinter alledem stand der von ihm persönlich bereits im Februar des Jahres formulierte «Grundsatz der Kaiserlichen Regierung»: «erst handeln, dann verhandeln».[9]

Daran hielt man sich im Folgenden. Ein Revirement in der politischen und militärischen Führungsspitze des Reiches trug das Seine dazu bei, die «Politik der freien Hand» mit dem nötigen Schwung zu versehen. Denn so verstand sich die deutsche Außenpolitik der kommenden Jahre. Am 18. Juni 1897 wurde Konteradmiral Alfred

 Tirpitz Staatssekretär des Reichsmarineamtes, vier Monate später, am 20. Oktober, Bernhard von Bülow Staatssekretär des Auswärtigen Amtes.

Wie sein kaiserlicher Herr gehört der 1849 in der Nähe von Altona geborene Bülow zu den schillernden, umstrittenen politischen Figuren der Epoche. Adeliger Herkunft und ausgesprochen wohlhabend, war er mit besten gesellschaftlichen Verbindungen ausgestattet. Wie sein Vater Bernhard Ernst von Bülow, der es in den siebziger Jahren ebenfalls zum Staatssekretär des Auswärtigen Amtes gebracht hatte, schlug der Sohn die diplomatische Laufbahn ein, überstand den Sturz Bismarcks unbeschadet und amtierte seit 1894 als deutscher Botschafter in Rom. Politischer Sachverstand und geschliffene Rhetorik gingen bei Bernhard von Bülow einher mit einer eigenartigen Mischung aus Anpassungsfähigkeit und Servilität, namentlich gegenüber Wilhelm II. Diese Eigenschaften trugen ihm unter Zeitgenossen den Beinamen «Der Aal» ein. Jedenfalls war er dem Kaiser bald unentbehrlich, und so hielt sich die Überraschung in Grenzen, als er Mitte Oktober 1900, nur drei Jahre nach der Übernahme des Staatssekretärspostens, Hohenlohe als Kanzler beerbte. So kometenhaft Bülows Aufstieg war, so ernüchternd sein politisches Ende, nachdem der Monarch im Zuge der so genannten *Daily-Telegraph*-Affäre im November 1908 das Vertrauen in ihn verloren hatte. Immerhin hatte er das Amt, als er es im Juli 1909 verlassen musste, fast neun Jahre lang verwaltet. Das hat nach Bismarck, von Hitler abgesehen, kein zweiter Reichskanzler geschafft.

Bülow residierte als Staatssekretär gerade einmal sechs Wochen in seinem neuen Büro an der Wilhelmstraße, als er sich in den Reichstag aufmachte, um eine der alsbald berühmtesten Reden der Zeit zu halten. Hintergrund waren die Ereignisse in China. Das Vordringen der Russen in der Mandschurei – eine Folge der Intervention des Ostasiatischen Dreibundes –, vor allem aber die Ermordung zweier deutscher Missionare in der Provinz Schantung hatten Wilhelm II. zur Tat veranlasst: Am 14. November 1897 wurde die Bucht von Kiautschou mit dem Hafen Tsingtau von einem deutschen Geschwader besetzt, und Tirpitz sorgte dafür, dass Tsingtau nicht dem Auswärtigen, sondern dem Reichsmarineamt unterstellt wurde. Wenig später, am 6. März 1898, sicherte sich das Deutsche Reich durch einen der chinesischen Regierung aufgezwungenen Pachtvertrag das 551 Quadratkilometer große Gebiet um die Bucht von Kiautschou auf 99 Jahre, außerdem günstige Zolltarife auf deutsche Waren sowie Eisenbahn- und Bergbaukonzessionen in der Provinz Schantung.

Diese Entwicklung bildete den Hintergrund für die Rede des Staatssekretärs, in der er am 6. Dezember 1897, wiederholt von «Bravo»-Rufen der Abgeordneten unterbrochen, klarstellte: «Die Zeiten, wo der Deutsche dem einen seiner Nachbarn die Erde überließ, dem anderen das Meer und sich selbst den Himmel reservierte, wo die reine Doktrin thront – diese Zeiten sind vorüber ... Wir müssen verlangen, daß der deutsche Missionar und der deutsche Unternehmer, die deutschen Waren, die deutsche Flagge und das deutsche Schiff in China geradeso geachtet werden wie diejenigen anderer Mächte ... Mit einem Wort: wir wollen niemand in den Schatten stellen, aber wir verlangen auch unseren Platz an der Sonne!»[10]

Was ist nicht alles über diese Rede gesagt, vor allem von folgenden Generationen in sie hineingelegt worden. Dabei spricht sie für sich. Deutschland tat, was andere in seiner Situation auch taten beziehungsweise tun zu müssen glaubten: den Schritt von der Groß- zur Weltmacht. Es gab keine Großmacht in dieser Zeit – die außereuropäischen, also Japan und die Vereinigten Staaten von Amerika, eingeschlossen – die darauf hätte verzichten können oder wollen. Dass die imperialen Stoßrichtungen und die Methoden unterschiedlich ausfielen, dass beispielsweise Österreich-Ungarn und Russland die Landnahme in der Regel unmittelbar jenseits ihrer Grenzen verfolgten, steht auf einem anderen Blatt.

Im deutschen Falle kam hinzu, dass 1897 das Fundament für das Kolonialreich längst gelegt war. Um den Anspruch selbst ging es nicht. Die Stoßrichtung der deutschen Weltpolitik war das Problem. In dem Augenblick, als mit dem Aufbruch der jungen japanischen Großmacht nach China der Wettlauf in Ostasien eröffnet wurde, musste auch Deutschland dort mit von der Partie sein, wollte es bei der offenbar bevorstehenden Aufteilung Chinas in Interessensphären nicht ins Hintertreffen geraten. So gesehen war die Besetzung Kiautschous aus deutscher Sicht zwingend. Niemand war überrascht, dass dem Pachtvertrag über Kiautschou vom März 1898 in rascher Folge entsprechende Abkommen Russlands, Frankreichs und Großbritanniens folgten. Im Grunde tat Bülow mit Blick auf Ostasien genau das, was Bismarck 13 Jahre zuvor bezogen auf Afrika getan hatte, als er, an die Adresse Londons gerichtet, die schon zitierte Frage stellte, «weshalb das Recht zu kolonisieren, welches England in weitestem Maße ausübt, uns versagt sein sollte».[11]

Auch die von der Reichsregierung angewandte Methode war im Zeitalter des Imperialismus durchaus nicht unüblich, ganz im Gegenteil: Die Alleingänge der Briten in Südafrika, der Amerikaner auf Kuba, den Philippinen oder in Puerto Rico oder eben der Japaner und der Russen in China hatten ganz andere Dimensionen. Die deutsche Politik, unerfahren wie sie auf diesem Gebiet war, stimmte sich im Umkreis ihrer begrenzten China-Aktion sogar wohlweislich mit Russland ab, und nachdem alles vorüber war, nachdem Deutschland und das Zarenreich ihre Pachtgebiete sicher hatten, kannte des Kaisers Zufriedenheit keine Grenzen: «... wir beide werden ein gutes Paar Schildwachen am Eingange des Golfs von Petschili abgeben, die gebührend, insbesondere von den Gelben, respektiert werden!»[12] Das schrieb Wilhelm II. Ende März 1898 an seinen «liebsten Nicky», seinen russischen Vetter Nikolaus II., der dem im November 1894 verstorbenen Vater Alexander III. nachgefolgt war.

Nein, die Aktion, für sich genommen, war in dieser Ära nichts Ungewöhnliches. Das galt auch für den hinter ihr stehenden Anspruch, von dem Bülow noch mehr als ein Vierteljahrhundert später nichts zurücknehmen wollte: «Ich bin auch heute der Ueberzeugung, die uns beide erfüllte, als wir vor 27 Jahren gleichzeitig Staatssekretäre wurden», schrieb er im November 1924 an Tirpitz, «dass unser Volk nach seiner Tüchtigkeit, seiner Kultur (im besten Sinne des Wortes) und seiner Vergangenheit ein Recht auf die Stellung hätte, die ich damals den Platz an der Sonne nannte, d. h. das Recht auf Gleichberechtigung mit anderen grossen Nationen.»[13]

Sprach damals, am Ende des Jahres 1897, etwas dagegen? Gab es eine andere Großmacht der Zeit, die auf diesen Anspruch hätte verzichten können? War es nicht so, dass die Großmachtposition in Europa nur zu halten war, wenn man sich auch in der außereuropäischen Welt betätigte und behauptete? Bestand andernfalls nicht die Gefahr, dass die auf dem Kontinent soeben errungene Gleichrangigkeit in dem nun geltenden Weltmaßstab wieder aufgehoben wurde? Musste man nicht mit dem jungen Soziologen und Nationalökonomen Max Weber «begreifen, daß die Einigung Deutschlands ein Jugendstreich war, den die Nation auf ihre alten Tage beging und seiner Kostspieligkeit halber besser unterlassen hätte, wenn sie der Abschluß und nicht der Ausgangspunkt einer deutschen Weltmachtpolitik sein sollte»?[14] Man mochte es drehen und wenden, wie man wollte: Wenn es einen Fehler gab, dann war er 1871, vielleicht auch erst 1884 gemacht worden. Was folgte, war beinahe zwangsläufig, soweit es um den Weg in die Welt ging.

Anders war es mit den Tönen, die man dabei anschlug. Das galt schon für Bülows Rede, die durch ihre forsche, selbstgewisse Argumentation auffiel – so etwas hatte man aus dem Munde eines deutschen Staatssekretärs bislang nicht vernommen. Es galt erst recht für den Kaiser, der seit seiner Depesche an den Präsidenten von Transvaal die Tonlage der deutschen Außenpolitik vorgab. So im Herbst 1898, als er sich auf seine zweite Orientreise begab und unter anderem Konstantinopel, Jerusalem und Damaskus besuchte. Schlimm genug, dass Wilhelm II. den türkischen Sultan damit zu einer Zeit hofierte und aufwertete, in der Abdul Hamid II. die christlichen Armenier seines Reiches massakrieren ließ. Geradezu töricht war die Rede von Damaskus, in der er, überwältigt vom orientalischen Empfang, am 8. November den Sultan und «die 300 Millionen Mohammedaner, welche auf der Erde zerstreut lebend in ihm ihren Kalifen verehren», seiner Freundschaft «versichert[e]».[15] Sicher, hier handelte es sich um eine impulsive, in gewisser Weise naive Bekundung. Aber immerhin war es der deutsche Kaiser, also der Repräsentant der inzwischen stärksten europäischen Großmacht, der so sprach, und das zu einer Zeit, in der sich Deutschland anzuschicken schien, diesen oder jenen Worten Taten folgen zu lassen.

Denn so, gewissermaßen als verlängerter Arm deutscher Weltpolitik, stellte sich die Flottenpolitik des Reiches dar, für die Konteradmiral Tirpitz verantwortlich zeichnete: England, so legte der Staatssekretär im Juli 1897, also wenige Wochen nach seinem Amtsantritt, in einer Denkschrift dar, sei der «Gegner, gegen den wir am dringendsten ein gewisses Maß an Flottenmacht als politischer Machtfaktor haben müssen».[16] Das war eine banale Einsicht, und sie war verheerend. Denn sie koppelte Weltmacht- und Flottenpolitik aneinander. Dabei war der Flottenbau gerade nicht eine Folge der deutschen Kolonialpolitik und ihrer maritimen Sicherung. Der Entschluss zum Aufbau einer deutschen Schlachtflotte, den der Reichstag am 10. April 1898 und am 14. Juni 1900 mit zwei Gesetzen in handfeste Politik umsetzte, fiel zwar gleichzeitig mit der Ankündigung einer deutschen Weltpolitik, war aber in der Sache nicht durch diese bedingt. Die Schlachtflotte sollte vielmehr ein Druckmittel gegenüber England sein.

Zwei Ideen lagen dem Flottenbau zugrunde. Einmal die Überzeugung, dass Deutschland auf Dauer nur mit einer starken Marine bündnisfähig sei, ganz gleich ob es um eine Koalition mit Großbritannien oder um eine Kontinentalliga gegen dieses ging. Und dann sollte die Flotte eine «Risikoflotte» sein: Die britische, die weltweit stärkste Flotte sollte im Kriegsfall Gefahr laufen, durch die deutsche Seemacht derart geschwächt zu werden, dass sie ihre Doppelaufgabe – die Sicherung der britischen Inseln und des Kolonialreiches – nicht mehr würde wahrnehmen können. Diese Aussicht, so das Kalkül, würde London von einer Konfrontation mit dem Reich abhalten, wenn nicht sogar an dessen Seite bringen. «Ich habe», zitierte Tirpitz nach dem Großen Krieg Bismarck, «was das Ausland anbelangt, in meinem Leben nur für England und seine Bewohner Sympathie gehabt und bin stundenweise noch nicht frei davon. Aber die Leute wollen sich von uns nicht lieben lassen.»[17]

In Deutschland war die Hochrüstung zur See äußerst populär. Der 1898 ins Leben gerufene Deutsche Flottenverein hatte mehr als

300 000 Einzelmitglieder und verstärkte zugleich die Phalanx der immer mächtiger werdenden Agitationsvereine. Zu ihnen gehörten die 1887 gegründete Deutsche Kolonialgesellschaft und der Alldeutsche Verband, der 1894 aus der Protestbewegung gegen den Helgoland-Sansibar-Vertrag hervorgegangen war. Dabei beruhte die hohe Zustimmung zum Flottenprogramm auf einem bemerkenswerten Missverständnis. Denn die Öffentlichkeit sah darin vor allem einen Ausdruck des deutschen Ausgreifens «in die Welt», eine Flankierung deutscher Weltpolitik, stellte den Flottenbau also auf eine Stufe mit den weltmachtpolitischen Aktivitäten des Reiches, an deren Notwendigkeit und Legitimität es wenig Zweifel gab.

Einmal mehr zeigte sich, welch gewaltige Lawine Bismarcks Entscheidung von 1884 ins Rollen gebracht hatte. Für ihn mochte die Kolonialpolitik eine Episode, ein Kapitel seiner Europapolitik sein. Wenn man jedoch, so unzutreffend das auch war, die Flottenpolitik als zwangsläufige Begleiterscheinung oder Folge deutscher Kolonialpolitik verstand, dann war nicht nur die Welt-, sondern auch die Flottenpolitik schon seit 1884 programmiert. Bismarck hatte den hier angelegten Konflikten noch ausweichen können, sie gewissermaßen in die Zukunft verlegt. Seine Nachfolger mussten sie austragen.

Schwer zu sagen, was aus der deutschen Welt- und Flottenpolitik geworden wäre, hätten sich ihre Architekten nicht, kaum dass die Pläne erstellt waren, in ihrer Auffassung bestätigt gesehen. Die Weltpolitik war eben angekündigt und in China in die erste Phase ihrer Realisierung getreten, der Flottenbau wurde gerade durch das deutsche Parlament auf den Weg gebracht – da schien das Unternehmen ausgerechnet aus Großbritannien Zuspruch zu erfahren. Jedenfalls ließ sich der Vorstoß des britischen Kolonialministers so interpretieren. Am 29. März 1898 erläuterte Joseph Chamberlain dem deutschen Botschafter in London «*ganz vertraulich* ..., daß die politische Situation jetzt eine Wendung genommen habe, welche England nicht länger gestatte, die bisher traditionelle Politik der Isolierung aufrechtzuerhalten». Diesen Befund verband der

Minister mit dem «Wunsch nach einer bindenden Abmachung zwischen England und dem Dreibund».[18] Das war nichts anderes als ein wenig verschlüsseltes Bündnisangebot, also eine Sensation.

In Berlin, wo man seit den ausgehenden achtziger Jahren immer wieder in diese Richtung sondiert hatte, fielen die Reaktionen erstaunlich gelassen aus. Das hatte auch mit dem Gesprächspartner zu tun. Joseph Chamberlain, Vater der Halbbrüder Austen und Neville, war ja nicht der Premierminister der amtierenden konservativen Regierung. Dieses Amt hatte, zum dritten Mal bereits, Salisbury inne. Der aber kränkelte und musste immer häufiger von seinem Neffen und Nachfolger, Schatzminister Arthur James Balfour, vertreten werden. Standen die beiden hinter Chamberlains Vorstoß?

Aber das war nicht der einzige, schon gar nicht der eigentliche Grund für die Absage, welche die deutsche Regierung der britischen erteilte. In Berlin vermuteten der Kaiser, Bülow und Holstein keineswegs zu Unrecht, dass die Briten in Deutschland einen Partner für ein begrenztes Zusammengehen gegen Russland in China suchten, dass es ihnen also in erster Linie um eine Entlastung der unter erheblichem Druck stehenden Empire-Politik ging. Dahinter steckte ein tiefes, aus den Tagen des Siebenjährigen Krieges herrührendes Misstrauen, dass England im Grunde nur die Strategie verfolge, die Kontinentalmächte miteinander in Konflikt zu bringen, um sich dann zurückzuziehen und ungestört seine weltpolitischen Geschäfte zu erledigen.

Tatsächlich konnte man ja auch in Berlin beobachten, wie rasant die Briten an allen Ecken und Enden der Welt unter Druck gerieten: Der Vorstoß der Russen in China war perspektivisch für die britischen Interessen in Asien nicht weniger gefährlich als der Konflikt mit Frankreich, der sich abzeichnete, seit eine britische Armee 1896 mit der Rückeroberung des Sudan begonnen hatte. Und natürlich hatte in London kaum jemand einen Zweifel, dass es im südlichen Afrika noch eine offene Rechnung gab: Im Oktober 1899 begann mit einer Kriegserklärung Transvaals ein brutal geführter, mehr als zweieinhalb Jahre dauernder Krieg, der auf britischer Seite nicht nur 23 000 Tote und Verwundete forderte, sondern mit Kriegskosten von astronomischen 230 Millionen Pfund auch ein tiefes Loch in den Staatshaushalt riss. Und jetzt war auch noch Deutschland ganz offenkundig entschlossen, seinen Worten Taten folgen zu lassen – im Orient, in China und selbst zur See.

Die Wahl des Bündnispartners fiel insofern nicht zufällig auf das Reich, als die alten Rivalen Frankreich oder Russland, das seit 1895 mehr und mehr ins Zentrum entsprechender Bemühungen rückte, für die Briten einstweilen ebenso wenig zu haben waren wie die jungen weltpolitischen Konkurrenten Japan und die USA, die man zunächst hofiert hatte. Für die Deutschen sprach, dass sie 1884 mit der Kolonialpolitik ein Feld betreten hatten, auf dem sich solche Verhandlungen führen ließen. Außerdem waren sie hungrig und ziemlich unerfahren: Musste es für den Aufsteiger nicht verlockend sein, im Windschatten des britischen Altmeisters – wenn auch als dessen Juniorpartner, also zu dessen Bedingungen – zu reüssieren?

Das sah man in Berlin begreiflicherweise ganz anders. Hier wurde das Angebot als Bestätigung des eingeschlagenen Weges betrachtet: Lag in der britischen Initiative nicht auch eine unausgesprochene Anerkennung für das beträchtliche wirtschaftliche, politische und militärische Gewicht, das sich Deutschland seit der Reichsgründung zugelegt hatte? War die Offerte nicht auch eine ungewollte Würdigung der deutschen Weltpolitik? Die Ablehnung erfolgte aus einem Gefühl der Stärke, in der Überzeugung, dass man genügend Zeit habe, den Partner, den Zeitpunkt und die Konditionen eines Bündnisses bestimmen zu können. Da war eine gehörige Portion Übermut im Spiel.

Und so überhörten die Umworbenen die unverhohlene Drohung, die Chamberlain Ende April 1898 gegenüber Botschafter Hatzfeldt mit dem Hinweis aussprach, dass es für England, «wenn es auf die seiner Ansicht nach naturgemäße Allianz mit Deutschland verzichten müsse, keine Unmöglichkeit sein würde, mit Rußland oder mit Frankreich zu einer Verständigung zu gelangen».[19] In Berlin hielten sie das noch Jahre später für derart ausgeschlossen, dass sie glaubten, das zusehends instabile Gebäude deutscher Weltpolitik auf dem Fundament des britisch-französischen beziehungsweise britisch-russischen Gegensatzes errichten zu können.

 Es mag ein Zufall sein, aber mit der als vorläufig betrachteten Absage an die britische Regierung wurde ein Grundzug der deutschen Außenpolitik dominant, den mancher schon seit 1890 beobachtet hatte. Seit dem Abtritt Bismarcks, der übrigens Ende Juli 1898, also wenige Wochen nach Beginn der deutschen China- und Flottenpolitik, verstarb, wurde sie in dem Maße sprunghafter und unberechenbarer, in dem der Kaiser direkt in sie eingriff. Dabei standen Wilhelm II. und mit ihm die deutsche Politik keineswegs immer auf der falschen Seite, im Gegenteil.

Das zeigte sich im Mai 1900, als in China der so genannte Boxeraufstand losbrach. Die Boxer waren eine von zahlreichen Bewegungen, die sich ursprünglich gegen die Fremdherrschaft der mandschurischen Qing-Dynastie gebildet hatten, jetzt aber, unter dem Eindruck einer Überfremdung des Landes durch die europäischen Großmächte, eine Verbindung mit dem Kaiserhof eingingen und sich durch die Kreise um die Kaiserinwitwe Cixi im Kampf gegen die Europäer instrumentalisieren ließen. Dem Aufstand der Boxer, der Mitte Juni 1900 Peking erreichte, fielen Tausende einheimischer Christen und Hunderte Ausländer zum Opfer, unter ihnen der deutsche Gesandte Klemens Freiherr von Ketteler.

Wilhelm II. zögerte keinen Augenblick, sich an der internationalen Expedition zur Bestrafung der Chinesen beziehungsweise zur Befreiung der in Peking belagerten Ausländer zu beteiligen. Allerdings drängte er dann der alliierten Armee mit dem früheren Chef des Generalstabes Alfred Graf von Waldersee nicht nur den Oberbefehlshaber auf, sondern ließ es sich auch nicht nehmen, das deutsche Kontingent am 27. Juli 1900 mit einer seiner berüchtigten Reden zu verabschieden. «Pardon wird nicht gegeben», rief er seinen Soldaten zu, «Gefangene nicht gemacht ... Wie vor tausend Jahren die Hunnen unter ihrem König Etzel sich einen Namen gemacht, ... so möge der Name Deutschland in China in einer solchen Weise bekannt werden, daß niemals wieder ein Chinese es wagt, einen Deutschen auch nur scheel anzusehen.»[20]

Nicht dass solche Töne in diesem Zeitalter ungewöhnlich gewesen wären; auch folgten ihnen keine Taten, die etwa dem russischen Massaker an den Chinesen im sibirischen Blagoweschtschensk vom

Sommer 1900 vergleichbar gewesen wären. Andererseits beteiligten sich die deutschen Truppen in China, immerhin rund 22 000 Mann, am äußerst brutalen Vorgehen der internationalen Streitmacht, den so genannten Strafexpeditionen gegen tatsächliche oder auch vermeintliche Aufständische. So gesehen eröffnete der Feldzug in China eine Traditionslinie deutscher Kolonialpolitik, die zwischen 1904 und 1908 während der Kriege gegen Herero und Nama in Deutsch-Südwestafrika sowie gegen die Maji-Maji im Süden Deutsch-Ostafrikas eine Fortsetzung fand. Die dabei mitunter an den Tag gelegte extreme Gewaltausübung war charakteristisch für die Kolonialkriege dieser Zeit. Mit den deutschen Vernichtungsfeldzügen namentlich gegen die Völker Ost- und Ostmitteleuropas sowie gegen das europäische Judentum während der frühen vierziger Jahre des 20. Jahrhunderts haben sie hingegen schon deshalb kaum etwas gemein, weil ihnen die zentral organisierte, systematische Anlage und die rassenideologische Fundierung fehlten.

Was die Rede Wilhelms II. vom Sommer 1900 angeht, so war sie vor allem deshalb problematisch, weil sich die kaiserlichen Auslassungen in Bremerhaven – wie zuvor schon jene in Damaskus – mit den Planungen und Maßnahmen der deutschen Weltpolitik zu einem Gesamtbild zu fügen schienen. Und das konnte in der Tat Anlass für beträchtliche Irritation bieten. Zum Beispiel im Orient.

Der Grundstein für das Gebäude der deutschen Orientpolitik war schon in der Bismarckzeit gelegt worden. 1889 und 1898 hatten dann die beiden Reisen Wilhelms II. entscheidend dazu beigetragen, dass sich ein Konsortium unter Führung der Deutschen Bank vertraglich die Konzessionen für den Bau der so genannten Bagdadbahn sichern konnte. Zwar griffen Bismarcks Nachfolger hier einerseits lediglich den schon von diesem angesponnenen Faden auf, gaben aber andererseits einem ursprünglich rein wirtschaftlichen Vorhaben eine brisante politische Note.

Mit den Verträgen, die im Dezember 1899 zur Erteilung der vorläufigen, im März 1903 zur Vergabe der endgültigen Konzession und im April des gleichen Jahres zur Gründung der Bagdadeisenbahngesellschaft führten, drängte das Reich in eine traditionelle

 Krisenregion der Weltpolitik. Da die Bahn dereinst Berlin mit Bagdad beziehungsweise Kuwait verbinden sollte, zeichnete sich für die britische Regierung, insbesondere aber für die vehement reagierende britische Öffentlichkeit mit diesem wichtigsten Prestigeprojekt deutscher Weltpolitik eine unmittelbare Bedrohung ihrer strategischen, wirtschaftlichen und politischen Positionen am Persischen Golf, dem Vorfeld Indiens, ab. Damit lagen sie gar nicht einmal falsch.

Anfang Januar 1899 hatte Marschall von Bieberstein, soeben erst vom Kaiser auf den Botschafterposten in Konstantinopel geschickt, ein «Zukunftsbild» entworfen, «wie sich die Dinge einst gestalten werden, wenn Deutschland fortfährt, sich im Oriente wirthschaftlich auszustrecken – der Hafen in Haidar-Pascha, dem zu erheblichem Theile auf deutschen Schiffen deutsche Waaren zugeführt werden, ... die Bahnlinie von dort bis Bagdad ein deutsches Unternehmen, das nur deutsches Material verwendet und zugleich für Güter und Personen die kürzeste Linie bildet aus dem Herzen Deutschlands nach seinen ostasiatischen Besitzungen». Und so trat dem «vorausschauenden Blick» des Botschafters «der Moment entgegen, in dem der berühmte Ausspruch, ‹daß der ganze Orient nicht die Knochen eines pommerschen Grenadiers für uns werth sei›, eine interessante historische Reminiscenz, aber keine historische Wahrheit mehr bildet».[21] Kein Wunder, dass ein Mann mit solchen Visionen recht bald zu des Kaisers «bestem Pferd im Stall» wurde.

Allerdings kann man nicht sagen, dass die deutsche Außenpolitik um die Jahrhundertwende den Konflikt, etwa mit Großbritannien, gesucht hätte. Ganz im Gegenteil verständigte man sich nach dem vorläufigen Scheitern der Bündnisgespräche auf eine Politik der «kleineren Schritte» und schloss – auf einer ersten Etappe dieses Weges und gewissermaßen vorsorglich – mit London Ende August 1898 einen Vertrag über die Aufteilung der portugiesischen Kolonien in Afrika, falls das kurz vor einem Staatsbankrott stehende Portugal diese verpfänden sollte. Der Fall trat dann nicht ein – jetzt nicht und 15 Jahre später, als man sich die Sache erneut vornahm, auch nicht. Dass Portugal seine beiden riesigen afrikanischen Kolonien Angola und Mozambique bis 1975 halten und damit zur langlebigsten Kolonialmacht auf dem Kontinent werden sollte, hat man sich damals weder in Lissabon noch in London oder Berlin vorstellen können.

Trotz mancher Misshelligkeiten waren die Gespräche über die portugiesischen Kolonien so annehmbar verlaufen, dass sich Deutsche und Briten wenig später neuen Horizonten zuwandten und Mitte November 1899 ein Abkommen über die Aufteilung der pazifischen Samoa-Inseln unterzeichneten. Es brachte Deutschland in den Besitz von Upulo und Savaii und erweiterte den bescheidenen pazifischen Besitzstand des Reiches mehr symbolisch als substantiell. Ähnliches galt für die Karolinen-, Marianen- und Palau-Inseln, die das Reich im Februar des Jahres von Spanien kaufen konnte, nachdem diese einst stolze Kolonialmacht 1898 im Krieg gegen die aufsteigende Großmacht USA Kuba, Puerto Rico sowie – gegen 20 Millionen US-Dollar – die Philippinen und damit die Substanz ihres noch verbliebenen Imperiums verloren hatte.

Die beiden Samoa-Inseln waren im Übrigen die letzten Kolonien, die das Reich in seinen Besitz brachte. Mit Wilhelm Solf amtierte seit 1898 zunächst als Munizipalpräsident, dann als Gouverneur ein Mann in Apia, der zu den profiliertesten Kolonialpolitikern seiner Zeit zählte. Dem Jahrgang 1862 angehörend, hatte Solf unter anderem in Berlin Indologie studiert, war dann in den Diplomatischen Dienst des Deutschen Reiches eingetreten und zuletzt in Daressalam, also in Deutsch-Ostafrika, tätig. Auf Samoa erwarb sich Solf einen Ruf als exzellenter Kenner der einheimischen Kultur. Dass es ihm 1909 gelang, einen Aufstand auf den Inseln ohne Blutvergießen beizulegen, war einer der Gründe für seine Berufung zum Staatssekretär des Reichskolonialamtes. Die Behörde, der Solf seit dem Jahresende 1911 vorstand, war bezeichnenderweise erst Mitte Mai 1907 aus dem Auswärtigen Amt ausgegliedert worden, wo es bis 1890 nicht einmal eine eigene kolonialpolitische Abteilung gegeben hatte.

So gesehen spiegelt sich in Solfs Biographie die spezifische Verbindung von deutscher Außen- und Kolonialpolitik wider. Dass er auf dem Weg nach Apia unter anderem in London Station machte, um die englische Position in der Samoa-Frage kennenzulernen, überrascht nicht. An den Verhandlungen dieses oder eines der übrigen Abkommen war Solf allerdings nicht beteiligt. Sie wurden durch den deutschen Botschafter in London, Paul Graf von Hatzfeldt, geführt. Das galt sowohl für Samoa und die portugiesischen Kolonien in Afrika als auch und nicht zuletzt für China. Im so genannten Jangtse-Abkommen bekräftigten London und Berlin Mitte Oktober 1900 die territoriale Integrität des Landes und das Prinzip der «Offenen Tür», das allen Interessenten freien Handel im Reich der Mitte garantierte.

Insgesamt brachten die «kleineren Schritte» durchaus vorzeigbare Fortschritte, wenn auch beide Seiten nicht immer mit sauberen Methoden arbeiteten: Während Großbritannien den Angola-Vertrag, kaum dass der unterzeichnet war, durch eine geheime Absprache mit den Portugiesen unterlief, nutzte Deutschland bei den Verhandlungen über Samoa den enormen Druck aus, unter dem die Briten namentlich im südlichen Afrika standen, und im Falle des Jangtse-Abkommens kam es bald nach der Unterzeichnung zu Differenzen über seine Auslegung.

Für mehr als für solche punktuellen Verständigungen an der Peripherie des europäischen Geschehens reichte es also nicht, schon gar nicht für einen erfolgreichen Abschluss der Bündnisverhandlungen, die Anfang 1901 als Folge eines Alleingangs des deutschen Botschaftsrates in London, Hermann Freiherr von Eckardstein, noch einmal aufgenommen wurden. Die deutsche Seite wollte einem «Defensivarrangement» nur unter einer Voraussetzung zustimmen. Demnach sollte der Bündnisfall für England auch dann gelten, wenn Deutschland seinem von zwei Mächten angegriffenen Dreibund-Partner Österreich-Ungarn zu Hilfe kommen musste. Das lief – so Bülow – auf eine «Angliederung Englands an den Dreibund»[22] hinaus und hieß nichts anderes, als dass die Würfel zugunsten der Doppelmonarchie gefallen waren: Aus dem Entschluss, Österreich-Ungarn nicht fallen zu lassen, war über Nacht die Entschlossenheit geworden, die Donaumonarchie unter allen Umständen zu verteidigen. Damit hatte man den Weg in das südosteuropäische Minenfeld eingeschlagen. Und die Hintertür, welche die Engländer der jungen deutschen Kolonialmacht geöffnet hatten, war wieder geschlossen. Konnte das gut gehen?

Fest steht, dass sich die deutsche Politik, kaum dass sie das englische Bündnisangebot abgelehnt hatte, einer von Großbritannien ausgehenden Entwicklung gegenübersah, die in Berlin als «Einkreisung» wahrgenommen wurde. Dass alle maßgeblichen politischen Kräfte in Deutschland, die starke Linke eingeschlossen, das so sahen, sollte zu denken geben. Denn diese Überzeugung war nicht etwa das Ergebnis eines realitätsfernen propagandistischen Trommelfeuers, sondern das Resultat britischer, französischer und russischer Politik, so wie man sie in Deutschland wahrnahm.

Das festzustellen heißt nicht, der deutschen Politik die Absolution zu erteilen, ihren mitunter haarsträubenden Dilettantismus, ihre Großspurigkeit, ihre mit Anmaßung gepaarte Ignoranz übersehen zu wollen. Es heißt, sie zunächst einmal beim Wort zu nehmen. Tut man das, ist man überrascht, wie blauäugig die politische Führung des Reiches auf die ersten Anzeichen dessen reagierte, was sie ziemlich spät, nämlich nicht vor dem Winter 1904/05, als «Einkreisung» wahrzunehmen begann. Dabei konnte man warnende Hinweise schon seit den ausgehenden neunziger Jahren registrieren. Zunächst war die Annäherung Frankreichs und Großbritanniens allerdings weniger eine Reaktion auf die deutsche Politik als vielmehr eine Etappe einer politischen Vorwärtsstrategie, die aus Frankreichs Problemen resultierte und namentlich durch den französischen Außenminister jener Jahre mit robuster Konsequenz verfolgt wurde.

Sieben Jahre lang – vom Bezug seiner Amtsräume am Quai d'Orsay im Juni 1898 bis zu seinem Sturz im Juni 1905 und in fünf aufeinanderfolgenden Kabinetten – hat Théophile Delcassé die französische Außenpolitik geprägt. Keiner vor ihm, jedenfalls nicht seit Begründung der Dritten Republik im September 1870, oder nach ihm hat das geschafft, bis Aristide Briand in den zwanziger Jahren diesen Rekord in den Schatten stellte. Natürlich galt Delcassés Interesse von Anfang an immer auch Deutschland, weil das Reich nun einmal seit 1871 im Zentrum der französischen Europapolitik stand und stehen musste. Nicht weniger, aber auch nicht mehr. In den neunziger Jahren war hier nichts Ungewöhnliches zu berichten. Es herrschte gespannte Routine.

Anders im Falle des französischen Kolonialreiches. Dieses beanspruchte seit Mitte der neunziger Jahre die ganze Aufmerksamkeit der Pariser Außenpolitik. Dass die Italiener immer vernehmlicher Ansprüche vor allem auf Tripolis und die Cyrenaika, also die nordafrikanischen Provinzen des Osmanischen Reiches, anmeldeten, war ärgerlich. Dass England die alte weltpolitische Rivalität wiederbelebte, war hingegen gefährlich, weil es nicht nur in Hinterindien und Ostasien zu Spannungen kam, sondern neuerdings auch in Afrika. Es war einem Zufall zu verdanken, dass ein verschlafenes Dorf am Oberen Nil für einen Augenblick die Aufmerksamkeit der Weltöffentlichkeit auf sich zog.

Im sudanesischen Faschoda nämlich hatte ein französischer Expeditionstrupp, von Westen kommend, im Juli 1898 die Trikolore gehisst und damit Tatsachen geschaffen, die man in London nicht akzeptieren konnte, hatte man doch zwei Jahre zuvor eine Armee entsandt, um das Land wieder unter britische Kontrolle zu bringen. Der britischen Regierung war im Grunde keine Wahl geblieben, seit General Gordon, zur Evakuierung der Europäer nach Khartoum geschickt, den Ehrgeiz entwickelt hatte, die Stadt gegen die aufständischen Mahdisten zu halten, und dabei im Januar 1885 massakriert worden war. Die Rückeroberung des Sudan war folglich nicht nur strategischen Interessen geschuldet, sondern es ging um Wiedergutmachung. So erklärt sich die Eskalation der Krise, die bis an den Rand eines zur See ausgetragenen Krieges der beiden alten weltpolitischen Rivalen führte.

Das war die Stunde des französischen Außenministers: In Europa zwangsläufig auf Deutschland fixiert und im Innern von einer antisemitischen Kampagne, der so genannten Dreyfus-Affäre, erschüttert, wäre Frankreich einer Auseinandersetzung mit England wohl nicht gewachsen gewesen. Also blies Delcassé zum Rückzug, räumte den Sudan und überführte die diplomatische Niederlage in einen politischen Erfolg. Im März 1899 wurden mit dem so genannten Sudan-Vertrag die Grenzen zwischen dem Sudan und Französisch-Äquatorialafrika festgelegt. Damit schritten Franzosen und Briten konsequent auf einem Weg voran, den sie bereits im Januar 1896 eingeschlagen hatten. Damals waren die ebenfalls bis zur Schwelle eines Konfliktes führenden Differenzen über Siam beigelegt worden.

Die Bedeutung dieses Vorgangs lässt sich schwerlich überschätzen. Hier nämlich liegen die Anfänge einer pragmatischen Zusammenarbeit der traditionellen Rivalen auf weltpolitischem Gebiet, die alsbald so tragfähig werden sollte, dass sie sogar als Ausgangspunkt für eine militärische Kooperation dienen konnte. Hier liegt aber auch der Wendepunkt der französischen Deutschlandpolitik, die immer stärker von der Defensive in die Offensive überging und ihre Stärke zusehends aus den Schwächen und Fehlern des deutschen Vorgehens bezog. Das zeigte schon die Erneuerung des Bündnisvertrages mit Russland im Sommer 1899. Sie brachte insofern eine substantielle Änderung, als die Existenz der französisch-russischen Allianz jetzt nicht mehr ausdrücklich an den Bestand des Dreibundes gekoppelt war, also auch dann weiter in Kraft bleiben sollte, wenn sich beispielsweise Italien vom Dreibund entfernte.

Dass ebendieser Fall sehr bald eintrat, ging gleichfalls auf das Konto der französischen Diplomatie. Auch hier bildeten koloniale Fragen den Ausgangspunkt. Die verheerende Niederlage, die Menelik II., der Negus von Abessinien, im März 1896 den Italienern in der berühmten Schlacht bei Adua beigebracht hatte, reduzierte Roms Einfluss am Horn von Afrika seither auf Eritrea. Daher konzentrierte sich Italien jetzt wieder verstärkt auf die Ausdehnung seines Einflusses im Mittelmeerraum und nahm die nordafrikanische Gegenküste ins Visier. Delcassé, ohnehin am weiteren Abbau kolonialer Gegensätze interessiert, nutzte die Gelegenheit, um mit Italien Mitte Dezember 1900 ein entsprechendes Geschäft abzuschließen: Im Falle eines französischen Zugriffs auf Marokko sollte einem italienischen Vorstoß auf Tripolis und die Cyrenaika nichts im Wege stehen. Zwei Jahre später gingen beide Seiten noch einen großen Schritt weiter und unterzeichneten am 1. November 1902 einen regelrechten Neutralitätsvertrag. Die Angelegenheit war äußerst delikat, weil die italienischen Zusagen in einem bedenklichen Gegensatz zu den Verpflichtungen des Landes aus dem Dreibundvertrag mit Deutschland und Österreich-Ungarn standen. Außerdem hatte Rom diesen soeben erst verlängert.

In Berlin wusste man von alledem nichts, jedenfalls nichts Genaues. Natürlich hatte man registriert, dass Delcassé nach St. Petersburg gereist war. Aber was er dort verhandelt und unterzeichnet hatte, entzog sich der Kenntnis der deutschen Politik. Etwas anders lagen die Dinge im Fall der Annäherung Italiens und Frankreichs. Dass Italiener und Franzosen unter anderem über Tripolis sprachen, war im Auswärtigen Amt bekannt, und dass die Gespräche auch in andere Richtung gingen, konnte man kaum mehr übersehen. Aber all das ließ deutsche Politiker erstaunlich kalt. Zwar stellte Bülow schon im Januar 1902 intern die Frage: «Gegen wen und unter welchen Voraussetzungen wird nach dieser Hinneigung zu Frankreich überhaupt noch mit einer Unterstützung Deutschlands durch Italien im Kriegsfalle zu rechnen sein?»

Verblüffend aber ist, dass ihn diese Ungewissheit nicht nachhaltig irritierte, dass der Reichskanzler – denn das war Bülow ja seit gut einem Jahr – die italienische Regierung vielmehr «zu dem Bewußtsein» bringen wollte, «daß von deutscher Seite ein Verbleiben Italiens im Bundesverhältnis zwar als sehr erwünscht, jedoch nicht als für uns unter allen Umständen notwendig betrachtet werde».[23] Darin wusste er sich mit den Strategen im Auswärtigen Amt, allen voran mit Holstein, einig. Der hatte kurz zuvor, gleichfalls für den Hausgebrauch, die Begründung für diese Politik der kalten Schulter geliefert: «Heutzutage bedeutet Deutschland mit seiner ungeheuren Stärke zu Lande und zu Wasser einen Faktor, den keine Macht, die einen großen Schlag führen will, in ihrem Rücken stehn lassen darf, ohne sich vorher mit ihm verständigt zu haben.»[24]

Große Worte. Was steckte dahinter? Größenwahn? Übermut? Allenfalls im Ansatz. Bülow, Holstein und die anderen, auch der Kaiser, die breite Öffentlichkeit sowieso, waren vom Gewicht des Landes überzeugt, und tatsächlich sprach einiges für diese Haltung. Nicht nur gab es vorweisbare kolonialpolitische Erfolge in China, im Pazifik und im Orient, auch die Konjunktur hatte seit Mitte der neunziger Jahre wieder Tritt gefasst, und der Flottenbau schien vorderhand Deutschlands Machtposition weiter zu festigen. Jedenfalls war das Reich der Umworbene, der gesuchte Partner selbst Großbritanniens. Also ließ man die Dinge einstweilen treiben und verlegte sich darauf, ihren Lauf zu beobachten – bis es zu spät war und nur noch hektische Reaktionen blieben.

Anders die Briten. In Japan fanden sie den Partner, den sie seit 1898 zunächst im Deutschen Reich gesucht hatten, um dem russischen Vormarsch in Ostasien Einhalt zu gebieten. Die Russen hatten nämlich die chinesischen Wirren genutzt, um ihren Expansionskurs zu forcieren, und sich in der Mandschurei festgesetzt. Dem konnten die Japaner nicht tatenlos zusehen. Die Defensivklauseln des Bündnisses, das sie am 30. Januar 1902 mit den Briten eingingen, gaben ihnen Sicherheit: Im Falle einer Auseinandersetzung mit Russland würde man es nicht auch mit Frankreich zu tun haben – dafür wollte England sorgen. Das Kalkül ging auf. So konnte Japan im Februar 1904 den Krieg gegen Russland eröffnen und nach durchschlagenden militärischen Erfolgen zu Lande und zur See mit einem politischen Triumph krönen: Der vom amerikanischen Präsidenten Theodore Roosevelt vermittelte Friede von Portsmouth brachte Japan im September 1905 unter anderem die Kontrolle über Korea, Port Arthur und den Südteil der Halbinsel Sachalin.

Für Russland bedeuteten dieser Krieg und dieser Friede nicht nur das vorläufige Ende seiner Expansion in Ostasien, sondern zugleich auch seiner Stellung als Seemacht. Denn das Zarenreich hatte sowohl seine pazifische als auch seine baltische Flotte verloren, die um die halbe Welt gedampft war, um am Kampf gegen Japan teilnehmen zu können. Die Folgen dieser Niederlage waren enorm, für Russland, für Europa und vor allem für Deutschland. Vorübergehend sah es so aus, als könne es Wilhelm II. doch noch gelingen, seinen geschlagenen und gedemütigten Vetter Nikolaus II. von einem Defensivbündnis, vielleicht sogar von einer Kontinentalliga zu überzeugen. Immerhin fand sich der Zar beim Treffen der beiden Monarchen im finnischen Björkö, um das er gebeten hatte, am 24. Juli 1905 zur Unterzeichnung eines Beistandspaktes bereit.

Allerdings trat der aus einer Reihe von Gründen nie in Kraft. Vor allem wollte der Zar im November plötzlich den Fall eines Krieges mit Frankreich, dem Allianzpartner Russlands, von der Regelung ausdrücklich ausgenommen wissen.

Jetzt wurde es für die deutsche Politik eng, das wusste niemand besser als der Kaiser: «Die Coalition», quittierte er den Rückzug des russischen Cousins, «ist *de facto* da!»[25] Tatsächlich hatte sich die weltpolitische Lage seit 1890, als man deutscherseits die Bitte des Zaren um Rückversicherung abgewiesen hatte, grundlegend geändert. Damals bestimmte der Gegensatz zu England die russische Politik. Jetzt befand sich das Zarenreich auf Annäherungskurs zu Großbritannien, und dafür gab es gute Gründe. Einmal konnte die Balkanpolitik, die Russland nach der Niederlage in Ostasien wieder aufnahm, nur Erfolge zeitigen, wenn sie von England unterstützt, zumindest aber toleriert wurde. Und dann hatten sich die Briten ihrerseits zwischenzeitlich weiter den Franzosen angenähert und die in den neunziger Jahren begonnene kolonialpolitische Zusammenarbeit entscheidend ausgeweitet. Auch deshalb mochte der Zar sich nicht auf ein Bündnis mit dem Kaiser einlassen, das sich offenkundig in erster Linie gegen Großbritannien richtete; und deshalb wusste Wilhelm II., was die Stunde geschlagen hatte: Der vetterliche Kurswechsel war weniger eine Abwendung von Deutschland als vielmehr eine Hinwendung zu England, und das war eine schlechte Nachricht.

Denn inzwischen ließ sich nicht mehr übersehen, dass die hinter alledem stehende Neuorientierung der britischen Außenpolitik viel mehr mit Deutschland zu tun hatte, als man es in Berlin zunächst hatte wahrhaben wollen. Das galt schon für den englisch-französischen Kolonialvertrag vom 8. April 1904, der als «Entente cordiale» in die Geschichte eingegangen ist. Das umfassende Paket enthielt Vereinbarungen über Neufundland, West- und Zentralafrika, Siam, Madagaskar sowie die Neuen Hebriden und schrieb vor allem die dominante Stellung Frankreichs in Marokko und Großbritanniens in Ägypten fest. Auch deutsche Beobachter, beispielsweise an der Botschaft in London, hatten keinen Zweifel, dass «die Abneigung gegen Deutschland das Unterfutter für die ‹entente› abgegeben hat».[26]

Und das war erst der Anfang. Vor allem in der englischen Öffentlichkeit verschaffte sich jetzt eine antideutsche Stimmung lautstark Luft. Zwischenfälle wie an der Doggerbank wurden von der britischen Presse begierig aufgegriffen: In der Nacht vom 21. auf den 22. Oktober 1904 nahm der Kommandant der russischen Ostseeflotte beim Auslaufen nach Ostasien in der Nordsee englische Fischerboote unter Feuer, weil er annahm, es handle sich um japanische Torpedoboote. Der schwerwiegende Vorfall wurde in London sogleich darauf zurückgeführt, dass die Russen von den Deutschen vor japanischen Angriffen gewarnt worden seien und entsprechend nervös reagiert hätten.

Erst recht gingen die Wogen hoch, als Wilhelm II. Marokko einen Besuch abstattete. Dabei war der Vorgang, für sich genommen, wenig spektakulär: Am 31. März 1905 landete der Kaiser in Tanger, gab einen Empfang für die Angehörigen des diplomatischen Korps, nahm eine Truppenparade ab und schiffte sich dann wieder auf der «Hamburg» ein. Auch die vordergründige Absicht des Unternehmens war nachvollziehbar und entsprach den deutschen Interessen. Man wollte und musste etwas gegen eine exklusive Kontrolle oder gar Inbesitznahme Marokkos durch die Franzosen tun, die angesichts ihrer Verständigung mit Italienern und Briten unmittelbar bevorzustehen schien. Mit seiner Visite unterstrich der deutsche Monarch die Unabhängigkeit des Sultanats und klagte, durchaus auch im Sinne anderer Nationen wie den USA, die Rechte und Interessen nicht nur der deutschen Wirtschaft in Marokko ein.

Dahinter freilich steckte mehr. Namentlich Bülow und Holstein, die den Besuch Wilhelms gegen dessen anfängliche Bedenken durchgesetzt hatten, ging es um eine politische Demonstration Deutschlands, um die «Wahrung seines Prestiges». Lasse man sich in Marokko «stillschweigend auf die Füße treten», so Holstein, komme das einer Ermunterung zur «Wiederholung anderswo» gleich. Hugo Graf von Lerchenfeld, bayerischer Gesandter in Berlin und gelassen-scharfsinniger Beobachter der politischen Szene, brachte die Absichten der kaiserlichen Regierung Mitte Oktober

 1905 auf den Punkt: «Wenn ich die Interessen Deutschlands richtig verstehe, so hat es sich in der ganzen Marokko-Sache weniger um die Stellung des Reiches in diesem afrikanischen Staate, als um die deutsche Weltstellung gehandelt. Man hatte versucht, uns im Konzert der Mächte zu isolieren und lahm zu legen. Gegen diesen Versuch wurde mit Fug und Recht die Marokko-Aktion eröffnet und mit Erfolg durchgeführt. *Deutschland hat bewiesen, daß man es nicht ungestraft übersehen kann.*»[27]

Diese eigentliche Absicht des Unternehmens blieb anderen schon deshalb nicht verborgen, weil sie von diesen gerade erkannt und so verstanden werden sollte. Dass dahinter eher eine subjektiv empfundene Schwäche steckte, dass es der deutschen Politik darum ging, sich nicht, wie Holstein sagte, «vor aller Welt zu blamieren»,[28] ließ sich natürlich nicht öffentlich sagen. Und dass den Strategen in der Reichskanzlei und im Auswärtigen Amt stille Zweifel kamen, ob eine Kontinentalmacht nicht womöglich mit weitgesteckten weltpolitischen und maritimen Zielsetzungen überfordert sei, konnte man in Paris oder London nicht erkennen. Wenn die deutsche Politik mit den grundlegenden Entscheidungen der späten neunziger Jahre einen Fehler gemacht hatte, so konnte er jetzt nicht mehr zugegeben und korrigiert werden. Deutschland war nicht mehr am Zug; es konnte, wie in Marokko, nur noch reagieren. Je klarer diese Erkenntnis ins Bewusstsein rückte, umso heftiger fielen die Reaktionen aus – und wie die wiederum von anderen wahrgenommen wurden, lässt sich leicht denken.

Am 10. Februar 1906 lief in Großbritannien die «Dreadnought» vom Stapel, das erste Exemplar eines neuen Typs von Großkampfschiffen, die wegen ihrer Feuerkraft und Beweglichkeit fortan die neue Bemessungsgrundlage für die Seestärke aller Nationen bildeten. Das war die britische Antwort auf die deutsche Flottenpolitik. Anderthalb Jahre später, im August 1907, brachte der britische Kriegsminister per Gesetz eine Reorganisation des Landheeres auf den Weg. Damit setzte Richard Burdon Haldane Erkenntnisse in die Tat um, die er beim Besuch deutscher Heereseinrichtungen im April 1906 gewonnen hatte.

Was die deutschen Reaktionen anging, so überrascht nicht, dass sie erfolgten, sondern welche Ausmaße sie annahmen. Mit drei ergänzenden Gesetzesnovellen, deren erste schon am 19. Mai 1906 den Reichstag passierte, wurden das Bautempo der eigenen Flotte erhöht, die Lebensdauer der Schiffe gesenkt und die Typen der englischen «Dreadnought»-Klasse angepasst. Für die Deutschen, allen voran den Kaiser, war das eine Flucht nach vorn: «Es wird sich nichts in Englands Haltung ändern», notierte er im Oktober 1906, «als bis wir zur See so stark sind[,] daß wir wünschenswerthe Bundesgenossen werden.»[29]

Für Großbritannien wiederum war das eine Bedrohung, ein schlagender Beweis für Deutschlands eigentliche Absichten: «Die Deutschen machen sich nicht klar, daß England stets gegen jede Macht, die eine Hegemonie in Europa aufrichtet, in Opposition geraten oder bewußt getreten ist.» Das notierte im Sommer 1906 Sir Edward Grey.[30] Der hatte mit der Machtübernahme der Liberalen im Dezember 1905 das britische Außenministerium bezogen und sollte das damals wohl wichtigste Amt in der Weltpolitik für mehr als zehn Jahre, also noch über den Ausbruch des Großen Krieges hinaus, innehaben. An Grey führte fortan kein Weg vorbei, auch nicht für die deutsche Außenpolitik.

Wie tief diese inzwischen in der selbstgestellten Falle saß, mussten ihre Vertreter auf der Konferenz von Algeciras zur Kenntnis nehmen, auf der sich von Januar bis April 1906 Repräsentanten von 13 Nationen, darunter die Vereinigten Staaten von Amerika, um eine Lösung des Marokko-Problems bemühten. Obgleich die Schlussakte durchaus den Vorstellungen Berlins entgegenkam und unter anderem den Grundsatz der Unabhängigkeit des Sultans und der Integrität seines Landes festschrieb, war der Konferenzverlauf für die Deutschen ernüchternd. Weit davon entfernt, Großbritannien mit Hilfe der Flottenpolitik oder Frankreich durch eine moderate Konferenzdiplomatie an ihre Seite zu bringen, mussten die deutschen Strategen zur Kenntnis nehmen, dass sich London demonstrativ im Schulterschluss mit Paris übte. Daran änderte auch der von Berlin aus tatkräftig unterstützte Sturz Delcassés Anfang Juni 1906 nichts, im Gegenteil.

Vor allem trat den deutschen Emissären in Algeciras ihre fast vollständige Isolierung vor Augen. Lediglich auf Österreich-Ungarn war noch Verlass. Alle anderen gingen direkt oder indirekt auf Distanz. Die Folgen sind kaum zu überschätzen. Je stärker sich nämlich dieser Eindruck zu einem klar konturierten Bild verdichtete, umso eindeutiger und einseitiger setzte die deutsche Politik auf die österreichische Karte. Nicht dass dieser Linie in jenen Monaten ein klarer Entschluss zugrunde gelegen hätte; die Konstellation ergab sich beinahe von selbst, war der Endpunkt eines im Grunde bereits 1890, wenn nicht schon 1879 eingeschlagenen Weges. Er war in dem Augenblick erreicht, als sich mit der «Rückwendung der Großmächte von Übersee nach Europa als Folge des russisch-japanischen Krieges» die Interessen Russlands, Österreich-Ungarns und damit zwangsläufig auch Deutschlands im «Balkanbereich» kreuzten[31] und Russland demonstrativ klarstellte, auf welcher Seite es stand.

Das geschah am 31. August 1907. Die an diesem Tag unterzeichnete englisch-russische Konvention, mit der die alten weltpolitischen Kontrahenten ihre Divergenzen in Persien, Afghanistan und Tibet pragmatisch aus der Welt schaffen wollten, entlastete die seit 1904 heftig gebeutelte russische Außenpolitik. Deutsche Politiker witterten dahinter mehr: «Wie geschickt auch immer der Wortlaut des Vertrages gefaßt sein mag», kommentierte der Geschäftsträger an der deutschen Botschaft in St. Petersburg die Geschehnisse, «der Eindruck bleibt nicht aus, daß die Mächte ein Syndikat gegründet haben, mit dem wir zu rechnen haben werden. Dieses Bedürfnis nach engem Zusammenschluß ist ein wenn auch lästiges Kompliment für das deutsche Heer, die deutsche Marine, unsere Kaufmannschaft und die Entwickelungsfähigkeit des deutschen Volkes überhaupt.»[32] Das war nicht falsch, aber es war so auch nicht ganz richtig.

Denn die Konvention mit England war ein erstes handfestes Ergebnis des neuen Kurses in der russischen Außenpolitik, der sich auch in diesem Falle mit dem Namen eines Mannes verbindet: Im Mai 1906 hatte Alexander Iswolski das Steuer übernommen. In vier Jahren, bis zu seinem Wechsel auf den wichtigen Botschafterposten in Paris, brachte er die russische Außenpolitik auf eine Linie, die bis Kriegsausbruch auch für die Deutschlandpolitik wenig Spielraum ließ. Das hatte viel mit der inneren Lage des Zarenreiches zu tun. Nach der schweren Niederlage im Krieg gegen Japan und den durch sie mitbedingten revolutionären Wirren des Jahres 1905 brauchte die russische Politik Erfolge – um jeden Preis. Zu holen waren sie nur auf dem Gebiet der auswärtigen Politik, in Südosteuropa und an den Meerengen, also vor der Haustür Österreich-Ungarns. Und die Doppelmonarchie war der wichtigste, der einzige zuverlässige Partner, den Deutschland jetzt noch hatte.

Ein gefährliches Szenario. Hatte schon der enge Schulterschluss Berlins mit Wien dazu beigetragen, Russland in die offenen Arme der Entente-Mächte zu treiben, so musste fortan jede Maßnahme zugunsten einer Stärkung Österreich-Ungarns ein ungewollter Beitrag zur Stabilisierung der Tripel-Entente sein. Und je fester diese wurde oder auch nur zu werden schien, umso stärker wuchs in Deutschland der Wunsch, der Entwicklung gegenzusteuern. Dabei standen vorerst politische Mittel im Vordergrund, allen voran die Stabilisierung des im Innern labilen Vielvölkerstaates Österreich-Ungarn, und das hieß: die letztlich bedingungslose Unterstützung der Wiener Balkanpolitik. Ein Teufelskreis.

Anfang Oktober 1908 war auf dem Balkan die Hölle los. Die türkische Insel Kreta proklamierte die Einverleibung ins griechische Mutterland, Bulgarien erklärte seine Unabhängigkeit von der Türkei, und Österreich-Ungarn annektierte die türkischen Provinzen Bosnien und Herzegowina, die seit dem Berliner Kongress unter seiner Verwaltung standen. Gemeinsam war diesen Aktionen der Auslöser, nämlich die so genannte jungtürkische Revolution, eine vor allem von Offizieren ausgehende Bewegung zur inneren Reform des maroden Osmanischen Reiches. Die deutsche Politik wurde durch die Ereignisse in erhebliche Bedrängnis gebracht. Sowenig Berlin auf der einen Seite an einer Schwächung der Türkei gelegen sein konnte, so wenig konnte auf der anderen Seite eine Distanzierung von der Aktion Wiens zur Debatte stehen. Der Handlungsspielraum der deutschen Außenpolitik tendierte gegen null.

 In den Wochen und Monaten der bald so genannten Bosnischen Annexionskrise entwickelte sich eine Konstellation, die fortan zur gefährlichen Grundstruktur der internationalen Beziehungen in Europa gehörte: Serbien, der kleine Nachbar der noch größer gewordenen Doppelmonarchie, forderte diese zur Rücknahme der Annexion auf, drohte andernfalls mit Krieg; Russland schlug sich auf die Seite Serbiens; und Deutschland ließ keinen Zweifel an seiner Bündnistreue zu Österreich-Ungarn. Am 30. Oktober 1908 versicherte Bülow der Wiener Regierung, dass er die Entscheidung in dem Konflikt mit Serbien, «zu der Sie schließlich gelangen werden, als die durch die Verhältnisse gebotene ansehen» werde.[33] Das war der erste Blankoscheck, den Deutschland seinem Bündnispartner in der Orientalischen Frage ausstellte. Es sollte nicht der letzte sein.

Aber dabei ließ man es nicht bewenden. Auch öffentlich bezogen Repräsentanten der deutschen Politik unmissverständlich Position. Der Reichskanzler wollte Ende März 1909 in der großen außenpolitischen Debatte des Reichstags die «Nibelungentreue» im Verhältnis Deutschlands zu Österreich-Ungarn «gegenseitig» gewahrt wissen, und der sozialdemokratische Abgeordnete Ledebour sprach bei dieser Gelegenheit für die breite Mehrheit im Plenum, als er feststellte, dass in einer Situation wie der inzwischen bereits bewältigten Krise ein verbündeter Staat «bis zu einem gewissen Grade … die Disposition über seine Aktionen aus der Hand» gebe.[34] Das hieß: Je größer der Handlungsspielraum wurde, den die Deutschen ihrem österreichischen Partner einräumten, umso enger wurde ihr eigener.

Wie recht er damit hatte, wusste der Abgeordnete zu diesem Zeitpunkt nicht. In einem geheimen Briefwechsel zwischen den Chefs des deutschen und des österreichischen Generalstabs, Helmuth von Moltke und Franz Conrad von Hötzendorf, hatte der Deutsche dem Österreicher im Januar 1909 eine weitreichende Zusage gemacht. Für Deutschland, so Moltke, gelte der Bündnisfall auch dann, wenn ein österreichischer Einmarsch in Serbien ein «aktives Einschreiten Rußlands auslösen» sollte. Dabei waren sich die beiden Strategen durchaus bewusst, «daß wohl kaum einer der europäischen großen Staaten das Schwert ziehen kann, ohne daß damit dem gesamten Kontinent die Verpflichtung entsteht, einer über den anderen herzufallen». Zudem hatten sie keinen Zweifel, dass Deutschland, «wenn es gegen Rußland mobil macht, auch mit einem Kriege gegen Frankreich rechnen muß».[35]

So weit ist es während dieser Krise noch nicht gekommen, weil Russland, für die meisten Beobachter unerwartet, plötzlich einen Rückzieher machte, sich am 23. März 1909 mit der Annexion Bosniens und der Herzegowina durch Österreich-Ungarn abfand und damit Serbien fallen ließ. Auch hier hatte übrigens die deutsche Außenpolitik ihre Finger im Spiel. Denn das russische Einlenken ging auf eine diplomatische Erpressung durch Berlin zurück. Dort wusste man, dass Iswolski Österreich-Ungarn bereits im Vorfeld der Aktion grünes Licht für die Annexion der beiden Provinzen gegeben hatte, weil er hoffte, bei dieser Gelegenheit die Meerengenfrage einer Lösung im russischen Sinne zuführen zu können.

Daraus ist dann schon deshalb nichts geworden, weil selbst Russlands Partner, allen voran England, nichts von einem solchen russischen Unternehmen wissen wollten. So standen sie in St. Petersburg vor einem Scherbenhaufen. Ihr erster Versuch, die schwere militärische Niederlage in Ostasien auszugleichen, endete in einer nicht minder schweren politischen Niederlage auf dem Balkan. Dass Berlin einen nicht unerheblichen Anteil an dieser Demütigung hatte, konnte nicht nur Iswolski nie vergessen.

Auch deshalb war der Ausgang der großen Balkankrise für die deutsche Außenpolitik ein Pyrrhussieg. Öffentlich und unzweideutig hatte sie sich auf die Seite des österreichischen Partners geschlagen. Damit hatte die in jeder Hinsicht stärkere Großmacht ihr Schicksal an dasjenige der schwächeren gebunden. Genau genommen war das eine Fernwirkung der Entscheidung Otto von Bismarcks, seine Bündnis- und Außenpolitik auf dem Fundament des Zweibundes mit Österreich-Ungarn zu errichten. 30 Jahre später war diese Bindung zu einem derart irreversiblen Faktor der deutschen Politik geworden, dass die Entscheidungsgewalt beim Partner lag.

So gesehen war es nur konsequent, dass Bülow die Maxime des ersten Reichskanzlers Ende März 1909 vor dem Reichstag im

 Lichte der jüngsten Entwicklung einer bezeichnenden Interpretation unterzog: «Nicht, in Balkan-, in Orientfragen überhaupt Stellung zu nehmen, hat Fürst Bismarck widerraten, sondern vorzeitig Stellung zu nehmen oder die Führung an sich zu nehmen.»[36] Das war nicht nur Bülows Bilanz der Annexionskrise, sondern zugleich sein außenpolitisches Vermächtnis. Wenige Monate später musste er seinen Hut nehmen.

Auslöser seines unaufhaltsamen Abstiegs in der kaiserlichen Gunst war ein Artikel im englischen *Daily Telegraph*, der Ende Oktober 1908 in Form eines Interviews den Inhalt von vertraulichen Gesprächen des Kaisers mit einem namentlich nicht genannten britischen Offizier wiedergab. Ob Bülow den zur Prüfung vorab an Wilhelm II. und von diesem an den Reichskanzler weitergeleiteten Text, in dem sich der Kaiser über die Engländer als «verrückt[e] ... Märzhasen» und die eigene Öffentlichkeit als England «bitter feindlich» gesinnt ausließ,[37] gelesen hat, wofür die Indizien sprechen, oder auch nicht – das Vertrauen war jedenfalls dahin, seit die Geschichte zu einer Affäre geworden und diese in der Öffentlichkeit breitgetreten worden war.

Die schwierige Nachfolge trat Theobald von Bethmann Hollweg an. Er war ein Enkel Moritz August von Bethmann Hollwegs, der 1851 die liberal-konservative Wochenblattpartei begründet und mit dieser nicht zuletzt Position gegen doktrinäre Prinzipien in der Außenpolitik bezogen hatte. Der Enkel, im November 1856 in Hohenfinow in der Mark geboren, hatte sich in der inneren Verwaltung einen Namen gemacht, unter anderem als Oberpräsident der Provinz Brandenburg, als preußischer Innenminister und zuletzt, seit Juni 1907, als Staatssekretär des Innern. In dieser Zeit hatte Theobald von Bethmann Hollweg übrigens für den umstrittenen so genannten Sprachenparagraphen geworben, der ursprünglich in allen öffentlichen Versammlungen – beispielsweise auch in den mehrheitlich von Polen besiedelten Gebieten – ausschließlich die deutsche Sprache zulassen wollte, dann aber doch entschärft wurde. Dass sich Bethmann Hollweg um das Kanzleramt gerissen hätte, kann man nicht sagen. Dem skrupulösen, pflichtbewussten Mann, der wenig mit den Ehrgeizlingen vom Typ Bülows gemeinsam hatte, war bewusst, dass er auf dem Feld der Außenpolitik ein unbeschriebenes Blatt war. Wie sehr diese sein berufliches und persönliches Schicksal bestimmen würde, ahnte Bethmann Hollweg nicht, als er am 14. Juli 1909 das Reichskanzlerpalais bezog.

Der Neue betrat die Bühne der Weltpolitik zwar nicht mit einem differenzierten außenpolitischen Konzept, das auch niemand erwarten konnte, wohl aber mit einem Entschluss, an dem er bis in den Sommer 1914 hinein festgehalten hat: Das Verhältnis Deutschlands zu England musste verbessert werden. Solches war leichter gesagt als getan, schon weil in der jüngsten Vergangenheit namentlich durch öffentliche Auftritte und Verlautbarungen des Kaisers doch sehr viel Porzellan zerschlagen worden war. Immerhin gelang es dem Kanzler, seinen kaiserlichen Herrn von politischen Äußerungen abzuhalten, als sich dieser im Mai 1910 anlässlich der Beisetzung seines Onkels in Großbritannien aufhielt. Mit dem Namen König Edwards VII., dem wegen des langen Lebens seiner Mutter Victoria nur eine neunjährige Regentschaft beschieden gewesen war, verband sich in Deutschland die Annäherung Englands an Frankreich und Russland, also kein guter Ruf.

Vor allem aber gab es in der politischen und militärischen Führung des Reiches erhebliche Widerstände gegen die von Bethmann Hollweg ins Auge gefasste Verständigung mit Großbritannien, besonders im mächtigen Reichsmarineamt und damit auch beim Kaiser. Diese Kräfte waren nach wie vor überzeugt, dass ihre kompromisslos verfolgte Flottenpolitik das effektivste und aussichtsreichste Instrument deutscher Englandpolitik sei. Das sahen der Kanzler und mit ihm maßgebliche Kreise im Auswärtigen Dienst des Reiches ganz anders. Sie interpretierten die Flottenpanik, die in der britischen Öffentlichkeit grassierte und seit 1906 in einer regelrechten Invasionsfurcht gipfelte, nicht als Erfolg der deutschen Pressionspolitik, sondern als Hinweis auf ein bevorstehendes Zusammenrücken der Tripel-Entente. Insbesondere die deutsche Botschaft in London, an deren Spitze seit 1901 Paul Graf von Wolff-Metternich stand, aber auch die Führung des Auswärtigen Amtes unterstützten den Kurs des Kanzlers mit Nachdruck. Schon Vorgänger Bülow hatte am Ende seiner Amtszeit, darin sogar vom inzwischen pensionierten Holstein bestärkt, das Ruder umzulegen versucht.

Mit Bethmann Hollweg bekamen die gegenüber Großbritannien verständigungsbereiten Kräfte Oberwasser. Mitte Oktober 1909 wurden offiziell und streng geheim Verhandlungen aufgenommen. Gesprochen wurde über alles, was die Beziehungen zu Großbritannien belastete, auch die Flottenfrage. Die Federführung lag beim Auswärtigen Amt und damit seit dem Sommer 1910 endgültig bei Alfred von Kiderlen-Wächter. Der 1852 geborene Schwabe war mehr als zehn Jahre lang deutscher Gesandter in Bukarest gewesen, bevor er ab 1908, anfänglich mit einigen Unterbrechungen, in der Berliner Zentrale Dienst tat, seit Juni 1910 als Staatssekretär, also als Leiter der Behörde.

Eine undankbarere Aufgabe lässt sich schwerlich vorstellen; gut möglich, dass der plötzliche Tod des völlig erschöpften Mannes Ende Dezember 1912 auf das Konto der extremen Belastungen ging, denen sich die deutsche Politik gerade in dieser Zeit ausgesetzt sah. Mehrere schwere internationale Krisen beziehungsweise Kriege, die Verhandlungen mit Großbritannien, Russland und Frankreich über eine Entspannung der jeweiligen Beziehungen, aber auch der zunehmende Druck der deutschen Öffentlichkeit auf die Reichsregierung schufen eine Atmosphäre, die keinen Raum mehr für eine konsequent geplante und umgesetzte Außenpolitik bot.

Jetzt wurde offenkundig, dass hinter dem deutschen Anspruch auf Weltgeltung wenig mehr steckte als der Wunsch, mit den anderen mithalten zu können, von ihnen als gleichrangig anerkannt und respektiert zu werden. Dafür mag es gute Gründe gegeben haben, insbesondere die Überzeugung, andernfalls in eine gefährliche Zweitrangigkeit abzugleiten. Um dieses hochgesteckte Ziel erreichen zu können, hätte es allerdings eines Konzepts, einer langfristigen Strategie bedurft: Mit welcher Schrittfolge, mit welchem Tempo und nicht zuletzt mit welchen alternativen Optionen – sollten solche gefordert sein – wollte man vorgehen? Darauf gab es keine schlüssige Antwort. Also erlitt die deutsche Außenpolitik Schiffbruch.

Gewiss, Kiderlen-Wächter selbst hatte den Reichskanzler schon im Herbst 1909 mit zwei Denkschriften in dessen Bemühen um eine Verständigung unterstützt. Von ihm stammte auch der Rat, dass man zunächst auf kolonialpolitischem Gebiet, wo vermutlich gute Erfolgsaussichten bestanden, die Annäherung an England vorantreiben und so gewissermaßen vertrauensbildende Vorarbeit für die Verhandlung der sensiblen und entscheidenden Themen leisten solle. Dann aber entwickelte die Reichsleitung auf ebendiesem Feld und auf eine Art und Weise Aktivitäten, die zunächst einmal das glatte Gegenteil bewirkten: Am 1. Juli 1911 wurde das deutsche Kriegsschiff «Panther» nach Agadir in Marokko entsandt und später durch die «Berlin» und die «Eber» verstärkt, um dort für den Schutz deutscher Interessen und deutscher Staatsangehöriger zu sorgen.

Dass dieser «Panthersprung nach Agadir» in eine schwere internationale Krise führen würde, war nicht unbedingt zu erwarten. Einmal waren derartige Aktionen im Zeitalter der Kanonenboot-Diplomatie nicht unüblich, ganz im Gegenteil. Verglichen etwa mit der Art und Weise, wie Großbritannien in solchen Situationen zu agieren pflegte, nahm sich die deutsche Marokko-Expedition eher bescheiden aus: 1899 hatte der britische Vizekönig von Indien den Sultan von Oman mit der Drohung, das Feuer zu eröffnen, davon überzeugt, den Franzosen keine Kohlestation zu überlassen. An der Jahreswende 1902/03 hatte eine von England und Deutschland gemeinsam aufgebaute maritime Drohkulisse das säumige Venezuela zur Begleichung seiner Schulden gezwungen.

Auch preschte Deutschland im Sommer 1911 nicht vor. Es reagierte. Anlass für die Aktion war die französische Besetzung von Fez, die einen Bruch bestehender Abkommen, nicht zuletzt der Algeciras-Akte, bedeutete und offenkundig einen weiteren Schritt auf Frankreichs Weg zur Okkupation Marokkos darstellte. Außerdem hatte auch Spanien, in enger Absprache mit Frankreich, schon im Juni Truppen bei Alkassar an Land gebracht. Nein, ein provokativer Alleingang, gar ein auf Krieg hinsteuernder Akt war die Entsendung eines deutschen Kanonenbootes nicht. Wohl aber eine

 Flucht nach vorn, eine politische Demonstration, mit der sie in Berlin einer Machtverschiebung zuungunsten Deutschlands vorbeugen und zugleich den Kolonialbesitz in Afrika substantiell erweitern wollten. Marokko war nicht das Ziel der Aktion, sondern Verhandlungsmasse.

So sah es jedenfalls Kiderlen-Wächter, als er den zunächst wieder einmal zögernden Kaiser und den anfänglich nicht ausreichend informierten Kanzler mit einem Abschiedsgesuch auf seine Linie bringen wollte: «Die Franzosen sehen ein, daß sie uns eine Kompensation auf kolonialem Gebiet gewähren müssen … Sie werden sich zu einem annehmbaren Angebote nur entschließen, wenn sie ganz fest überzeugt sind, daß wir andernfalls zum Äußersten entschlossen sind … Wir müssen den ganzen französischen Kongo haben – es ist die letzte Gelegenheit, ohne zu fechten – etwas Brauchbares in Afrika zu erhalten … wir müssen bis an den belgischen Kongo heran, damit wir mittun, falls dieser einmal aufgeteilt werden sollte, und damit wir, solange dieses Gebilde noch besteht, durch ihn die Verbindung nach unserem Ostafrika erhalten … Wer im voraus erklärt, daß er nicht fechten will, kann in der Politik nichts erreichen.»[38]

Ein riskantes Spiel. Nicht nur weil der Staatssekretär geradezu sträflich den Faktor England übersah, sondern auch weil er einen enormen Anspruch erhob und dabei einen Pakt mit dem Teufel einging: Ausgerechnet der Alldeutsche Verband sollte die Aktion propagandistisch flankieren. Das musste schiefgehen, und so wurden den deutschen Außenpolitikern während der zweiten Krise um Marokko ihre Grenzen aufgezeigt – auf der Weltbühne und zuhause. Weil nämlich der Vorstoß, gemessen an seinen Zielen, in einem Debakel endete, hatte die Politik alle Mühe, die von ihr aufgewühlten Wogen der öffentlichen Meinung wieder zu glätten. Gelungen ist ihr das allenfalls kurzfristig. Längerfristig wurde sie die Geister, die sie gerufen hatte, nicht mehr los. Fortan war die erfolgshungrige Öffentlichkeit für die deutsche Politik ein Faktor, an dem kein Weg mehr vorbeiführte.

Beigelegt wurde die Krise mit den so genannten Marokko-Kongo-Verträgen. Mit ihnen überließ Deutschland Frankreich am

4. November 1911 praktisch Marokko und erhielt im Gegenzug den «Entenschnabel», nämlich zwei Gebietsteile aus französischem Kolonialbesitz, dank derer Kamerun nun direkten Grenzkontakt mit dem belgischen Kongo besaß. Gemessen an den ursprünglichen Forderungen und Erwartungen war das eine herbe Niederlage. Gemessen an dem, was hätte geschehen können, war die vertragliche, also friedliche Beilegung der Krise ein Erfolg. Er wurde möglich, weil auch die französische Regierung unter Joseph Caillaux, der übrigens als Marineminister wieder Théophile Delcassé angehörte, zu diesem Zeitpunkt den Krieg nicht wollte und weil die britische Regierung, insbesondere durch eine unmissverständliche Rede ihres Schatzkanzlers David Lloyd George, keinen Zweifel ließ, auf welcher Seite sie in diesem Konflikt stand.

Sollte Kiderlen-Wächter im Laufe der Krise mit dem Gedanken gespielt haben, einen Keil in die Entente treiben zu können, so wurde er durch die Briten eines Besseren belehrt. Das war umso ernüchternder, als der Staatssekretär wenig zuvor mit den Russen eine ähnliche Erfahrung hatte machen müssen. Zwar war es Anfang November 1910 in Potsdam zu einem insgesamt harmonisch verlaufenen Treffen Wilhelms II. mit Nikolaus II. gekommen. Auch folgte ihm am 19. August 1911 ein Abkommen, in dem sich beide Seiten pragmatisch über ihren jeweiligen Einfluss in Persien und Mesopotamien verständigten. Eigentlich aber hatte Kiderlen-Wächter mehr gewollt, nämlich eine Abmachung, die «am Tage, wo sie zur englischen Kenntnis kommt, für die Russen kompromittierend wirkt». Das hatte der Staatssekretär jedenfalls dem deutschen Botschafter in St. Petersburg geschrieben und ihm nahegelegt, «diesen Brief zu *verbrennen*».[39]

Zu einer solchen Abmachung ist es dann aber nicht mehr gekommen, und so war auch der letzte groß angelegte Versuch gescheitert, die bedrohliche Einkreisung durch eine Spaltung der Tripel-Entente aufzuhalten, wenn nicht rückgängig zu machen. Offensichtlich war dieser diplomatische Kraftakt für die deutsche Politik nicht nur eine Nummer zu groß, er bewirkte auch das glatte Gegenteil. Deutschland war international isolierter denn je. Wie sehr, ahnte man zu diesem Zeitpunkt nicht einmal in Berlin. So hatte sich Italien in dem Maße, in dem es sich von den Zweibundmächten entfernte, der Tripel-Entente weiter angenähert und am 24. Oktober 1909 in Racconigi mit Russland eine geheime Vereinbarung über Libyen und die Meerengen getroffen, die seine Absprachen mit Frankreich von der Jahrhundertwende ergänzte.

Vor allem aber begann sich der Ring um Deutschland auch militärisch zu schließen: Die französisch-russische Marinekonvention vom Juli 1912 erweiterte die seit Anfang der neunziger Jahre bestehenden Abmachungen um eine entscheidende Dimension. Noch folgenreicher aber war, dass sich der französische und der britische Generalstab schon am 20. Juli 1911, also während der Marokko-Krise, auf die Modalitäten einer Zusammenarbeit im Falle eines deutsch-französischen Krieges geeinigt hatten. Nachdem im Februar Sondierungsversuche des britischen Kriegsministers Haldane in Berlin gescheitert waren und im Mai eine dritte Flottengesetzesnovelle den Reichstag passiert hatte, verständigten sich Ende November 1912 Außenminister Grey und Frankreichs Botschafter in London, Paul Cambon, auf einen Konsultationsmodus im Kriegsfall.

In Berlin ahnten sie das, aber sie wussten es nicht bestimmt, kannten keine Einzelheiten. Das machte die Stimmung noch gespannter und die Akteure noch nervöser, als sie es ohnehin schon waren. Dafür zeichnete neben dem äußeren Druck auch eine zunehmend brisante Atmosphäre im Innern mitverantwortlich. So spitzten sich seit dem Spätsommer 1911 die Spannungen zwischen der Marineführung und der Heeresleitung des Reiches in dem Maße zu, in dem sich die Finanzierung der gleichzeitig eingebrachten Vorlagen für den Ausbau beider Waffengattungen als problematisch erwies. Als sie im Mai 1912 den Reichstag passierten, hatten Marineführung und Heeresleitung Federn lassen und damit dem Umstand Rechnung tragen müssen, dass die Konjunktur umgeschlagen war und sich Anzeichen einer Rezession bemerkbar machten.

Die wiederum trug einiges zum Stimmungsumschwung in der Öffentlichkeit bei. Fortan brachte sie ihren Unmut immer stärker auf dem sensiblen Feld der Rüstungs-, Außen- und Weltpolitik zum Ausdruck. Dass der Deutsche Wehrverein 1912 gegründet wurde, war eben kein Zufall, und dass er ein «Kind des Alldeutschen Verbandes» war, wie dessen Vorsitzender im Rückblick festhielt,[40] auch nicht. So stand die deutsche Außenpolitik fortan mit dem Rücken zur Wand, herausgefordert von einer zusehends hemmungslos agierenden «nationalen Opposition» im Innern auf der einen Seite, von einer zunehmend entschlossen und geschlossen vorgehenden Koalition gegnerischer Mächte auf der anderen.

Das war die Quittung für eine durchweg konzeptionslose, häufig überstürzte, dabei ausgesprochen forsch auftretende Politik, die im Reich große Erwartungen geweckt und außerhalb seiner Grenzen große Ängste hervorgerufen hatte. Was aber steckte dahinter? Forsches Auftreten ist eine Sache, Selbstbewusstsein eine andere. Wer sich seiner Sache sicher ist, begibt sich nicht auf die Flucht. Die deutsche Politik aber war auf der Flucht, in der Regel auf der Flucht nach vorn. Das machte sie so unberechenbar und für die Nachbarn des Reiches so gefährlich. Das namentlich vom Kaiser zur Schau gestellte Selbstbewusstsein hatte wenig Substanz. Es war trotziger Anspruch der Spätgeborenen, der Parvenüs, mit von der Partie zu sein, als Großmacht auf der entscheidenden, der weltpolitischen Bühne mitspielen zu können.

Das war verständlich. Es entsprach dem Geist der Zeit. Nicht dieser Wunsch war das Problem, sondern der Zustand, der ihn hervorbringen musste. Der entscheidende Fehler, wenn man denn von einem solchen sprechen kann, war 1871 gemacht worden, mit der Reichsgründung, nicht 1898 mit dem Einstieg in die Weltpolitik: Eine Großmacht, die das Deutsche Reich seit seiner Gründung ohne jeden Zweifel war, konnte nicht abseits stehen, als es in eine neue Runde um die Aufteilung des verbliebenen großen Restes der Erde ging. Die Chance, dabei aus eigener Kraft erfolgreich zu sein, war gering, weil Deutschland auf diesem Feld keinerlei Erfahrung besaß. So gesehen war es töricht, das Angebot des Routiniers abzulehnen, als Juniorpartner der britischen Weltmacht das Laufen zu lernen. Es ist eben kein Zufall, dass der Weg in die Isolierung, in die Selbstauskreisung des Deutschen Reiches mit der definitiven Ablehnung der englischen Offerte begann. Seit 1901 befanden sich die Deutschen mental endgültig in der Defensive, davon überzeugt, dass die anderen sie nicht «liebten»: «Dafür sind wir zu stark, zu sehr Parvenü und überhaupt zu eklig.»[41] Als Bethmann Hollweg diese Erkenntnis im Sommer 1912 zu Papier brachte, hatte sich der Ring um Deutschland geschlossen. Die daran vor allem Beteiligten – Engländer, Franzosen und Russen – hatten keine Wahl mehr. Die Deutschen auch nicht. Fortan setzten sie alles auf eine Karte.

Auch der Kaiser. Am 8. Dezember 1912, 11 Uhr, bestellte Wilhelm II. die führenden Militärs des Deutschen Reiches zu einer Besprechung ein. Und so erschienen an diesem Adventssonntag Generalstabschef Helmuth von Moltke, der Staatssekretär des Reichsmarineamtes, Alfred von Tirpitz, der Chef des Admiralstabes, August von Heeringen, sowie der Chef des Marinekabinetts, Georg Alexander von Müller, um sich von Wilhelm II. ins Bild setzen zu lassen. Anlass für das denkwürdige Treffen war ein Bericht der deutschen Botschaft in London. An deren Spitze stand inzwischen Karl Max Fürst von Lichnowsky. Metternich war wenige Monate zuvor abberufen und durch Marschall von Bieberstein, den langjährigen Botschafter in Konstantinopel, ersetzt worden, der dann allerdings unerwartet verstarb. Der Kaiser selbst hatte die Personalentscheidungen für die wichtigste deutsche Auslandsvertretung getroffen.

Am 3. Dezember 1912 hatte Lichnowsky von einer Unterredung mit dem britischen Außenminister berichtet, in deren Verlauf Grey unzweideutig klargestellt hatte, dass England «unter keinen Umständen eine Niederwerfung der Franzosen dulden» könne, die er – ein «großer Bewunderer» des deutschen Heerwesens – «mit einiger Sicherheit» voraussehe: «England könne und wolle sich nicht nachher einer einheitlichen kontinentalen Gruppe unter Führung einer einzigen Macht gegenübersehen.»[42] Als dieser Bericht dem Kaiser am 8. Dezember unter die Augen kam, gab es kein Halten mehr. England, verschaffte er sich zunächst gegenüber Kiderlen-Wächter Luft, «wird aus Neid und aus Haß gegen Deutschland unbedingt Frankreich u[nd] Rußland gegen uns beistehen. Der event[uel]l[e] Existenzkampf, den die Germanen in Europa (Österreich, Deutschland) gegen die von Romanen (Galliern) unterstützten Slaven (Rußland) zu fechten haben werden[,] findet die Angelsachsen auf der Seite der Slaven. Grund: Neidhammelei, Angst unseres zu groß werdens!»[43]

Ganz so äußerte sich Wilhelm II. an diesem 8. Dezember 1912 auch gegenüber den Militärs. Für ihn stand fest, dass der Krieg unmittelbar bevorstand. Auch Moltke hielt den Krieg, vor allem mit Russland, für «unvermeidlich» und fügte hinzu: «je eher, desto besser». Tirpitz sah das anders und empfahl – die Fertigstellung des Nordostseekanals im Hinterkopf –, den «Krieg wenn möglich noch 1–2 Jahre hinauszuschieben».[44] Ein konkreter Beschluss wurde auf dem seltsamen Treffen nicht gefasst, doch wurden die Bundesstaaten mit einer eigenen Heeresverwaltung über dessen Verlauf in Kenntnis gesetzt. Natürlich war das nicht der Entschluss zum Krieg. Das konnte er auch nicht sein, weil die zuständigen Vertreter der zivilen Reichsleitung, also der Kanzler und der Staatssekretär des Auswärtigen Amtes, abwesend waren. Sie wurden erst später unterrichtet. Dennoch demonstrierte dieser «Kriegsrat», wie Bethmann Hollweg ihn dann ironisch nannte, die Bereitschaft und den Willen zum Krieg, den nicht nur Moltke für unvermeidlich hielt. Seither standen lediglich der Zeitpunkt und die Umstände seines Beginns zur Debatte.

Nicht anders sahen es auch immer weitere Kreise der deutschen Öffentlichkeit. Kein Wunder, dass sie populär gehaltene Überlegungen zum Thema begierig aufgriffen. So das Buch Friedrich von Bernhardis *Deutschland und der nächste Krieg*, das es gleich nach seinem Erscheinen Anfang des Jahres 1912 zum Bestseller gebracht hatte. Ganz im Sinne des Generalstabes reflektierte der ehemalige General der Kavallerie nicht nur über das «Recht», sondern auch über die «Pflicht zum Kriege» und kam zu dem Schluss: «Wenn ... die Reichsleitung geglaubt hat, den Krieg bisher vermeiden zu müssen, läßt doch die Weltlage erkennen, daß es sich nur noch um eine kurze Frist handeln kann, bis wir von neuem vor die Frage gestellt sein werden, ob wir mit dem Schwerte für unsere Weltstellung eintreten oder auf eine solche überhaupt verzichten wollen. Warten dürfen wir keinesfalls, bis unsere Gegner ihre Rüstungen vollendet haben und ihrerseits den Augenblick zum Angriff für gekommen halten. Diese uns noch gegönnte Frist müssen wir zur tatkräftigsten Kriegsvorbereitung benutzen …»[45]

Die Ironie des Schicksals wollte es, dass ausgerechnet Bethmann Hollweg, ein erklärter Verfechter des Ausgleichs mit England, den Stein ins Rollen gebracht hatte. Am 2. Dezember 1912 hatte der Reichskanzler nämlich vor dem Parlament, also öffentlich, klargestellt, wie sich Deutschland verhalten werde, wenn die Österreicher «bei der Geltendmachung ihrer Interessen wider alles Erwarten von dritter Seite angegriffen und damit in ihrer Existenz bedroht werden sollten». Dann, so Bethmann Hollweg, «würden wir, unserer Bündnispflicht getreu, fest und entschlossen an ihre Seite zu treten haben, dann würden wir an der Seite unserer Verbündeten zur Wahrung unsrer eigenen Stellung in Europa, zur Verteidigung der Sicherheit und Zukunft unseres eigenen Landes fechten».[46] Das waren starke Worte. Sie reflektierten die schwierige Lage, in der sich die deutsche Außenpolitik während der großen Balkankrise der Jahre 1912/13 befand.

Ermutigt durch den militärischen Erfolg der Italiener gegen das Osmanische Reich, der Rom nach einem mühsamen einjährigen Feldzug endlich die Kontrolle über Tripolis und die Cyrenaika, also das spätere Libyen, brachte, erhoben sich auch die Völker des Balkans gegen die türkische Herrschaft. Zu diesem Zweck war im März 1912, unter tätiger Mitwirkung der russischen Diplomatie, durch Serbien und Bulgarien der so genannte Balkanbund gegründet worden, dem sich später Griechenland und Montenegro anschlossen. Der am 17. Oktober 1912 eröffnete Krieg führte zu einem raschen Sieg der Balkanstaaten über die Türkei und damit unter anderem zu einer deutlichen Stärkung Serbiens, das jetzt einen Hafen an der albanischen Küste, also einen Zugang zum Meer, beanspruchte. Nach einigem Zögern schlug sich Russland auf die Seite Serbiens und bezog damit zugleich Position gegen Österreich-Ungarn. Denn in Wien trat man der Forderung Belgrads entschieden entgegen und favorisierte schon deshalb die Gründung eines unabhängigen albanischen Staates, um den Serben den Weg an die Adria zu verlegen.

Keine Frage, wo Deutschland in dem aufziehenden Konflikt stand, wenn auch Wilhelm II. klarstellte, dass er wegen einer lokalen Angelegenheit auf dem Balkan nicht einen Krieg gegen Russland und Frankreich riskieren werde. Das ließ dem Kanzler und dem Auswärtigen Amt keine andere Wahl, als hinter den Kulissen mäßigend auf Österreich-Ungarn einzuwirken und gleichzeitig in der Öffentlichkeit ganz unmissverständlich der Bündnistreue des Reiches das Wort zu reden. Daher also der ungewöhnlich bestimmte Ton der Reichstagsrede Bethmann Hollwegs, der wiederum den britischen Außenminister zu seiner umgehenden Klarstellung veranlasste.

Der ganze Vorgang ist in mehrfacher Hinsicht bemerkenswert. Nicht nur offenbarten die Reaktionen des Kaisers und der deutschen Militärs den inzwischen erreichten Grad der Kriegsbereitschaft, ihre tief sitzende Überzeugung, dass der europäische Krieg unvermeidbar, also eine Frage der Zeit sei; nicht nur wurde offenkundig, wie blank die Nerven lagen, und zwar auf allen Seiten. Vor allem standen die britischen Reaktionen auf das Missverständnis, also die Interpretation der Berliner Verlautbarungen als Ankündigung einer konkreten Kriegsbereitschaft, in einem beachtlichen Gegensatz zum Klima der deutsch-englischen Beziehungen dieser Tage und Wochen, das eher auf eine Tauwetterperiode schließen ließ.

Denn die Eskalation während der Marokko-Krise des vergangenen Sommers hatte auf beiden Seiten des Kanals zu der Einsicht geführt, dass es so nicht weitergehen könne, dass man nach Wegen suchen müsse, um künftig ähnliche Situationen zu vermeiden. Und was lag näher, als der Entstehung gefährlicher Krisen zunächst dort zu begegnen, wo sie im Zeitalter des Imperialismus nun einmal vornehmlich aufzubrechen pflegten, nämlich an der Peripherie des europäischen Geschehens? Sollte man damit reüssieren, war eine Verständigung in den besonders heiklen Fragen, waren selbst ein Flotten- und ein politisches Abkommen nicht unmöglich. Auf deutscher Seite hatte diese Linie starke Befürworter an der Botschaft in London und an der Spitze des Auswärtigen Amtes. Auch Gottlieb von Jagow, der zuletzt die Botschaft in Rom geleitet hatte und mit Jahresbeginn 1913 dem plötzlich verstorbenen Kiderlen-Wächter nachfolgte, behielt sie bei.

Das über den ersten Balkankrieg entstandene Missverständnis bot den Anlass, diesen Weg des Ausgleichs einzuschlagen und eine beachtliche Strecke erfolgreich zurückzulegen. Das geschah auf der so genannten Botschafterkonferenz, einer über Monate tagenden Runde von Vertretern der sechs europäischen Großmächte, die erstmals am 17. Dezember 1912, also 14 Tage nach der diplomatischen Eskalation, zusammentrat. Dass ihr mit dem Londoner Präliminarfrieden Ende Mai 1913 eine Beilegung der Krise gelang, ging vor allem auf das Konto des engen deutsch-englischen Einvernehmens, das auch während des Folgekonflikts anhielt: Am 29. Juni eröffnete Bulgarien den zweiten Balkankrieg gegen Serbien und Griechenland, musste aber trotz anfänglicher Erfolge im Bukarester Frieden vom 10. August des Jahres endgültig den Versuch aufgeben, die Ergebnisse des ersten zu revidieren. Bulgariens Gegner, auf deren Seite sich Montenegro, Rumänien und schließlich auch die Türkei geschlagen hatten, konnten ihre Positionen nicht nur behaupten, sondern ausbauen.

Auch Serbien, und das sorgte vor allem bei den Österreichern für beträchtliche Unruhe. Allerdings traf ihr Versuch, den Bukarester Vertrag zu revidieren, auf den geschlossenen diplomatischen Widerstand der übrigen Großmächte – einschließlich Deutschlands, und das wiederum machte dessen Lage nicht einfacher. Eben weil man in Berlin aus übergeordneten Überlegungen dem Friedenserhalt im Allgemeinen, einer Fortsetzung der Zusammenarbeit mit England im Besonderen den Vorrang gegeben hatte, durfte kein Zweifel an der Zuverlässigkeit Deutschlands als Bündnispartner aufkommen. Allen war bewusst, dass die nächste Krise auf dem Balkan der Testfall sein würde – wann und unter welchen Umständen auch immer sie ausbrechen sollte.

Ganz ähnlich sah die Lage für Russland aus. Gewiss, Serbien gehörte zu den Siegern und Gewinnern der beiden Balkankriege, hatte sich unter anderem fast 40 Prozent Mazedoniens einverleibt. Aber einen Zugang zum Meer hatte es nicht durchsetzen können, was auch deshalb schwer wog, weil Bulgarien, der Konkurrent und Gegner während des zweiten Balkankrieges, einen solchen Zugang erhielt. Im Falle Serbiens versperrte der neu gegründete Staat Albanien den Weg. Dass es sich dabei faktisch um ein von den sechs Großmächten garantiertes Fürstentum handelte, als dessen Staatsoberhaupt im Übrigen 1914 für ein halbes Jahr der von den Sechs gewählte Fürst Wilhelm zu Wied firmierte, machte die Sache nicht besser. Einmal mehr, so jedenfalls die serbische Wahrnehmung, hatte die russische Schutzmacht versagt und den kleineren Partner fallenlassen; einmal mehr, so die russische Einschätzung der Lage, hatte man das Gesicht verloren. Für Russland war das die dritte schwere Niederlage in Serie. Erst der Krieg gegen Japan, dann die Annexionskrise und jetzt das. Derartiges durfte sich nicht wiederholen.

Auch in diesem Falle war den Beteiligten in St. Petersburg klar, was das in der Konsequenz bedeuten musste. Stand man in der nächsten Krise bedingungslos hinter Serbien, würde man Österreich-Ungarn zum Gegner haben – und mit ihm das Deutsche Reich. Ohnehin trübte sich das russisch-deutsche Verhältnis seit den Balkankriegen sichtbar ein. Um die Jahreswende 1913/14 konnte eine gefährliche Zuspitzung nur deshalb vermieden werden, weil Berlin, und zwar aus einer Position der Stärke heraus, beidrehte.

Die Berufung des deutschen Generals Otto Liman von Sanders zum Chef der deutschen Militärmission in der Türkei durch den Kaiser Ende Juni 1913, vor allem aber seine Ernennung zum Kommandeur des Ersten Armeekorps in Konstantinopel durch den türkischen Kriegsminister fünf Monate darauf, hatte die Russen auf den Plan gerufen. Die Mission stand in einer langen Tradition: Bereits im Juni 1836 war der auf «Urlaub» in Konstantinopel befindliche Helmuth Graf von Moltke, der spätere Sieger von Königgrätz und Sedan, auf Bitten des Sultans vom preußischen König Friedrich Wilhelm III. zur Organisation und Instruktion der türkischen Truppen abkommandiert worden, aus der sich ein mehrjähriger Aufenthalt entwickelte. Im Frühjahr 1882 wurde die Tradition der deutschen Militärmission wiederbelebt, von 1883 bis

1895 stand sie ganz im Zeichen von Colmar Freiherr von der Goltz, der nicht nur eine Generation türkischer Offiziere geprägt, sondern auch die deutschen Waffenexporte in die Türkei nachhaltig belebt hat.

So gesehen hatte die Berufung Liman von Sanders' keine neue Qualität. Dass sich daraus gleichwohl eine schwere Krise entwickelte, lag an der Definition seiner Aufgaben. Die Konzentration auf die Region um die Meerengen musste in St. Petersburg für beträchtliche Irritation sorgen. Ein diplomatischer Kunstgriff entspannte die Lage. Indem Wilhelm II. Liman von Sanders zum General der Kavallerie ernannte, entfiel automatisch das türkische Kommando und damit der Anlass für die russischen Proteste. An der Bedeutung der Mission änderte das wenig.

In Berlin hätte man also die Verstimmung im Verhältnis zu Russland gelassen nehmen können, wäre nicht der Reichsleitung im Mai 1914 über einen deutschen Spion in der russischen Botschaft in London zu Ohren gekommen, dass Russen und Briten ganz geheim über eine Marinekonvention, also über ein koordiniertes Vorgehen ihrer Seestreitkräfte im Krieg, verhandelten. Das war ein Schlag ins Gesicht insbesondere derer, die in Berlin auf die Verständigung mit Großbritannien setzten.

Hatte man nicht beachtliche Erfolge vorzuweisen? Immerhin hatte am 20. Oktober 1913 ein modifiziertes Abkommen über eine eventuelle Aufteilung der portugiesischen Kolonien in Afrika unterzeichnet werden können. Noch weitergehend war das Vertragswerk über die Bagdadbahn und damit zusammenhängende Fragen, wie zum Beispiel die Schifffahrt auf Euphrat und Tigris und die mesopotamischen Erdölvorkommen, das am 15. Juni 1914 nach über einjährigen Verhandlungen von Außenminister Grey und Botschafter Lichnowsky paraphiert werden konnte. Damit zeichnete sich die Lösung eines Problems ab, das die internationalen, insbesondere die englisch-deutschen Beziehungen seit der Jahrhundertwende schwer belastet hatte. Möglich wurde sie, weil Berlin eine Reihe von Abstrichen machte und zum Beispiel akzeptierte, dass die Bagdadbahn nicht in Kuwait, also am Persischen Golf, sondern in Basra endete.

Stabil war dieser Ausgleich nicht. Einmal reichte eine Verständigung in dieser zwar wichtigen, aber verglichen mit dem Flottenbau doch peripheren Frage nicht aus, um einer Belastung wie der Julikrise standzuhalten. Und dann konnte das Misstrauen nicht wirklich beseitigt werden. Erst im Herbst 1913 hatte es Aufwind erhalten, als im Umfeld der Verhandlungen über die portugiesischen Kolonien in Berlin bekannt wurde, dass London am 14. Oktober 1899, also unmittelbar nach Unterzeichnung des ersten englisch-deutschen Afrika-Vertrages, mit Portugal eine geheime Vereinbarung geschlossen hatte. In diesem so genannten Windsor-Vertrag wurden Lissabon im Prinzip genau die Kolonien garantiert, über deren mögliche Aufteilung sich Großbritannien im August 1898 mit Deutschland verständigt hatte.

Das wäre zu verschmerzen gewesen, hätte man nicht ein halbes Jahr später erneut einschlägige Erfahrungen mit der Aufrichtigkeit der Briten machen müssen. Zwar hatten deren Gespräche mit den Russen über eine Marinekonvention und die deutsch-englischen Verhandlungen über den Bagdadbahn-Komplex unmittelbar nichts miteinander zu tun. Aber dass man ausgerechnet in der heißen und von großer deutscher Konzessionsbereitschaft geprägten Verhandlungsphase davon erfuhr, wirkte ernüchternd und bestätigte jene, die immer schon vor Großbritannien gewarnt hatten.

Was sich da anzubahnen schien, war nicht nur unerfreulich, es war auch gefährlich. Denn die englische Annäherung an Russland musste das ohnehin auf Konfrontationskurs zu Deutschland eingeschwenkte Zarenreich zu weiteren Aktionen ermutigen. Je deutlicher das wurde, umso näher rückte die Stunde der Militärs. Schon Ende Juni 1913 hatte der Reichstag mit großer Mehrheit eine weitere Wehrvorlage angenommen, die eine Verstärkung des Heeres um mehr als 150 000 Mann vorsah. Angesichts der in Europa grassierenden Truppenvermehrungen, die in Russland auf eine Friedensstärke von fast anderthalb Millionen Soldaten hinauslief, war das wenig mehr als ein Tropfen auf den heißen Stein – jedenfalls für die Militärs, denen jetzt zusehends die Zeit davonlief. Für Moltke stand fest, dass Russland seine Rüstung in zwei bis drei Jahren abgeschlossen haben würde. Das legte er im Frühjahr 1914 dem

Staatssekretär des Auswärtigen Amtes dar und verband seine Beobachtung gegenüber Jagow mit der Frage, ob man nicht einen «Präventivkrieg» führen solle, «um den Gegner zu schlagen», solange man «den Kampf noch einigermaßen bestehen» könne.[47] Für die Militärs war das eine rhetorische Frage. Wenige Wochen später bekamen sie die erwartete Antwort.

4. Die deutsche Katastrophe

1914–1918

Es war ein Schock. Aber dass sich aus einem Attentat in der bosnischen Provinz Österreich-Ungarns ein globaler Konflikt bislang nicht gekannter Dimension entwickeln würde, hat kaum jemand für möglich gehalten. Und dass es die erste von zwei Katastrophen sein würde, die Deutschland zunächst an den Rand des Abgrundes, dann in den Untergang führen würden, war schlicht nicht vorstellbar. In der Rückschau kann es keinen Zweifel geben, dass die «deutsche Katastrophe», also der Untergang des Reiches im Inferno des Zweiten Weltkriegs,[1] schon im Ersten Weltkrieg angelegt gewesen ist, den man mit gutem Grund als die «Urkatastrophe» dieses 20. Jahrhunderts bezeichnet hat.[2]

Das Drama nahm seinen Anfang am 28. Juni 1914, als der Thronfolger Österreich-Ungarns, Franz Ferdinand, und seine Gattin in Sarajevo auf offener Straße ermordet wurden. Die Attentäter waren Angehörige der Organisation «Junges Bosnien», die nach der Annexion des Landes durch Österreich-Ungarn entstanden war und durch serbische Geheimorganisationen wie die «Schwarze Hand» unterstützt wurde. Die zwar nicht im Detail bekannte, aber offenkundige Verbindung der Attentäter nach Serbien veranlasste Wilhelm II. einmal mehr zu der intern formulierten Erkenntnis, mit den Serben müsse «aufgeräumt werden, *und* zwar *bald*».[3] Wie der Kaiser einigen Dokumenten, darunter einer Lageanalyse des greisen österreichisch-ungarischen Monarchen Franz Joseph I., entnehmen konnte, sah man das in Wien nicht anders. Am 5. Juli wurden ihm diese Papiere durch den Botschafter Österreich-Ungarns, den Grafen Szögyény-Marich, und den eigens nach Berlin entsandten Alexander Graf von Hoyos übergeben.

Aus den Gesprächen, welche die beiden bei dieser Gelegenheit mit Wilhelm II. beziehungsweise mit Bethmann Hollweg und Arthur Zimmermann, dem Unterstaatssekretär des Auswärtigen Amtes, führten, gewannen Wiens Diplomaten den Eindruck, dass der «Reichskanzler ebenso wie sein kaiserlicher Herr ein sofortiges Einschreiten unsererseits gegen Serbien als radikalste und beste Lösung unserer Schwierigkeiten am Balkan ansieht. Vom internationalen Standpunkt hält er den jetzigen Augenblick für günstiger als einen späteren.» Wilhelm II. habe überdies vorausgesagt, dass Russlands Haltung «feindselig» sein werde, «doch sei er hierauf schon seit Jahren vorbereitet, und sollte es sogar zu einem Krieg zwischen Österreich-Ungarn und Rußland kommen, so könnten wir davon überzeugt sein, daß Deutschland in gewohnter Bundestreue an unserer Seite stehen werde».[4]

Diese Zusicherungen, die der Botschafter am 5. und 6. Juli nach Wien telegrafierte, sind als «Blankoscheck» in die Geschichte eingegangen. So waren sie auch gemeint. Nicht nur in dieser Hinsicht unterschied sich der Verlauf der so genannten Julikrise zunächst allenfalls in Nuancen von dem der voraufgegangenen, allen voran der Bosnischen Annexionskrise. Ein aufziehender Konflikt zwischen Österreich-Ungarn und Serbien rief Deutschland und Russland auf den Plan. Hier wie dort war man zwar – mehr denn je – der Überzeugung, dass der Krieg unvermeidlich sei. Zu diesem Zeitpunkt unter allen Umständen gewollt hat ihn aber weder die eine noch die andere Seite. Unter allen Umständen vermeiden wollten sie ihn allerdings auch nicht. Dass man den jeweiligen Partner, Österreich-Ungarn und Serbien, nicht beziehungsweise nicht noch einmal im Regen stehen lassen dürfe, galt in Berlin und St. Petersburg als ausgemacht. Folglich hatte man in beiden Fällen das Heft des Handelns schon aus der Hand gegeben, bevor die Krise eigentlich begann.

So kam es, dass Österreich-Ungarn nach vierwöchigem Zögern die Initiative ergreifen und nicht nur Serbien, sondern auch Deutschland und Russland in einen Strudel sich verselbständigender Reaktionen ziehen konnte. Obgleich Serbien am 25. Juli bis auf einen alle Punkte eines eigentlich nicht annehmbaren Wiener Ultimatums vom 23. Juli akzeptierte und auch Wilhelm II. «*jeden Grund zum Kriege*» entfallen sah,[5] brach Wien noch am selben Tag die diplomatischen Beziehungen zu Belgrad ab. Drei Tage später, am 28. Juli, erklärte Österreich-Ungarn Serbien den Krieg und begann bald darauf mit der Beschießung Belgrads. Damit waren die Weichen gestellt. Das wussten alle unmittelbar und mittelbar Beteiligten, auch in Deutschland.

Eindringlich versuchte der Kaiser, seinen russischen Vetter zu direkten Verhandlungen mit Österreich-Ungarn zu bewegen und so zu verhindern, dass «Europa in den entsetzlichsten Krieg» gestürzt wurde, «den es je gesehen hat».[6] Tatsächlich hat Nikolaus II. dann auch noch am Abend des 29. Juli dem russischen Kriegsminister Wladimir Alexandrowitsch Suchomlinow – letzten Endes vergeblich – befohlen, die Teilmobilmachung gegen Österreich-Ungarn anzuhalten. «Es sei», telegrafierte der Zar am 31. Juli an den Kaiser, aber «*technisch* unmöglich», die «militärischen Vorbereitungen einzustellen, die infolge Mobilmachung Österreichs notwendig waren».[7] Nur wenige Stunden später musste Wilhelm II. eine ähnliche Erfahrung machen: Seinen Befehl, den deutschen Aufmarsch im Westen aufzuhalten, um eine noch so vage Chance für eine englische Neutralität nutzen zu können, vermochten die Militärs nicht umzusetzen.

Sie nämlich bestimmten inzwischen das Geschehen – auf allen Seiten. In den frühen Morgenstunden des 26. Juli war die Kriegsvorbereitungsperiode für das gesamte europäische Russland, also auch gegen Deutschland, angelaufen, gefolgt am 29. Juli von der Teilmobilmachung gegen die Donaumonarchie und am 30. Juli von der Generalmobilmachung. Spätestens jetzt hatten auch die deutschen Militärs, von der Politik gar nicht zu reden, keinen Handlungsspielraum mehr. Am 31. Juli, 13 Uhr, erklärte Deutschland den Zustand drohender Kriegsgefahr, gefolgt von der ultimativen Aufforderung an Russland, die Mobilmachung gegen Deutschland und Österreich einzustellen, der man in St. Petersburg nicht nachkam.

Also erklärte das Deutsche Reich am 1. August 1914 Russland, zwei Tage später, am 3. August, dessen Bündnispartner Frankreich den Krieg. Diesem Schritt vorausgegangen war eine Anfrage der deutschen Regierung an die französische, ob sie «in einem russisch-deutschen Kriege neutral bleiben» wolle. Die Antwort Frankreichs vom 1. August, das zu tun, «was seine Interessen geböten»,[8] kommentierte der Kaiser mit Ausrufezeichen.

Hatte man das gewollt? War der Krieg gegen Russland und Frankreich das Ziel der deutschen Politik während der Julikrise? Die Antwort ist eindeutig: Nein. Nicht nur glaubte bis zu den diplomatischen und militärischen Offensiven Wiens, also bis zum 25. Juli, kaum jemand ernsthaft an einen russischen Kriegseintritt, schon weil man das Zarenreich für «noch keineswegs kriegsbereit» hielt.[9] Nicht nur begab sich der Kaiser auf die anstehende Nordlandreise, während die Militärs in ihren Sommerurlaub gingen. Es kann auch keinen Zweifel geben, dass jedenfalls Kaiser und Kanzler alles taten, um den russischen – und damit zwangsläufig auch den französischen – Kriegseintritt zu verhindern: Wilhelm II., indem er den Zaren mit einer Flut von Telegrammen überschüttete, Bethmann Hollweg, indem er mit einer ausgesprochen riskanten, geradezu hasardierenden politischen Strategie die Russen «rücksichtslos unter allen Umständen ins Unrecht»[10] setzen und damit zum Rückzug zwingen wollte. Dass der eine wie der andere dabei nicht bereit war, Österreich-Ungarn fallen oder vor ein «europäisches Gericht», nämlich auf eine durch Grey angeregte Konferenz der Großmächte, «ziehen» zu lassen,[11] kann nicht überraschen. Dafür war es seit 1908, wenn nicht schon seit 1890 zu spät.

Und die Militärs? Sie gingen in die Offensive, weil sie mental längst in der Defensive waren. Sie saßen in der Falle, verfügten über keine Alternative zur Flucht nach vorn und trafen so eine offenkundig irrationale Entscheidung: Weil der Kampf in Moltkes Worten jetzt «noch einigermaßen zu bestehen» war, weil der Krieg in zwei oder drei Jahren noch geringere Aussicht auf Erfolg haben würde als ohnehin schon jetzt, musste er besser heute als morgen begonnen werden, koste es, was es wolle. Und so begingen sie «aus Angst vor dem Tode Selbstmord».[12]

Dabei ahnten sie, dass es ein langer und verlustreicher Krieg werden würde. Immerhin hatte kein Geringerer als Helmuth von Moltke – der Ältere, Onkel des amtierenden Generalstabschefs – schon im Frühjahr 1890, bei seinem letzten Auftritt im Reichstag, vor einem modernen «Volkskrieg» gewarnt: «... wenn dieser Krieg zum Ausbruch kommt, so ist seine Dauer und ist sein Ende nicht abzusehen ... es kann ein siebenjähriger, es kann ein dreißigjähriger Krieg werden – und wehe dem, der Europa in Brand steckt, der zuerst die Lunte in das Pulverfaß schleudert!»[13]

Tatsächlich erlebten alle, die von einem schnellen Feldzug geträumt und einen Sieg der so genannten Mittelmächte bis zum Jahresende in Aussicht gestellt hatten, ein böses Erwachen. Das lag unter anderem an der ungünstigen Ausgangssituation. Nicht nur standen bei Kriegsbeginn den etwa 3,7 Millionen Soldaten Deutschlands und Österreich-Ungarns gut 5,8 Millionen der Alliierten gegenüber, sondern das Verhältnis verschob sich im Verlauf des Krieges weiter deutlich zu Ungunsten der Mittelmächte. Vor allem deshalb, weil es Berlin und Wien nicht gelang, eine nennenswerte Anzahl von Staaten auf ihre Seite zu ziehen. Selbst die Verbündeten, also Italien und das seit 1883 faktisch dem Dreibund angegliederte Rumänien, erklärten zunächst ihre Neutralität und dann 1915/16 – gegen die Aussicht auf beträchtliche Beute – ihre Kriegseintritte auf Seiten der Alliierten. 27 Staaten, darunter ein Dutzend amerikanischer einschließlich der USA, bildeten schließlich die Koalition der Gegner. Hingegen fanden lediglich die Türkei und Bulgarien im August 1914 beziehungsweise Oktober 1915 den Weg ins Lager der Mittelmächte.

Hinzu kam, schon gleich zu Anfang des Krieges, die Überforderung der militärischen Führung des Reiches. Einmal war der Chef der Ersten Obersten Heeresleitung, der jüngere Moltke, den enormen, vielfältigen Anforderungen operativ und wohl auch psychisch nicht gewachsen, so dass er schon nach wenigen Wochen durch Erich von Falkenhayn abgelöst wurde. Grund für den Wechsel war das Scheitern des so genannten Schlieffen-Plans.

Eine Alternative zu diesem strategischen Zug gab es nicht, weil es nur einen Plan für den Zweifrontenkrieg gab. Er stammte aus der Feder Alfred Graf von Schlieffens, Jahrgang 1833, der an den Kriegen von 1866 und 1870/71 teilgenommen hatte und seit 1884 ausschließlich im Generalstab der Armee tätig gewesen war, seit 1891 als dessen Chef. Sein erstmals 1892 vorgelegter, zuletzt von ihm

1905 den gegebenen Verhältnissen angepasster Plan war in den folgenden Jahren, von geringfügigen anderen Modifikationen abgesehen, nur insofern korrigiert worden, als der Nachfolger Moltke auf den Durchmarsch durch die Niederlande verzichtete. Im Übrigen sahen die Planungen nach wie vor im Westen ein großes Umfassungsmanöver der deutschen Truppen vor, die durch Belgien und Luxemburg vorstoßen und unter Umgehung von Paris die französischen Armeen nach Süden bis an den östlichen Festungsgürtel abdrängen sollten. Danach wollte man sich Russland zuwenden, von dem man in der Anfangsphase des Krieges wenig erwartete.

Eines der Hauptprobleme dieser strategischen Planungen des Grafen Schlieffen, der im Januar 1913 verstorben war und ihre operative Umsetzung folglich nicht mehr erlebte, war gleichermaßen militärischer wie politischer Natur. Weil der Angriff zwingend den Einmarsch deutscher Truppen nach Belgien vorsah, nahm er die Verletzung der Neutralität dieses Landes in Kauf. Das wog auch deshalb schwer, weil sich Preußen 1830/31 im engen Einvernehmen mit Großbritannien nicht nur für eine Loslösung Belgiens von den Niederlanden, sondern auch dafür eingesetzt hatte, Belgien nach dem Vorbild der Schweiz für neutral zu erklären. Tatsächlich hatten sich dann die maßgeblichen Staaten Europas, unter ihnen Preußen, im Juli 1831 auf einer in London tagenden Konferenz darauf verständigt, dass Belgien «einen unabhängigen und für immer neutralen Staat» bilden werde.

Es sei dahingestellt, ob die Reichsregierung Anfang August 1914 realistischerweise auf die englische Zurückhaltung hoffen oder gar mit ihr rechnen konnte. Sicher ist, dass die Verletzung der belgischen Neutralität für die britische Regierung schon deshalb nicht hinzunehmen war, weil deutsche Truppen damit die belgische, also die Gegenküste der Insel kontrollierten. Die öffentliche Versicherung aus Berlin, Belgien nach Erreichung des eigentlichen Kriegsziels, nämlich der Niederwerfung Frankreichs, wieder räumen zu wollen, war unter diesen Umständen wenig wert. Und so kam es, wie es wohl hatte kommen müssen. Nachdem die deutschen Armeen in der Nacht vom 3. auf den 4. August 1914 den Feldzug gegen Frankreich mit dem Einmarsch nach Belgien eröffnet hatten und die Verantwortlichen in Berlin ein unter Verweis auf den Londoner Vertrag von 1831 «bis heute 12 Uhr nachts»[14] terminiertes britisches Ultimatum ignoriert hatten, quittierte England die Verletzung der belgischen Neutralität am 4. August 1914 mit dem Kriegseintritt.

Aber das war nicht die einzige problematische Konsequenz des Schlieffen-Plans. Vielmehr zeigte sich schon binnen weniger Tage, dass er die deutschen Kräfte überfordern musste. 1905 unter dem Eindruck der schweren militärischen Niederlage Russlands in seine definitive Form gebracht, beruhte er ein knappes Jahrzehnt später auf nicht mehr zutreffenden Voraussetzungen. Tatsächlich nahm der Kriegsverlauf schon in den ersten Wochen eine ungeahnte Wendung. Die russischen Armeen stießen, anders als gedacht, tief nach Ostpreußen und Galizien vor; und der schnelle Vorstoß durch Frankreich war, anders als geplant, bereits Mitte September 1914, nach der Marne-Schlacht, beendet. Was dort, auf dem westlichen Kriegsschauplatz, folgte, war ein ungeheuer brutal und verlustreich geführter Stellungskrieg, der die deutsche Politik Jahr um Jahr weiter von den Zielen entfernte, die sie nach Kriegsbeginn ins Visier genommen hatte.

Wie andere Nationen auch ist Deutschland nicht mit einem ausformulierten Kriegszielkatalog in die große Schlacht gezogen. Die Entscheidung zum Krieg fiel nicht vor dem Morgengrauen des 1. August. Sie war eine Reaktion auf eine politisch-militärische Konstellation, zu der die deutsche Politik seit 1890 ungewollt beigetragen, die sie aber nicht gewünscht und gewiss nicht allein zu verantworten hatte. Sie zu überwinden, den Ring zu sprengen, die Gefahr ein für alle Mal zu beseitigen, war das Ziel im August 1914, nicht die großräumige Eroberung.

Das änderte sich mit dem Beginn der Kampfhandlungen. Jetzt meldeten sich immer mehr Persönlichkeiten und Gruppen mit ihren zum Teil weit ausgreifenden Forderungen zu Wort, und je mehr sich der Krieg in die Länge zog, umso lauter, vielstimmiger und disharmonischer wurde dieser Chor. Weil er dem entgegentreten und für die «Eventualität plötzlicher Verhandlungen … gewappnet» sein wollte, ergriff Bethmann Hollweg im September 1914 die Initiative, ließ durch seinen Vertrauten Kurt Riezler ziemlich hastig eine Denkschrift zu Papier bringen und an den Staatssekretär des Innern nach Berlin schicken. Als er am 9. September, also auf dem Höhepunkt der Marne-Schlacht, formuliert wurde, gingen die Autoren noch von einem kurz bevorstehenden deutschen Sieg aus.

In diesem Falle sollte Frankreich unter anderem den Küstenstrich von Dünkirchen bis Boulogne sowie das Erzbecken von Briey an das Reich abtreten und hohe Kriegsentschädigungen zahlen, Belgien Lüttich und Verviers Preußen überlassen und im Übrigen «zu einem Vasallenstaat herabsinken» und Luxemburg «deutscher Bundesstaat» werden. Außerdem war daran gedacht, Russland, das wegen der militärischen Lage ansonsten nicht vorkam, von der deutschen Grenze nach Möglichkeit «abzudrängen» und die «wirtschaftliche Vorherrschaft Deutschlands über Mitteleuropa» zu «stabili[s]ieren».[15] Gewaltige Forderungen und Vorstellungen, gewiss. Aber was steckte dahinter?

Nimmt man die Verfasser dieser so genannten Septemberdenkschrift, die ja vor Kriegsausbruch nicht gerade zu den kompromisslosen Hardlinern zählten, beim Wort, ging es ihnen um die «Sicherung des Deutschen Reiches nach West und Ost auf erdenkliche Zeit». Überraschen kann das nicht, stellt man in Rechnung, wie die Deutschen ihre Lage seit 1871 wahrnahmen. So gesehen wollten Bethmann Hollweg und Riezler nichts anderes, als die halbhegemoniale Stellung Deutschlands in eine hegemoniale zu überführen, und damit die späte Konsequenz aus der Reichsgründung ziehen – bevor die anderen das taten. Ob Deutschland als hegemoniale Macht in Europa überhaupt eine Zukunft haben konnte oder nicht erst recht sämtliche Gegenkräfte auf den Plan rufen musste, wurde in diesem Augenblick nicht gefragt.

Zu sehr waren die Deutschen im September 1914 davon überzeugt, dass die Zertrümmerung ihres Reiches das Ziel eines «im Haß verbündete[n] Europa» sei, das die Deutschen «nicht dulden» wolle.[16] Thomas Mann wie beispielsweise auch Max Weber, der den Krieg Ende August 1914, «einerlei was der Erfolg ist», für «groß und wunderbar» hielt,[17] sahen in ihm einen Existenzkampf vergleichbar demjenigen, den Preußen während des Siebenjährigen Krieges führen musste. Erst durch diesen «wurde Friedrich II. zum ‹Großen›; erst danach erkannte die Welt die Entstehung einer neuen Großmacht an. Und so wird man auch erst nach dem siegreichen Ausgang dieses Krieges Deutschland als eine Macht anerkennen, die nicht zu beseitigen ist, während man bisher seinen Bestand als Großmacht für einen Zufall hielt …»[18] Mit anderen Worten: Wenn man Bismarcks Entscheidung nicht rückgängig machen beziehungsweise machen lassen wollte, musste man sie korrigieren.

Es lag vor allem an der militärischen Entwicklung im Westen, dass daraus nichts geworden ist, dass Bethmann Hollweg vielmehr im Herbst 1916 zu dem Schluss kam, am Ende «Gott dankbar» sein zu müssen, «wenn wir das 1870 Erreichte erfolgreich verteidigt hätten».[19] Auf dem französischen Kriegsschauplatz änderte sich nämlich trotz einiger groß angelegter und außerordentlich verlustreicher Einbruchs- und Materialschlachten bis in das Frühjahr 1918 hinein wenig. Der von beiden Seiten erhoffte Durchbruch gelang weder im Verlauf der alliierten Herbstoffensive des Jahres 1915 in der Champagne noch während der Ende Februar 1916 begonnenen «totalen Schlacht» um Verdun, die den deutschen Angreifern bis Mitte Juli gerade einmal 15 Kilometer Geländegewinn brachte und auf beiden Seiten mehr als eine halbe Million toter und verwundeter Soldaten forderte. Nicht erfolgreicher waren die alliierten Offensiven an der Somme zwischen dem 1. Juli und dem 25. November 1916, die insgesamt weit mehr als eine Million Tote und Verletzte hinterließen, oder während der dritten Champagne-Schlacht im April und Mai 1917.

Dass sich die Waage im Verlaufe des Jahres 1918 doch zugunsten der Alliierten neigte, lag an einem Ereignis, das mit dem europäischen Kriegsschauplatz zunächst wenig zu tun hatte: Am 6. April 1917 hatten die Vereinigten Staaten von Amerika dem Deutschen Reich den Krieg erklärt. Für diesen alles andere als selbstverständlichen Schritt zeichnete die deutsche Politik und Seekriegführung verantwortlich. Am 19. Januar 1917 hatte Arthur Zimmermann, seit Ende November vergangenen Jahres Nachfolger Jagows als Staatssekretär des Auswärtigen Amtes, Mexiko – und fast gleichzeitig auch Japan – ein Bündnis angeboten. Mit der Aussicht auf eine Rückeroberung von Texas, Arizona und New Mexico sollte der südliche Nachbar der USA zu einem Kriegseintritt gegen die Vereinigten Staaten bewegt werden. Das geschah mit Hilfe einer chiffrierten Depesche, die das Auswärtige Amt über die amerikanische Botschaft in Berlin und das State Department an den deutschen Botschafter in Washington und von diesem an den deutschen Gesandten in Mexiko schickte. Aber nicht auf diesem Wege erhielt die amerikanische Regierung Kenntnis von dem abenteuerlichen Vorgang, sondern über die Briten, deren Geheimdienst das Telegramm abgefangen und entschlüsselt hatte.

Die Wirkung auf die amerikanische Politik und Öffentlichkeit war enorm, zumal fast zeitgleich bekannt wurde, dass Deutschland am 1. Februar 1917 zum uneingeschränkten U-Boot-Krieg zurückkehrte. Was das bedeutete, wusste man spätestens seit dem 7. Mai 1915, als ein deutsches Unterseeboot den englischen Passagierdampfer «Lusitania» versenkt und weit über 1000 Reisende und Besatzungsmitglieder, darunter mindestens 120 amerikanische Staatsbürger, in den Tod gerissen hatte. Für die schwerwiegende Entscheidung der politischen und militärischen Führung des Reiches, zu dieser Form der Seekriegführung zurückzukehren, gab es Gründe. So die Tatsache, dass Passagierschiffe immer häufiger auch für den Transport von Kriegsmaterial benutzt wurden, oder die desaströsen Folgen der englischen Seeblockade für die Versorgungs- und Ernährungslage im Deutschen Reich.

Dennoch war der Beschluss kurzsichtig, gab er doch endgültig den Kräften im Umfeld des amerikanischen Präsidenten Auftrieb, die das Land im Krieg gegen Deutschland und dessen Verbündete sehen wollten. So wurde, gewissermaßen mit deutscher Unterstützung, der 1916 sechzigjährige, aus einem presbyterianischen Pfarrhaus stammende Ökonomieprofessor und vormalige Gouverneur von New Jersey, Woodrow Wilson, zu dem Mann, in dessen Händen Deutschlands Zukunft lag. Denn wer sonst sollte nach Kriegsende das entscheidende Wort haben, wenn nicht der, dessen Land dank seiner enormen militärischen und wirtschaftlichen Ressourcen den Kampf letztlich entschied?

Die Rückkehr zum uneingeschränkten U-Boot-Krieg war auch eine Folge der explosiven personalpolitischen Konstellation in der deutschen Führung, insbesondere seit der zuletzt erfolglose Falkenhayn gestürzt und am 29. August 1916 durch die Dritte Oberste Heeresleitung ersetzt worden war. Deren Chef, der nach Kriegsbeginn reaktivierte Paul von Hindenburg, vor allem aber ihr Generalquartiermeister Erich Ludendorff waren fortan die bestimmenden Figuren. Auch in der deutschen Politik. Weder der Kaiser noch die jeweiligen Reichskanzler oder Staatssekretäre des Auswärtigen Amtes vermochten sich in entscheidenden Fragen gegen die Heeresleitung durchzusetzen. Kein Wunder, dass sie in immer kürzeren Abständen scheiterten.

Dabei hatte der Sturz Bethmann Hollwegs am 13. Juli 1917 eine geradezu tragische Dimension. Denn er wurde durch eine Koalition eigentlich gegeneinander operierender Kräfte ins Werk gesetzt: Auf der einen Seite stand die Oberste Heeresleitung, die nicht zuletzt unter Berufung auf Forderungen aus den Reihen des Reichstags die Ablösung des Kanzlers betrieb. Auf der anderen Seite stand der so genannte Interfraktionelle Ausschuss ebenjenes Parlaments, der sich am 6. Juli 1917 aus den Fraktionen von SPD, katholischem Zentrum, linksliberaler Fortschrittlicher Volkspartei und, jedenfalls zeitweilig, auch der Nationalliberalen Partei konstituiert hatte. Mit dem Ruf nach einem baldigen Verständigungsfrieden, aber auch mit seinen Forderungen nach einer Verfassungsreform im Reich begann aus heutiger Sicht in Deutschland die Tradition der Kontrolle der Politik durch das Parlament und die Parteien. Kurzfristig jedoch setzten die Parlamentarier den Reichskanzler unter Druck, obgleich dieser grundsätzlich ihre Position teilte, und arbeiteten so den Militärs zu.

Die drei Kanzler, die Bethmann Hollweg bis zum Ende des Kaiserreichs am 9. November 1918 folgten, besaßen kaum eine Chance, die deutsche Außenpolitik und Kriegführung zu beeinflussen. Georg Michaelis, zuvor seit Februar 1917 preußischer Staatskommissar für Volksernährung, galt zu Recht als gänzlich unbeschriebenes

 Blatt; der bayerische Ministerpräsident Georg Graf Hertling war ein alter, kranker Mann; und Prinz Max von Baden blieb nicht viel mehr zu tun, als den Krieg und die Monarchie zu liquidieren. Nicht wesentlich mehr Erfolg war den Staatssekretären des Auswärtigen Amtes beschieden, die nach dem Rücktritt Zimmermanns Anfang August 1917 an der Wilhelmstraße residierten. Zum einen ließ der Krieg der Diplomatie kaum eine Chance, zumal mit dem Kriegseintritt der USA der neben dem Vatikan bislang aussichtsreichste neutrale Friedensvermittler zur Konfliktpartei geworden war. Vor allem aber kamen die Leiter der auswärtigen Politik nicht gegen den autoritären Stil der «beiden Halbgötter im Hauptquartier»[20] an.

Das galt für Richard von Kühlmann, Jahrgang 1873, einen Berufsdiplomaten mit vielfältiger Verwendung, der im Herbst 1916 auf Sondermission nach Konstantinopel geschickt worden war und das Auswärtige Amt von August 1917 bis Juli 1918 leitete. Es galt aber auch für seine beiden Nachfolger, die es gerade einmal drei beziehungsweise zwei Monate auf dem Posten hielt: den neun Jahre älteren Paul von Hintze, der von der Marine kam und das Reich seit 1903 in Russland, Mexiko, China und zuletzt Norwegen in unterschiedlicher Funktion vertreten hatte, und den gelernten Diplomaten Wilhelm Solf, der sich, wie berichtet, als Gouverneur von Samoa und, seit Ende 1911, als Leiter des Reichskolonialamtes einen Namen gemacht hatte. Dass er dieses Amt seit Anfang Oktober 1918 in Personalunion mit dem Auswärtigen Amt führte, war kein Zufall.

Der Einfluss des Auswärtigen Amtes auf die Friedensverhandlungen im Osten war schon deshalb gering, weil die deutschen Truppen hier erfolgreich operierten. So konnte Ludendorff Anfang Februar 1918 in einer Gesprächsrunde mit Vertretern Österreich-Ungarns die Losung ausgeben: «Ein Friede, der nur den territorialen status quo gewährleistet, würde bedeuten, daß wir den Krieg verloren hätten.»[21] Dabei profitierten Deutschland und seine Verbündeten zusehends von der militärischen und politischen Schwäche des russischen Gegners. Nach den Siegen bei Tannenberg und an den Masurischen Seen, denen Hindenburg und Ludendorff nicht ganz zu Recht ihren legendären Ruf verdankten, hatten die deutschen Truppen schon Ende August beziehungsweise Mitte September 1914 die Initiative ergreifen und bis Oktober 1915 große Teile des Baltikums und Polens besetzen können. Mit den revolutionären Wirren, die seit der Februarrevolution und der Abdankung des Zaren am 15. März 1917 über Russland hinwegrollten, kam wieder Bewegung in die Front. Am 15. Dezember des Jahres schlossen Russland und Deutschland einen Waffenstillstand, dem sieben Tage später Friedensverhandlungen folgten.

Allerdings saß den Vertretern des kaiserlichen Deutschland und seiner drei Verbündeten nicht der Außenminister einer zaristischen oder einer provisorischen Regierung gegenüber, sondern der für die äußeren Angelegenheiten zuständige Volkskommissar des bolschewistischen Russland. Die Bolschewiki, also der seit 1912 von Wladimir Iljitsch Lenin geführte Flügel der Russischen Sozialdemokratischen Arbeiterpartei, hatten am 7. November 1917 die provisorische Regierung gestürzt, die seit der Abdankung des Zaren die Amtsgeschäfte führte. Zehn Wochen später, am 19. Januar 1918, sprengten sie auch die neu gewählte Nationalversammlung, um in Russland ein sozialistisches Rätesystem zu etablieren.

Es war nicht zuletzt deutscher Unterstützung zu danken, dass der 1870 geborene Lenin – studierter Jurist, Berufsrevolutionär, Verbannter und Exilant – den Weg nach Russland zurückfand. Als Vermittler fungierte Alexander Helphand, besser bekannt unter seinem *nom de guerre* «Parvus», Schriftsteller und Revolutionär, der auf ein ungewöhnlich bewegtes Leben zurückblicken konnte und mit Waffenschiebungen während der Balkankriege ein Millionenvermögen gemacht hatte. Parvus-Helphand fädelte den Coup in enger Absprache mit dem Auswärtigen Amt politisch wie finanziell ein: «Sollte die revolutionäre Bewegung eine größere Ausdehnung gewinnen», gab er schon im März 1915 zu Protokoll, «so würde ... eine provisorische Regierung eingesetzt werde, die die Frage des Waffenstillstandes und des Friedensschlusses auf die Tagesordnung bringen und darüber selbst in diplomatische Verhandlungen eintreten könnte.»[22]

Am 9. April 1917 traf Lenin nach einer Eisenbahnfahrt durch Deutschland, Schweden und Finnland mit großem Gefolge in Petrograd ein, wie die Hauptstadt seit Kriegsbeginn hieß. In Berlin erhofften sie sich von seiner Rückkehr, ganz im Sinne von Helphands Denkschrift, eine Stärkung des revolutionären Potentials und damit eine weitere Schwächung der russischen Kampfkraft. Tatsächlich schlugen die Bolschewiki unmittelbar nach ihrem Novemberputsch einen «Frieden ohne Kontributionen und Annexionen» vor. So gesehen war Lenin «die deutsche Geheim- und Wunderwaffe, die politische Atombombe des Ersten Weltkriegs».[23]

Keine Frage, die Bolschewiki standen mit dem Rücken zur Wand, als sie mit den Emissären Deutschlands, Österreich-Ungarns, Bulgariens und der Türkei in Brest-Litowsk über den Frieden berieten. Wie brisant die Lage war, zeigte der wiederholte Wechsel der russischen Delegationsleitung. Hatten die Deutschen und ihre Verbündeten es zunächst mit Adolf Joffe zu tun, so saß ihnen von Ende Dezember 1917 bis zum 9. März mit Leo Trotzki ein Mann gegenüber, zu dessen Bekanntenkreis seit 1904 auch Parvus-Helphand zählte. Von besonderer Bedeutung für seinen weiteren Lebensweg dürfte neben einem gescheiterten Auftritt im revolutionären St. Petersburg während der Unruhen des Jahres 1905 die Tätigkeit als Kriegskorrespondent für die renommierte liberale Tageszeitung *Kiewer Gedanke* gewesen sein. In dieser Funktion nämlich sammelte er während der Balkankriege erste Erfahrungen für jenen Posten, der sich wie kein zweiter mit seinem Namen verbindet: Als Volkskommissar für Verteidigung baute Leo Trotzki von März 1918 bis September 1924 die «Rote Armee» auf, der die Sowjetunion ihr Überleben während des deutschen Eroberungs- und Vernichtungsfeldzuges der Jahre 1941 bis 1945 verdankte.

Weil Trotzki sich weigerte, den Friedensvertrag zu unterzeichnen, setzte schließlich Georgi Wassiljewitsch Tschitscherin seine Unterschrift unter das Dokument, der wenig später das Amt des Volkskommissars des Äußeren übernehmen und für mehr als ein Jahrzehnt zu einem der wichtigsten Verhandlungspartner deutscher Diplomaten werden sollte. Der am 3. März von ihm in Brest-Litowsk unterzeichnete und am 27. August 1918 in Berlin durch ein

Zusatzabkommen ergänzte Vertrag sah eine weitgehende Dekomposition insbesondere der westlichen Gebiete Russlands vor. So sollten unter anderem Kurland und Livland – das spätere Lettland –, Litauen, Estland, Polen, die armenischen Territorien sowie Finnland aus dem russischen Staatsverband ausscheiden. Das galt auch für die Ukraine, mit deren bürgerlicher Regierung Deutschland und seine Verbündeten schon am 9. Februar 1918 einen Separatfrieden geschlossen hatten. Insgesamt verlor Russland ein Drittel seiner Bevölkerung, mehr als die Hälfte seiner Industrie und beinahe 90 Prozent des Kohlebergbaus.

Dass Russlands Vertreter am 27. August 1918 das Zusatzabkommen unterzeichnen und darin neben weiteren territorialen Konzessionen unter anderem der Zahlung von sechs Milliarden Mark zur Befriedigung offener deutscher, auch privater Forderungen zustimmen mussten, lag an der militärischen Lage seit März 1918. Denn die in Brest-Litowsk durch die Bolschewiki abgetretenen Gebiete waren zum Teil noch gar nicht von deutschen Truppen besetzt. Als diese nunmehr, unbeschadet des Unterschriebenen, ihre Offensive fortsetzten, blieben sie nicht beim Vereinbarten stehen, sondern setzten ihren Vormarsch, zusehends ungehindert, weiter fort. Für die wankenden Bolschewiki war das ein schwerer Schlag. Aber der Pakt mit diesem Gegner war die beste unter lauter schlechten Alternativen.

Denn indem die Deutschen nach Sicherung der Beute mit ihnen ein zweites Mal vertraglich handelseinig wurden, gaben sie den Bolschewiki den Zuschlag – und nicht ihren zahlreichen Gegnern. Auf deren Seite kämpfte nicht nur ein heterogenes Bündnis aus Angehörigen der alten zaristischen Armeen und liberalem Bürgertum, Menschewiken und Sozialrevolutionären und anderen Gruppen mehr, sondern auch englische und französische, amerikanische und japanische, ja selbst tschechische Truppen, die 1916 geschlossen zu den Russen übergelaufen waren und sich auf die Seite der Gegner Lenins und seiner Genossen geschlagen hatten. So unterschiedlich die Motive all dieser inneren und äußeren Gegner auch waren, einig waren sie sich darin, wen es zu bekämpfen galt. Dass in dieser schier ausweglosen Situation die Deutschen sich zwar holten, was zu holen war, aber den Machtanspruch der Bolschewiki nicht in Frage stellten, hat deren Herrschaft gerettet – und eine Entwicklung in Gang gesetzt, die gut sieben Jahrzehnte später, mit dem Zusammenbruch der Sowjetunion, ihr Ende fand.

Im Übrigen war mit dem Verlust der durch die Bolschewiki geräumten Gebiete Russlands noch nichts über deren künftiges Schicksal und insbesondere darüber gesagt, welche von ihnen durch einen der Siegerstaaten, allen voran Deutschland, annektiert werden sollten. Das Auswärtige Amt, dessen Staatssekretär Richard von Kühlmann die deutsche Delegation in Brest-Litowsk leitete, trat für eine zurückhaltende Besatzungs- und Annexionspolitik ein, um das Verhältnis zu Russland nicht dauerhaft zu belasten. Das Auswärtige Amt und namentlich Kühlmanns Nachfolger Hintze waren es auch, die mit Erfolg davor warnten, «die Bolschewiken, die nicht unsere Freunde sind, mit denen wir aber unseren Frieden geschlossen haben, und die unsere Geschäfte mit dem Ziele der militärischen Paralyse Rußlands ausgiebig besorgen, zu stürzen»,[24] und sich damit gegen die Militärs stellten. Diese und allen voran die Oberste Heeresleitung ergingen sich derweil in weit ausgreifenden Annexionsplänen.

Schmiedete Hindenburg bereits großzügige Annexionspläne für den – bezeichnenderweise als unausweichlich angesehenen – «nächsten Krieg gegen Russland» und wollte er «den Raum für die Bewegungen des deutschen linken Flügels sichern»,[25] verfolgte Ludendorff noch wesentlich weitergehende Vorstellungen. Ihnen lag die Beobachtung zugrunde, dass man die afrikanischen und pazifischen Kolonien des Reiches im Kriegsfall nicht halten konnte. Von Deutsch-Ostafrika abgesehen, wo eine versprengte Truppe noch bis Mitte November 1918 kämpfte, waren sämtliche überseeischen Besitzungen bald nach Kriegsbeginn verlorengegangen.

Darin zeigte sich zudem für die Verfechter eines starken Landheeres der zweifelhafte Wert der Schlachtflotte. Offenbar war diese weder zur Sicherung des Kolonialreiches noch zur Öffnung der maritimen Nachschubwege in der Lage. Von anfänglichen Kreuzergefechten in Übersee abgesehen, waren die deutsche und die englische Flotte überhaupt nur einmal, am 31. Mai und 1. Juni 1916, aufeinandergetroffen. Allerdings war diese Schlacht im Skagerrak auch deshalb unentschieden ausgegangen, weil sich der zahlenmäßig überlegene britische Verband zurückgezogen und jedes weitere Risiko vermieden hatte, was im Übrigen für das Kalkül zu sprechen schien, das dem Tirpitz-Plan zugrunde lag. Am 21. Juni 1919 versenkten sich die nach dem Waffenstillstand nördlich von Schottland in Scapa Flow internierten 74 Einheiten der kaiserlichen Flotte selbst.

Anders sah es im Osten Europas, insbesondere in Russland aus. Dieser riesige Raum bot sich in den Augen der Militärs nicht nur als Ersatzraum für die verlorenen Kolonien an, er war offensichtlich auch mit den zur Verfügung stehenden Mitteln zu erobern und zu halten, bot überdies ein beachtliches Reservoir an Rohstoffen und Nahrungsmitteln. So wurde von Ludendorff erstmals jene Idee eines deutschen Großraums im Osten entwickelt, mit der Hitlers wenig später entworfenes «Lebensraum»-Konzept insofern einiges gemeinsam hat, als schon in Ludendorffs Plänen von «Zuchtstätten für Menschen» die Rede war, die für «weitere Kämpfe nach Osten nötig» seien: «Diese», so Ludendorff im Dezember 1915, «werden kommen, unausbleiblich.»[26]

Vorerst kam es anders, weil sich die Niederwerfung Russlands als Pyrrhussieg entpuppte. Um die von Finnland über das Baltikum, Polen und die Ukraine bis in den Kaukasus und auf die Krim verlaufende Front halten beziehungsweise weiter nach Osten vorschieben zu können, wurden etwa anderthalb Millionen Soldaten benötigt. Und die fehlten im Westen. Kein Wunder, dass dort die am 21. März 1918 begonnene Offensive der gut 70 erschöpften deutschen Divisionen an der Übermacht eines Gegners scheiterte, dessen Reihen monatlich um bis zu 250 000 amerikanische Soldaten verstärkt wurden und für den Versorgungsschwierigkeiten ein Fremdwort war. Mit dem Beginn der alliierten Gegenoffensive am 18. Juli und insbesondere mit der verlorenen Schlacht von Amiens drei Wochen darauf musste der Krieg für die Deutschen als nicht mehr gewinnbar gelten. Am 29. September zog auch die Oberste Heeresleitung diese Konsequenz, forderte zugleich die von ihr bislang blockierte Parlamentarisierung des Reiches und tat damit den ersten Schritt, um später der Politik die unausweichliche Niederlage in die Schuhe schieben zu können.

Tatsächlich war es dann auch Reichskanzler Prinz Max von Baden, der noch am 3. Oktober 1918, dem Tag seiner Ernennung, den Präsidenten der Vereinigten Staaten von Amerika um den Waffenstillstand ersuchte. Basis dieser Flucht nach vorn waren Wilsons so genannte Vierzehn Punkte vom 8. Januar 1918, in denen der Präsident – zum Teil in Form allgemeiner Prinzipien für die Nachkriegszeit – die amerikanischen Kriegsziele formuliert hatte. Ausgangspunkt des Ersuchens war eine für Deutschland scheinbar günstige militärische Lage, stand doch das deutsche Heer immer noch in Belgien, Luxemburg, Frankreich und vor allem tief auf russischem beziehungsweise vormals russischem Territorium. Nach einem fünfwöchigen diplomatischen Hin und Her zwischen Berlin und Washington, in dem erstmals kommende Probleme aufschienen, wurde am 11. November 1918 der Waffenstillstand zwischen Deutschland und seinen Gegnern unterzeichnet.

Zwei Tage zuvor hatte in einer turbulenten Situation, mehr zufällig als gewollt, das deutsche Kaiserreich sein Leben ausgehaucht. Am 9. November gab Reichskanzler Prinz Max von Baden den Thronverzicht Wilhelms II. bekannt, bevor dieser abdankte und sich ins holländische Exil zurückzog, um dort bis zu seinem Tode im Juni 1941 Bücher zu schreiben, Holz zu hacken und mit seinem Schicksal zu hadern. Der Sozialdemokrat Philipp Scheidemann rief die Republik aus, um der Proklamation einer Räterepublik durch den Radikalsozialisten Karl Liebknecht zuvorzukommen, und ein Rat der Volksbeauftragten unter Leitung des Sozialdemokraten Friedrich Ebert führte die Regierungsgeschäfte. Repräsentanten dieses neuen politischen Systems, einer Republik ohne Verfassung und legitime Regierung, waren es, die im französischen Compiègne ihre Unterschrift unter das Waffenstillstandsabkommen setzten. Unter ihnen als Erster der Zentrumsabgeordnete Matthias Erzberger, der dann von Juni 1919 bis März 1920 als Finanzminister amtierte und im März 1921 eines der ersten prominenten Opfer rechter Republikgegner werden sollte.

Damit war die «Urkatastrophe» des 20. Jahrhunderts beendet, jedenfalls soweit sie auf dem Schlachtfeld stattgefunden hatte. Die Verluste und Verwüstungen waren, gemessen an dem bis dahin Bekannten, ungeheuer. Zu den wenigen, die das hatten kommen sehen, gehörte der 1820 geborene Friedrich Engels, Fabrikantensohn, Weggefährte von Karl Marx, umfassend aktiver Publizist mit beachtlichen historischen und militärischen Kenntnissen. Kein Krieg, prognostizierte Engels Ende 1887, werde für «Preußen-Deutschland mehr möglich» sein «als ein Weltkrieg, und zwar ein Weltkrieg von einer bisher nie geahnten Ausdehnung und Heftigkeit. Acht bis zehn Millionen Soldaten werden sich untereinander abwürgen und dabei ganz Europa kahlfressen ... Die Verwüstungen des Dreißigjährigen Krieges zusammengedrängt in drei bis vier Jahre und über den ganzen Kontinent verbreitet ... Zusammenbruch der alten Staaten und ihrer traditionellen Staatsweisheit, derart, dass die Kronen zu Dutzenden über das Straßenpflaster rollen und niemand sich findet, der sie aufhebt; absolute Unmöglichkeit, vorherzusehen, wie das alles enden ... wird».[27]

Auf deutscher Seite hatten bis zu zwei Millionen Soldaten ihr Leben verloren; Millionen waren verwundet worden; Hunderttausende Zivilisten waren gestorben, vor allem am Hunger und seinen Folgen, aber auch an der schweren Grippewelle, die 1918/19 rund um den Globus grassierte und in Deutschland etwa 300 000 Menschen das Leben gekostet haben dürfte. Die weitreichenden Konsequenzen des Krieges wurden erst später sichtbar. Zu ihnen zählte der Preis, den Deutschland an die alliierten und assoziierten Sieger zu entrichten hatte. Erst als dieser feststand, wurde den Deutschen bewusst, wie tief sie gestürzt waren.

5. Wandel durch Annäherung

1918–1933

Der Name wurde zum Trauma. Für mindestens zwei Generationen von Deutschen war «Versailles» der Inbegriff von Niederlage und Verlust, Unrecht und Demütigung. Wo einst das Kaiserreich aus der Taufe gehoben worden war, mussten nun die Vertreter der Republik ihre Unterschriften unter ein Vertragswerk setzen, über das andere auf der großen Friedenskonferenz beraten und verhandelt hatten.

Seit dem 18. Januar 1919 tagte diese in Paris. Wenn die Deutsche Frage auch ohne Zweifel in ihrem Mittelpunkt stand, übersah man in Berlin doch leicht, dass in Frankreichs Hauptstadt nicht weniger verhandelt wurde als eine neue Ordnung für Südost-, Mittel- und Ostmitteleuropa. Allerdings war die östliche Grenze beziehungsweise Begrenzung des Raums, über den man sprach, nicht genau zu fassen und schon gar nicht präzise zu definieren, weil der dafür mitverantwortliche Akteur zuhause geblieben war: Sowjetrussland war in Paris nicht vertreten. Folglich trug die dort entworfene neue Ordnung weder die Hand- noch die Unterschrift sowjetischer Politiker oder Diplomaten, so dass sich diese in der Folge auch nicht daran gebunden fühlten. Ein folgenschwerer Sachverhalt, der zum einen handfeste Probleme mit den Nachbarn des immer noch riesigen Reiches aufwerfen konnte, zum anderen aber Möglichkeiten der Zusammenarbeit mit solchen Staaten und Nationen eröffnete, die wie Sowjetrussland an einer Änderung des Status quo in Ostmitteleuropa interessiert waren. Zum Beispiel Deutschland.

Mehr als 1000 Teilnehmer aus beinahe 30 Staaten kamen in Paris zusammen, um über die Zukunft Europas und der Welt zu beraten. Sie gruppierten sich in größeren und kleineren Kreisen um das politische Zentrum der Konferenz, das durch Großbritanniens Premierminister David Lloyd George, die Ministerpräsidenten Frankreichs und Italiens, Georges Clemenceau und Vittorio Emanuele

Orlando, sowie nicht zuletzt durch den amerikanischen Präsidenten Woodrow Wilson gebildet wurde. Dass mit ihm erstmals in der Geschichte der USA ein Präsident sein Land für die Teilnahme an einer Friedenskonferenz verlassen hatte, kam einem Bekenntnis gleich; dass sich Wilson – als Verfasser der «Vierzehn Punkte» immerhin der geistige Vater der die Konferenz leitenden Prinzipien – in entscheidenden Punkten nicht durchsetzen konnte, war ein schlechtes Omen.

In der Rückschau muss man sagen, dass die Konferenz mit der Vielzahl von Themen wohl überfordert gewesen ist. Schon die Folgeprobleme, die aus den Konkursmassen des Osmanischen Reiches, Österreich-Ungarns, Russlands und in gewisser Weise auch des Deutschen Reiches innerhalb und außerhalb Europas erwuchsen, waren immens. Sie konnten nur zum Teil mit den Friedensverträgen aufgefangen werden, welche Deutschland am 28. Juni 1919 in Versailles, Österreich am 10. September 1919 in St. Germain-en-Laye, Bulgarien am 27. November 1919 in Neuilly-sur-Seine, Ungarn am 4. Juni 1920 in Trianon sowie die Türkei am 10. August 1920 in Sèvres und dann in revidierter Form am 24. Juli 1923 noch einmal in Lausanne zu unterschreiben hatten.

In ihrem Gefolge erfuhren einige Staaten wie Griechenland und namentlich Rumänien einen deutlichen territorialen Zuwachs, andere wie Bulgarien und vor allem Ungarn wurden erheblich amputiert. Mehr als ein halbes Dutzend Staaten hatte es vor dem Krieg noch gar nicht gegeben: Finnland, Estland, Lettland, Litauen, Polen, die Tschechoslowakei sowie das Königreich der Serben, Kroaten und Slowenen, wie das spätere Jugoslawien bis 1929 hieß, waren ganz oder zu Teilen auf vormaligen Territorien Russlands, Österreich-Ungarns oder des Deutschen Reiches errichtet worden.

Vielleicht wäre die fragile Ordnung der Nachkriegszeit stabilisierbar gewesen, hätten lediglich die großen Verlierer wie Russland, Deutschland, Österreich, Ungarn, Bulgarien oder die Türkei auf ihre Chance zur Revision gewartet. Tatsächlich waren aber auch die Differenzen und Gegensätze zwischen den Gewinnern der Neuordnung beträchtlich und mitunter kaum zu überbrücken. So konnte Litauen nie akzeptieren, dass sich Polen 1920 das Wilnaer

 Gebiet einverleibt hatte, und Polen seinerseits wartete auf seine Chance, um sich das oberschlesische Teschener Gebiet zurückzuholen, das es 1920 während des Krieges gegen Sowjetrussland an die Tschechoslowakei abtreten musste.

Flankiert wurde dieses eine Kernproblem der neuen Ordnung von einem zweiten, der Frage der Minderheiten. Nicht weniger als beinahe 90 Millionen Menschen waren von den Staatsgründungen und Grenzverschiebungen betroffen. Es gab keinen Staat in Mittel-, Ostmittel- und Südosteuropa, in dem nicht wenigstens eine Minderheit lebte, in der Regel waren es mehrere, wie namentlich in der Tschechoslowakei, dem prominentesten Fall. Wohl waren die Staaten, soweit sie dem Völkerbund angehörten, verpflichtet, in Schutzverträgen die Rechte der Minderheiten zu garantieren, auch richtete dieser dann eine eigene Minderheitenabteilung ein. Aber genutzt hat das wenig. Es fehlte an der Erfahrung – und es fehlte am Willen.

Für Deutschland ist das alles in mehrfacher Hinsicht bedeutsam geworden. Zum einen waren gerade auch die Deutschen – weniger oder auch mehr, mal mittelbar, mal unmittelbar – von diesen Zuständen und Entwicklungen betroffen, zum anderen waren sie wie alle anderen ständig der Versuchung ausgesetzt, diese für ihre Zwecke zu instrumentalisieren. Nicht erst in der Zeit des «Dritten Reiches», dann aber mit äußerster Konsequenz. Wie weit sie gehen würden und was eigentlich jeweils hinter ihren Aktionen steckte, war von außen kaum erkennbar, weil die deutsche Außenpolitik seit 1919 auf der zeitgenössisch vertrauten und allgemein als legitim betrachteten Linie des Revisionismus operierte.

Ihr selbst gestecktes, von allen maßgeblichen Kreisen im Land geteiltes Ziel war die Revision des Friedensvertrages, dem von Anfang an das Odium des Diktats anhaftete. Das lag weniger am Inhalt als vielmehr an der Art und Weise, wie er zustande gekommen war, nämlich im Wesentlichen ohne Beteiligung der Betroffenen. Beinahe vier Monate gingen ins Land, bis die Konferenz, auf der die Deutschen wie auch die übrigen vier Verlierer des Krieges nicht als Teilnehmer zugelassen waren, zu einem Ergebnis kam.

Am 7. Mai 1919 wurde der deutschen Delegation das Vertragswerk übergeben. Sie stand unter der Leitung des Karrierediplomaten Ulrich Graf Brockdorff-Rantzau. Der spätere Botschafter in Moskau, Jahrgang 1869, war zuletzt Gesandter in Kopenhagen gewesen und hatte zum Jahresende 1918 die Nachfolge Solfs als Staatssekretär des Auswärtigen Amtes angetreten. Der Graf war ein erklärter Verfechter eines kompromisslosen Kurses gegenüber den Alliierten. Dass er die Friedensbedingungen im Sitzen entgegennahm, war als Affront gedacht und wurde so empfunden. Geholfen hat es nicht.

Noch einmal acht Wochen mit erheblichen internationalen und nationalen Turbulenzen, darunter dem Rücktritt der ersten Regierung der Weimarer Republik unter Philipp Scheidemann, verstrichen, bis der Friedensvertrag schließlich am 28. Juni 1919 durch Außenminister Hermann Müller und Verkehrsminister Johannes Bell unterzeichnet wurde. Der Ort der Zeremonie war von den französischen Gastgebern der Konferenz mit Bedacht gewählt worden: Im Spiegelsaal des Schlosses von Versailles, dem Ort, an dem im Januar 1871 das Deutsche Reich proklamiert worden war, mussten seine Vertreter ein knappes halbes Jahrhundert später ihre Unterschrift unter das Dokument setzen.

Gerade einmal zwei Wochen hatte man Zeit gehabt, um das umfangreiche Dokument zu prüfen; die Gegenvorschläge, die man schriftlich hatte einreichen müssen, waren allenfalls marginal berücksichtigt worden; und eine deutschsprachige Fassung des Vertrages gab es nicht: Die Sprachen der 440 Artikel mit ihren zahlreichen Anlagen waren Englisch und Französisch. Demütigend mussten auch viele inhaltliche Bestimmungen und Eigenarten wirken, so die Tatsache, dass Deutschland die in Teil I des Vertrages veröffentlichte Satzung des Völkerbundes zwar anzunehmen hatte, aber dem in Genf neu eingerichteten Gremium selbst vorerst nicht beitreten durfte.

Und dann das: «... Deutschland erkennt an, daß Deutschland und seine Verbündeten als Urheber für alle Verluste und Schäden verantwortlich sind, die die alliierten und assoziierten Regierungen und ihre Staatsangehörigen infolge des Krieges, der ihnen durch den Angriff Deutschlands und seiner Verbündeten aufgezwungen wurde, erlitten haben.»[1] So lautete der wohl berühmteste und zugleich berüchtigtste Artikel des Vertrages, und seine Aussage war ebenso eindeutig wie die dahinterstehende Politik kurzsichtig. Allen Beteiligten musste klar sein, dass sich die Deutschen nicht mit der einseitigen und in dieser Form unhaltbaren Zuweisung der Urheberschaft – der im Reich so genannten Kriegsschuld – würden abfinden können, zumal der Artikel 231, der das Kapitel «Wiedergutmachung» des Vertrages einleitete, exorbitante Reparationsforderungen legitimieren sollte: Nicht nur Sachschäden aller Art, auch Invalidenunterstützung, Militärpensionen, Witwen- und Waisenrenten und anderes mehr waren durch Geld- und Sachlieferungen aus Deutschland abzugelten.

Eine enorme Hypothek für die unter den Kriegsfolgen stöhnende Republik. Ein Drittel des deutschen Volksvermögens war im Krieg vernichtet worden; auf 144 Milliarden Mark beliefen sich 1919 die Schulden der öffentlichen Hand; mehr als dreimal so viel, beinahe 470 Milliarden, waren es 1922. Dass sich die europäischen Alliierten, allen voran Frankreich, gerade in der Reparationsfrage entschieden zeigten, weil sie ihrerseits enorme Kriegsschulden namentlich bei den Vereinigten Staaten von Amerika zu begleichen hatten, interessierte in Deutschland begreiflicherweise kaum jemanden. Hier machte man den Vertrag und nicht zuletzt die Zahlungsverpflichtungen, deren konkrete Höhe und Laufzeit in Paris noch gar nicht festgelegt worden waren, für nahezu alles verantwortlich, was der jungen Republik das Leben erschwerte. Und so wurde amtlicherseits, etwa durch das im Frühjahr 1919 im Auswärtigen Amt eingerichtete so genannte Kriegsschuldreferat, alles getan, um das pauschale Verdikt des Vertrages aus der Welt zu schaffen.

Dazu zählte auch der folgenreiche Entschluss, die Akten des Amtes möglichst bald einer breiten Öffentlichkeit zugänglich zu machen. Am Anfang stand eine vierbändige Edition der *Deutschen Dokumente zum Kriegsausbruch*, die schon seit November 1918 durch Karl Kautsky im Auftrag der «Volksregierung» vorbereitet und im Dezember 1919 im Auftrag des Auswärtigen Amtes durch

Graf Max Montgelas und Walter Schücking herausgegeben wurde.
1922 nahmen dann Johannes Lepsius, Albrecht Mendelssohn Bartholdy und Friedrich Thimme die gewaltige Aufgabe einer Edition der *Diplomatischen Akten des Auswärtigen Amtes* für die Jahre 1871–1914 in Angriff.

Nur fünf Jahre später lag *Die Große Politik der Europäischen Kabinette* in 54 Teilbänden geschlossen vor. Fast 16000 Dokumente waren ausgewählt und zum Abdruck gebracht worden. Sie bestätigten zum einen eine Einschätzung Max Webers vom Frühjahr 1906: «Die Leistungen unserer deutschen Diplomatie zu beurteilen ist nur berechtigt, wer die Akten kennt.»[2] Zum anderen setzte die deutsche Initiative die vormaligen Kriegsgegner unter Druck, jeweils ihre Akten zu veröffentlichen. Auch Frankreich, das 1929 den ersten Band vorlegte.

Inzwischen waren zehn Jahre seit der Unterzeichnung des Versailler Vertrages ins Land gegangen, ohne dass sich an der Einstellung der Franzosen zur so genannten Kriegsschuldfrage grundsätzlich etwas geändert hatte. Ihre kompromisslose Haltung in der Reparations- und damit der Schuldfrage war aus Pariser Sicht auch ein Ausgleich für die Niederlage, die sie bei der Regelung der territorialen Angelegenheiten hatten einstecken müssen. Wäre es nach der französischen Diplomatie gegangen, hätte Deutschland durch den Versailler Vertrag deutlich mehr an Substanz verloren, als das ohnehin schon der Fall war.

Konnte die Abtretung von Elsass-Lothringen niemanden überraschen, so bedeuteten die Unterstellung des nördlich angrenzenden Saargebietes unter den Völkerbund und die Übernahme seiner Kohlegruben durch Frankreich auch dann einen schweren Verlust, wenn man in Rechnung stellte, dass nach 15 Jahren eine Volksabstimmung über die Zukunft des Saarlandes entscheiden sollte. Das ungleich wichtigere Rheinland blieb zwar beim Reich, allerdings waren westlich sowie 50 Kilometer östlich des Flusses militärische Befestigungen und die «zeitweise Unterhaltung oder Ansammlung von Streitkräften untersagt».[3] Mit anderen Worten: Deutsche Soldaten durften diese strategisch bedeutsame Region auch dann nicht betreten, wenn die alliierten Truppen jene Zonen des Rheinlandes verlassen hatten, die sie für 15 Jahre besetzen durften und bei pünktlicher Vertragserfüllung in Schritten vorzeitig räumen konnten.

Weniger gravierend, allerdings emotional nicht minder belastend war die Verpflichtung, die «Unabhängigkeit» Österreichs als «unabänderlich» anzuerkennen.[4] Dieses so genannte Anschlussverbot, das auch die Republik Österreich zu akzeptieren hatte, barg Sprengstoff. Nicht dass der Anschluss in den zwanziger oder frühen dreißiger Jahren hier oder dort auf der Tagesordnung gestanden hätte, wenn es auch Projekte wie die noch zu erläuternde Zollunion von 1931 gab, die sich in diesem Sinne deuten ließen. Als er aber 1938 durch Hitler zu einem Thema gemacht wurde, ließ sich die Einverleibung Österreichs in das Deutsche Reich ohne Mühen als Revision überlebter Verträge verkaufen.

Für die Gebietsabtretungen im Osten, die von Anfang an als besonders schwere Zumutung betrachtet wurden, galt das ohnehin. So für das Hultschiner Ländchen, das an die Tschechoslowakei ging, das Memelgebiet, das zunächst unter alliierte Verwaltung, dann unter litauische Besatzung kam, vor allem aber für fast ganz Westpreußen und Posen, die an Polen fielen. Ausgenommen war lediglich die wirtschaftlich und strategisch äußerst wichtige «Freie» Stadt Danzig. Sie unterstand dem Völkerbund. Allerdings standen Polen unter anderem die freie Benutzung der Hafenanlagen, die Verwaltung des Eisenbahnwesens und die «Leitung der auswärtigen Angelegenheiten»[5] der Stadt zu.

So gingen durch den Versailler Vertrag insgesamt mehr als 13 Prozent des Gebietsstandes von 1914 verloren und mit ihm 10 Prozent der Bevölkerung. Nicht minder schwer wog der Verlust von 15 Prozent der landwirtschaftlichen Produktion und 20 Prozent des Bergbaus sowie der eisenerzeugenden Industrie, zumal die Handelsbeziehungen des Reiches, aber auch die Benutzung zahlreicher Häfen, Eisenbahnstrecken und Wasserstraßen Restriktionen und Kontrollen unterworfen wurden und Deutschland auf sämtlichen kolonialen Besitz verzichten musste. Erst in diesem Zusammenhang erschließt sich die ganze Dimension der Reparationsfrage.

Natürlich hatte all das, hatten die territorialen Amputationen, die Besetzungen, die wirtschaftlichen und finanziellen Belastungen auch mittelbare und unmittelbare Auswirkungen auf die Sicherheit des Reiches, soweit von einer solchen im engeren Sinne überhaupt noch die Rede sein konnte. Dass alle Festungen auch 50 Kilometer östlich des Rheins geschleift, fast die gesamte Hochseeflotte ausgeliefert und auf die Produktion von Panzern, U-Booten und anderen schweren Waffen verzichtet werden musste, war schlimm genug.

Als geradezu unerträglich wurden die Abschaffung der allgemeinen Wehrpflicht und die Auflösung des Generalstabes betrachtet. Mit den zugestandenen 100 000 Berufssoldaten, zu denen noch 15 000 Mann Marine-Truppen kamen, war im Zweifelsfall nicht einmal die innere Ordnung aufrechtzuerhalten, von der Verteidigung der Landesgrenzen gar nicht zu reden: Ostpreußen mit Königsberg war durch polnisches Territorium, den so genannten Korridor, vom Reichsgebiet getrennt; mit zehn alten und neuen Staaten hatte das Deutsche Reich jetzt eine gemeinsame Grenze; und die Lage gegenüber Großbritannien hatte sich, seit Deutschland über keine nennenswerten Seestreitkräfte mehr verfügte, ebenso verschlechtert wie diejenige gegenüber Italien, das sich das vormals österreichische Südtirol einverleibt hatte und so der deutschen Grenze bedenklich nahe gerückt war.

Ein niederschmetterndes Ergebnis – vor allem dann, wenn man die Motive und Ziele in Rechnung stellte, von denen sich die Verantwortlichen hatten leiten lassen, als sie alles auf eine Karte setzten und Deutschland in den Krieg führten: Sicherer sollten sich die Deutschen in Zukunft fühlen, befreit vom Alptraum gegnerischer Koalitionen, erlöst von «Neid und Haß», die der Kaiser 1912 als maßgebliche Triebkräfte der Nachbarn identifiziert hatte.[6] Gemessen an diesen Erwartungen stand man jetzt – im Sommer 1919, als man das Resultat des 1912 von Wilhelm II. vorausgesagten «Existenzkampfes» schwarz auf weiß in der Hand hielt – am Abgrund: «Der Zusammenbruch», kommentierte Philipp Scheidemann das Ergebnis, «war vollendet.»[7]

 Allerdings hätte es durchaus schlimmer kommen können. Denn so aussichtslos, wie sich die Lage des Reiches auf den ersten Blick darstellte, war sie bei näherem Hinsehen nicht. Sicher ließ sich noch nicht absehen, ob die brisante Mischung aus militärischer Schwäche, wirtschaftlichem Ruin und innerem Aufruhr die junge Republik nicht endgültig in den Abgrund stürzen würde, an dessen Rand man sich einige Jahre bewegte. Aber ausgemacht war das keineswegs. Schließlich ging es vielen Nachbarn nach den Auszehrungen eines vierjährigen Krieges nicht wesentlich besser.

Außerdem, so sah es jedenfalls Thomas Manns ältester Sohn Klaus, wusste «das deutsche Volk ... nun doch, woran es war. Man hatte gar nichts mehr, keinen Kaiser, kein Geld, kein Elsaß, keine Flotte, keine Kolonien. Bei so allgemeinem Ausverkauf war man immerhin auch manchen Ballast losgeworden, zum Beispiel die Illusionen.»[8] Geblieben war die Substanz. Denn zu Clemenceaus großem Kummer hatte die Mehrheit der Sieger, hatten vor allem Wilson und Lloyd George, nicht ernsthaft an der Großmachtstellung des Reiches rütteln wollen.

Allen voran Großbritannien konnte nicht an einer unproportionalen Stärkung des alten Rivalen Frankreich und einer Erschütterung des europäischen Gleichgewichts gelegen sein, im Gegenteil: Weil das Empire als Folge des Krieges weiter gewachsen war, weil sich nicht zuletzt deshalb erste Risse und Verwerfungen zeigten, war die Ruhe in Europa ein hohes Gut – so wichtig, dass man in London vieles übersah oder ignorierte, bis es im Sommer 1939 zu spät war. Aber die Sorgen der britischen Regierung galten, soweit es um Europa ging, von Anfang an weniger Deutschland als vielmehr Russland.

Schließlich gab es dort seit dem November 1917 eine neue Kraft, die man zwar vorerst nicht so recht einzuschätzen wusste, der man allerdings alles Mögliche, vor allem Schlechtes, zutrauen musste. Nicht genug damit, dass die Bolschewiki unmittelbar nach der Machtergreifung in Petrograd aus der alliierten Kriegskoalition ausgeschieden waren und im März 1918 ihren Frieden mit Deutschland gemacht hatten. Sie hatten auch die Tore der zaristischen Archive geöffnet und dabei zahlreiche Geheimdokumente ans Tageslicht befördert, welche die Kriegs- und Vorkriegspolitik der ehemaligen Verbündeten, namentlich der Briten und Franzosen, nicht gerade vorteilhaft erscheinen ließen. Vor allem aber hatten die Bolschewiki erklärt, nicht für die erheblichen Vorkriegsinvestitionen des Westens im untergegangenen Zarenreich geradestehen zu wollen, und das bedeutete für dessen ohnehin leere Kassen schlicht einen Totalverlust.

Allerdings brachte dieser Verlust der vormaligen Verbündeten für die Bolschewiki keinen messbaren Gewinn, im Gegenteil. Von Seiten des Westens konnten die neuen Herrscher Russlands jedenfalls nicht mit der dringend nötigen wirtschaftlichen, finanziellen oder auch technischen Unterstützung rechnen, die sie für die Stabilisierung ihrer Herrschaft brauchten. Denn sie standen mit dem Rücken zur Wand: Ein verlustreicher Bürgerkrieg, die serienweise Abspaltung ganzer Staaten und Provinzen des alten russischen Reiches, die Intervention französischer, britischer, aber auch japanischer oder amerikanischer Truppen in Russland und ein Krieg mit Polen – das alles und anderes mehr ließ den Bolschewiki ohne Hilfe von außen kaum den Spielraum, den sie benötigten, um ihre Herrschaft wenigstens auf dramatisch reduzierter Basis zu konsolidieren.

In dieser komplexen, unübersichtlichen Konstellation lag Deutschlands doppelte Chance. Die Alliierten benötigten ein überlebensfähiges Deutsches Reich, gewissermaßen die Substanz der alten Großmacht, um für den Fall eines Falles ein Gegengewicht zu einem unberechenbar expandierenden Sowjetrussland zu haben; die Sowjets brauchten die rasche, vor allem wirtschaftliche Erholung der alten deutschen Industrie- und Wirtschaftsmacht, um mit ihrer Hilfe auf die Beine zu kommen und sich für den erfolgreichen Export der Weltrevolution zu rüsten. Deutschland, reflektierte Lenin Ende November 1920, sei zwar «vom Versailler Vertrag erdrückt», verfüge aber immer noch über «ungeheure wirtschaftliche Möglichkeiten». Es könne die Friedensbedingungen «nicht ertragen» und müsse «Verbündete gegen den Weltimperialismus suchen, obwohl es selbst ein imperialistisches – aber geschlagenes – Land» sei.[9]

Dass sich die Deutschen tatsächlich bald auf die Suche nach solchen Verbündeten machten, lag an den alliierten Siegern des Krieges. Denn vor allem Frankreich ließ nach der Unterzeichnung des Versailler Vertrages keinen Zweifel aufkommen, dass es ihn eng und unnachgiebig auszulegen gedachte. So war es nur ein schwacher Trost, dass die Vertreter der Berliner Regierung vom 21. Februar bis zum 14. März 1921 mit am Verhandlungstisch sitzen durften, als die wichtigsten Reparationsempfänger in London unter anderem über diese Frage konferierten: Den rund 50 Milliarden Goldmark, die Außenminister Walter Simons für die Reichsregierung anbot und von denen er bereits bis zu 30 als bezahlt betrachtete, stellten die Alliierten beinahe 270 Milliarden Goldmark zuzüglich zwölf Prozent des deutschen Exportwertes gegenüber, die innerhalb von zweiundvierzig Jahren zu zahlen waren. Und damit auch kein Zweifel an der Entschlossenheit der Sieger aufkommen konnte, besetzten französische Truppen Anfang März 1921 – wieder einmal – einige deutsche Städte, in diesem Falle Düsseldorf, Duisburg und Ruhrort.

Nein, das war keine angenehme Situation. Denn die Alternative, vor der man in Berlin jetzt stand, war keine: Wollte man nicht sehenden Auges eine Besetzung des gesamten Ruhrgebietes riskieren, blieb nur die Annahme des insgesamt etwas günstigeren Zahlungsplans, den die Alliierten am 5. Mai 1921 ultimativ dekretierten. Es war bereits die fünfte Regierung der Weimarer Republik, die sich zu dem Entschluss durchrang. An der Spitze dieser Koalition aus Sozialdemokraten, Linksliberalen und Katholiken stand seit dem 10. Mai 1921 ein Mann des Zentrums: Joseph Wirth, 1879 in Freiburg im Breisgau geboren und von Hause aus Gymnasiallehrer für Mathematik, war von November 1918 bis März 1920 badischer Finanzminister gewesen und hatte danach das Reichfinanzministerium übernommen, an dessen Spitze er zunächst auch als Reichskanzler blieb. Wirth verstand also einiges von der schwierigen Materie. Der begabte Redner verband einen emphatischen Nationalismus mit einem vorbehaltlosen Bekenntnis zur Republik.

Natürlich wusste der Reichskanzler um das hohe innenpolitische Risiko, das er und seine Regierung mit dieser «Erfüllungspolitik» eingingen. Denn so firmierte alsbald die Strategie, den Forderungen der Alliierten pünktlich und uneingeschränkt nachzukommen und damit gerade die engen Grenzen der deutschen Leistungs- und Zahlungsfähigkeit zu demonstrieren. Die Kosten waren hoch – für die deutsche Politik insgesamt, aber auch für einige der Verantwortlichen.

So für Walther Rathenau. Der gebürtige Berliner jüdischer Abkunft, Jahrgang 1867, hatte viele Jahre im Vorstand des von seinem Vater gegründeten Elektrokonzerns AEG gesessen und war nach Ausbruch des Krieges einer der wichtigsten Organisatoren der deutschen Kriegswirtschaft gewesen. Nach der Katastrophe trat er der neu gegründeten linksliberalen DDP, der Deutschen Demokratischen Partei, bei. Seit er dem Kabinett Wirth zunächst als Wiederaufbau-, dann als Außenminister angehörte, stand Rathenau im Zentrum der Hasstiraden zahlreicher Gegner einer auch noch so vorsichtigen Politik des Ausgleichs mit den kompromisslosen Westmächten. Als er am 24. Juni 1922 während der Fahrt ins Auswärtige Amt auf offener Straße ermordet wurde, ließen die Attentäter, Angehörige einer rechten Geheimorganisation, Rathenau die Rechnung für eine Politik zahlen, die aus ihrer Sicht auf ganzer Linie gescheitert war.

Denn nicht einmal in den wenigen Fällen, in denen die Deutschen überhaupt gefragt wurden, konnten sie ihre Interessen durchsetzen – etwa bei den Gebietsabtretungen. Ausnahmen bestätigten die Regel. So blieb das südliche Ostpreußen, wo sich im Sommer 1920 mehr als 90 Prozent der Bevölkerung für diese Lösung aussprachen, bei Deutschland. Anders in den Fällen Nordschleswig, dessen nördlicher Teil an Dänemark fiel, und Eupen-Malmedy, das an Belgien ging. Im ersten Fall wurde das problematische Blockprinzip angewandt, im zweiten handelte es sich um eine Scheinabstimmung.

Ganz und gar unakzeptabel waren die Vorgänge in der industriell wichtigen Region Oberschlesien, aus der etwa ein Viertel der deutschen Kohleproduktion kam. Zwar ging die in Artikel 88 des Versailler Vertrages vorgesehene Volksabstimmung am 20. März 1921 mit 60 Prozent zugunsten Deutschlands aus, doch mochten sich weder die Franzosen, die den Leiter der Interalliierten Regierungs- und Abstimmungskommission stellten, noch die Polen damit abfinden. Und so schlugen Letztere, von den französischen Partnern ermutigt, unter einem fadenscheinigen Vorwand los und eröffneten einen von beiden Seiten brutal geführten Konflikt, in dessen Verlauf es unter anderem zur symbolträchtigen Rückeroberung des Annaberges durch ein bayerisches Freikorps kam. Der Schiedsspruch des Völkerbundes, der den erschöpften Parteien Mitte Oktober 1921 ultimativ unterbreitet wurde, ließ zwar gut 70 Prozent des Abstimmungsgebietes bei Deutschland, doch fielen mit dem kleineren Teil mehr als zwei Drittel der Industrieanlagen und drei Viertel der Kohlegruben an Polen.

Das war Wasser auf die Mühlen jener, die in der Erfüllungspolitik eine Bankrotterklärung, gewissermaßen eine zweite Kapitulation vor den Alliierten sahen. Zugleich war es eine Abfuhr für Kanzler Wirth und seinen Minister Rathenau, der in diesen Tagen das Auswärtige Amt bezogen hatte. Vehement sprach sich der Außenminister im Mai 1921 auf einer Protestversammlung gegen die «Vergewaltigung» Oberschlesiens aus und stellte den Beschluss des Völkerbundes in eine Reihe mit dem Versailler Vertrag und dem Londoner Ultimatum.[10] Keine Frage, Deutschland befand sich in einem Existenzkampf, im «Niederbruch», wie Rathenau Ende März 1922 vor dem Reichstag bilanzierte.[11] Gab es eine Perspektive? Einen Ausweg?

Es gab ihn, er lag im Osten. Das hatte Lenin richtig gesehen. Und so kam es, wie es bei einer umsichtigeren Politik der Westmächte nicht hätte kommen müssen, es wurden Weichen für eine Entwicklung gestellt, von deren verheerenden Folgen schließlich auch sie eingeholt wurden. Isoliert, wie Deutschland und Sowjetrussland als Folge des Krieges und der Nachkriegspolitik der Alliierten waren, begannen sie, sich zu fixieren und nach gemeinsamen Interessen Ausschau zu halten. Zehn Jahre, nachdem man auf beiden Seiten zu dem Schluss gekommen war, dass der Krieg unvermeidbar sei, reifte in Berlin und Moskau, der neuen Hauptstadt Sowjetrusslands, die Erkenntnis, dass es auf absehbare Zeit keine Alternative zu einer gemeinsamen Gestaltung der Nachkriegsordnung geben könne. Das hatte durchaus eine revolutionäre Qualität.

Wäre es nach den Russen gegangen, hätte man sich schon in Berlin geeinigt. Dort nämlich machte die sowjetische Delegation unter Leitung des Volkskommissars für Äußeres Tschitscherin Anfang April 1922 Station, bevor sie zur Wirtschaftskonferenz nach Genua weiterreiste. In Moskau war man nämlich zu der Überzeugung gelangt, dass es das Beste sei, sich weiter auf Deutschland zuzubewegen, diplomatische Beziehungen aufzunehmen, die noch offenen Fragen aus der Kriegs- und Vorkriegszeit umfassend zu klären und damit auf dem bereits eingeschlagenen Weg konsequent voranzuschreiten. Schon Mitte April 1920 hatten sich beide Seiten über die Rückführung ihrer Kriegs- und Zivilgefangenen geeinigt; und am 6. Mai 1921 war ein vorläufiges Abkommen über die Rechtsstellung ihrer jeweiligen Staatsangehörigen und den Aufbau von Handelsvertretungen mit diplomatischen Rechten geschlossen worden. Was also lag näher, als das Provisorium in eine definitive Regelung zu überführen und dabei auszubauen? Immerhin war ein entsprechender Vertrag im Januar 1922 fast unterschriftsreif. Aber es gab Bedenken – auf deutscher Seite.

Vor allem Walther Rathenau wollte abwarten, welche Ergebnisse die große Zusammenkunft in Genua bringen würde. Außerdem setzte der Außenminister, ähnlich wie auch der britische Premierminister David Lloyd George, auf ein internationales Konsortium, das den Wiederaufbau Russlands im Lichte der allgemeinen wirtschaftlichen Situation Europas betrachten und betreiben sollte. In Genua wurden er und die hochrangige deutsche Delegation unter Leitung von Reichskanzler Joseph Wirth eines Besseren belehrt. Den Sowjets ging es nicht anders. Gut 30 Staaten hatten ihre Vertreter auf die Konferenz in die italienische Hafenstadt entsandt, um über Fragen der Weltwirtschaft, darunter das Reparationsproblem und ein internationales Konsortium für den wirtschaftlichen Wiederaufbau Russlands, zu sprechen.

An ebendiesen Themen scheiterte die Versammlung. Weder konnten sich die Sowjets auf die zahlreichen Bedingungen einlassen, die der Westen an Kreditzusagen knüpfte, noch war Frankreich zu einer angemessenen Erörterung der Reparationsfrage bereit. In Paris gab seit Januar wieder einmal Raymond Poincaré als Ministerpräsident den Ton vor. Der 1860 geborene Jurist und Literat hatte seit Mitte der neunziger Jahre des 19. Jahrhunderts als Finanz- und Außenminister, Ministerpräsident und Präsident der Republik reiche Erfahrung mit Deutschland gesammelt und galt als entschiedener Verfechter einer kompromisslosen Politik gegenüber dem östlichen Nachbarn.

So kam es, für die allermeisten Beobachter gänzlich unerwartet, am Rande der Konferenz von Genua zu einem «Jahrhundertereignis», jenem «Erdstoß, der die ganze internationale Landschaft veränderte».[12] Vorbereitet wurde er auf einer Sitzung, die in der Nacht vom 15. auf den 16. April 1922 im Hotel der deutschen Delegation einberufen wurde und daher als «Pyjamakonferenz» in die Geschichte eingegangen ist. Initiator der improvisierten Zusammenkunft war Adolf Georg Otto von Maltzan, Freiherr zu Wartenberg und Penzlin, der Leiter der Ostabteilung des Auswärtigen Amtes. Diese wiederum war, wie die übrigen Regionalreferate des Amtes auch, erst jüngst eingerichtet worden, und zwar als Ergebnis jener Reformen, die in den Jahren 1917 bis 1920 durchgeführt und bis 1936 größtenteils wieder rückgängig gemacht wurden. Mit der Aufhebung der Trennung von diplomatischer und konsularischer Karriere, der stärkeren Gewichtung von Wirtschaftsfragen, aber auch der Ausweitung der technischen Dienste und einer neuen Ausbildungs- und Prüfungsordnung wollte Edmund Schüler, der Vater dieser Reformen, den Auswärtigen Dienst schon während des Krieges auf eine neue Zeit einstellen.

Maltzan also, durch einen Anruf Tschitscherins aus dem Bett geholt, ergriff in dieser Nacht die Initiative und brachte, energisch unterstützt von Wirth, schließlich auch den immer noch zögerlichen Rathenau dahin, jetzt mit den Russen abzuschließen. Diese Entscheidung war mithin nicht zuletzt ein mittelbares Ergebnis der alliierten, vor allem der französischen Blockadepolitik auf der Genueser Konferenz, aber wohl auch eine Reaktion auf Gerüchte, wonach eine Einigung der Sowjets mit den Westmächten nicht mehr auszuschließen sei. Also setzte man sich baldmöglichst mit

Tschitscherin und den Seinen in Rapallo, einer Hafenstadt unweit von Genua, an einen Tisch und unterzeichnete noch am selben Tag, es war der 16. April 1922, die nach dem Tagungsort benannte Übereinkunft.

Um kaum einen zweiten Vertrag haben sich solche Mythen gerankt wie um den deutsch-sowjetischen von Rapallo. Dabei handelte es sich bei dem äußerst knappen, gerade einmal sechs Artikel umfassenden Dokument um eine pragmatische Abwicklung jener Probleme, die der Krieg im deutsch-russischen Verhältnis aufgeworfen hatte. Neben der Wiederaufnahme der diplomatischen und konsularischen Beziehungen, die Berlin am 5. November 1918 aus Protest gegen die sowjetische Unterstützung deutscher Revolutionäre abgebrochen hatte, wurden unter anderem die Meistbegünstigung im Handel und vor allem der gegenseitige Verzicht «auf den Ersatz ihrer Kriegskosten sowie auf den Ersatz der Kriegsschäden» vereinbart.[13]

Für Deutschland, das seinerseits auf sämtliche Vorkriegsansprüche verzichtete, hieß das nichts anderes, als dass Russland nicht von seinem in Artikel 116 des Versailler Vertrages verbrieften Recht auf Wiedergutmachung Gebrauch machte. Dies wurde in einem geheimen Notenwechsel für den Fall relativiert, dass sich die Sowjets gegenüber dritten Staaten doch noch zur Erstattung von Vorkriegsansprüchen durchringen sollten. Eine bestimmte Laufzeit hatte der Vertrag übrigens nicht, nicht einmal eine Kündigungsklausel; allerdings dürfte er seine Wirksamkeit spätestens am 22. Juni 1941, dem Tag des deutschen Überfalls auf die Sowjetunion, verloren haben.

Was ist in England oder Frankreich, wo man vom deutsch-sowjetischen Zusammengehen begreiflicherweise wenig begeistert war, nicht hinter dem Vertrag vermutet worden. Von einer geheimen Abmachung über die Aufteilung Polens bis hin zu einem Militärbündnis wurde alles für möglich gehalten, und wäre es nach den deutschen Militärs gegangen, hätte sich also Hans von Seeckt, seit 1920 Chef der Heeresleitung, durchgesetzt, wäre es auch dahin gekommen. So aber mussten sich Deutsche und Sowjets mit einer geheimen militärischen Zusammenarbeit begnügen, die schon vor

 Rapallo eingefädelt worden war und im Laufe des Sommers 1922 vereinbart wurde.

Sie verschaffte der Roten Armee den Zugang zu moderner Waffentechnik und eröffnete der Reichswehr die Chance, unter Umgehung des Versailler Vertrages die Offiziersausbildung zu intensivieren und den Grundstein für den Aufbau einer eigenen Luft- und Panzerwaffe zu legen. So gesehen ist die «deutsche Wehrmacht, die Sowjetrussland im Jahre 1941 fast den Garaus machte, ... in ihren entscheidenden Teilen in den Jahren 1922 bis 1933 in Sowjetrußland herangezüchtet worden».[14] Dass ihr das nicht gelang, verdankte die Rote Armee wiederum nicht zuletzt der Aufbauhilfe, die sie in den zwanziger und dreißiger Jahren durch die Reichswehr erhalten hatte. Das alles wusste man bei Abschluss des Rapallo-Vertrages im Westen noch nicht. Die geheime militärische Kooperation wurde erst Ende 1926 durch eine englische Zeitung bekannt.

Dennoch rief die öffentliche Dokumentation der «Schicksalsgemeinschaft», von der Karl Radek, Mitglied des Exekutivkomitees der Kommunistischen Internationale, Ende Januar 1922 in Berlin gesprochen hatte,[15] in London, vor allem aber in Paris, erhebliche Irritationen hervor. Das lag am Überraschungseffekt der Aktion, aber auch an ihrem Präzedenzcharakter. Mit Deutschland hatte einer der wichtigsten Gläubiger Russlands auf seine Vorkriegsansprüche verzichtet. Die Hoffnungen der übrigen Gläubiger, der Engländer und Kanadier, der Norweger und Niederländer, der Schweden oder der Dänen, ihr Geld jemals wiederzusehen, schwanden damit rapide. Das galt natürlich auch für die Franzosen und war in diesem Falle besonders schmerzhaft: Fast anderthalb Millionen von ihnen hatten vor dem Krieg russische Anleihen gezeichnet, um ihr Geld sicher anzulegen, aber eben auch um dem Verbündeten in der erwarteten Auseinandersetzung mit Deutschland den Rücken zu stärken. Immerhin rund zehn Milliarden Gold-Francs waren so nach Russland geflossen und mussten jetzt wohl abgeschrieben werden.

Damit nicht genug, hatte mit dem Deutschen Reich auch die erste Großmacht das bolschewistische Regime diplomatisch anerkannt. Kein Wunder, dass die anderen wenig später folgen mussten: Großbritannien, Italien und Frankreich 1924, Japan im Jahr darauf. Und schließlich wusste man nirgends besser als in Frankreich, welche Vorteile der Vertrag dem Reich bot. Er führte die deutsche Politik ein gutes Stück aus der internationalen Isolierung und erhöhte ihre Handlungsfreiheit auch gegenüber den Westmächten. Immerhin hatte sich Deutschland mit Frankreichs altem Allianzpartner zusammengetan. Das war bedenklich, wenn nicht auf Dauer sogar gefährlich.

Entsprechend hart und kompromisslos fiel Poincarés Reaktion aus. Sein Entschluss zu handeln stand seit jenen Apriltagen des Jahres 1922 fest. Was er noch brauchte, waren Anlässe, Vorwände und Partner. Die Anlässe lieferte die deutsche Politik. Als die Regierung Wirth, im Juli 1922 beginnend, signalisierte, dass die Erfüllungspolitik das Reich an den Rand der Zahlungsunfähigkeit bringe, und um ein Moratorium, also eine Atempause, ersuchte, wurde das in Paris nicht als Ergebnis verzweifelten Mühens interpretiert, sondern als Ausdruck von Obstruktion. Daher wirkte der Rücktritt Wirths Mitte November 1922 wie ein Eingeständnis; daher hatte auch sein Nachfolger, der parteilose Generaldirektor der Hamburg-Amerika-Linie HAPAG, Wilhelm Cuno, nie eine wirkliche Chance, durch eine konstruktive Politik französischen Vorwänden für drastische Maßnahmen den Wind aus den Segeln zu nehmen. In Belgien und Italien fand Poincaré die Partner, sie umzusetzen.

Nachdem die alliierte Reparationskommission unvollständige deutsche Holz- und Kohlelieferungen als absichtliche Verfehlungen deklariert hatte, marschierten seit dem 11. Januar 1923 französische und belgische Truppen ins Ruhrgebiet ein. Die schließlich 100 000 Soldaten sollten eine zivile Ingenieurskommission, darunter auch einige Italiener, schützen, die mit der Überprüfung der Lieferungen beauftragt war. Jedes Kind konnte sehen, dass es sich dabei um einen Vorwand handelte, dass es hier um knallharte Machtpolitik ging. Ganz offensichtlich wollten die Franzosen, allen voran Poincaré, der neuen deutschen Ostpolitik etwas entgegensetzen, wollten sich mit dem Zugriff auf das Ruhrgebiet etwas von dem holen, was ihnen 1919 in Paris entgangen war.

In den Reihen der Alliierten stieß die Aktion keineswegs auf ungeteilte Zustimmung. Die Vereinigten Staaten zogen ihr letztes Besatzungskontingent aus dem Rheinland ab, und die britische Regierung machte, auch öffentlich, aus ihrer Ablehnung der französischen Offensive keinen Hehl. Doch den Deutschen nutzte das wenig. Ihnen blieb nur ein Mittel der Reaktion, der passive Widerstand gegenüber den Besatzern, und der kostete Nerven, Devisen und nicht zuletzt wirtschaftliche, finanzielle und politische Stabilität.

Im Frühjahr und Sommer 1923 stand Deutschland vor dem Zusammenbruch. Mitte November 1923 waren ein amerikanischer Dollar 4,2 Billionen Papiermark und eine Goldmark eine Billion Papiermark wert; bis Mitte September hatte die Staatskasse an die Boykottierenden Unterstützungsgelder in Höhe von 3,5 Billiarden Papiermark ausgezahlt; und die knappen Devisen gingen nicht zuletzt in den Kauf ausländischer Kohle, um die versiegten Lieferungen von der Ruhr zu ersetzen. Nicht minder gravierend war, dass mit dem Ruin von Wirtschaft und Finanzen auch das Ansehen der deutschen Politik verfiel, im Inland wie im Ausland. Abhilfe tat not. Gefragt war eine Persönlichkeit, die wirtschaftlichen Sachverstand mit politischer Weitsicht verband.

So gesehen war Gustav Stresemann für den Posten des Außenministers geradezu prädestiniert, obgleich ihn seine berufliche und politische Karriere zunächst in andere Richtungen geführt hatte. Im Mai 1878, wenige Wochen vor Beginn des Berliner Kongresses, in der Hauptstadt geboren, war er zunächst seinen Neigungen gefolgt, hatte dann aber doch das Studium der Geschichte und Germanistik an den Nagel gehängt und sich der Nationalökonomie gewidmet. Kaum promoviert, zog es ihn in die Wirtschaft, seit 1902 auch in die organisierte Interessenvertretung der Industrie, vor allem als Syndikus des Verbandes Sächsischer Industrieller. Seine politische Heimat fand Stresemann bei den Nationalliberalen, die er seit 1907, von einer zweijährigen Unterbrechung abgesehen, im Reichstag vertrat, seit 1917 als ihr Fraktionsvorsitzender.

Während des Krieges bezog Stresemann in jeder Hinsicht unzweideutig Position. Weitgehende annexionistische Pläne und eine durchgreifende Parlamentarisierung des Reiches schlossen sich für ihn nicht aus. Sie waren dann aber für die nach dem Krieg gegründete linksliberale DDP, die Deutsche Demokratische Partei, ein entscheidender Grund, ihn nicht in ihren Reihen sehen zu wollen. So wurde Gustav Stresemann zur führenden, bis zuletzt auch integrierenden Figur der DVP, der Deutschen Volkspartei, und zum ersten und einzigen Reichskanzler, den die rechtsliberale Partei stellte. Bis zum 23. November 1923, also 100 Tage, amtierte er als Reichskanzler und in Personalunion zugleich als Außenminister. Dann zerbrach mit dem Rückzug der Sozialdemokraten endgültig jene «Große Koalition», der nicht nur die Parteien der ersten Stunde – der so genannten Weimarer Koalition aus SPD, DDP und Zentrum – angehörten, sondern auch Stresemanns DVP.

Dass er im Kabinett blieb, dass Gustav Stresemann den folgenden sieben Regierungen unter den Kanzlern Wilhelm Marx, Hans Luther und Hermann Müller als Außenminister angehörte, war auch Ausdruck der hohen, parteiübergreifenden Reputation, die er sich während der außerordentlich schwierigen Kanzlermonate erworben hatte. Sie setzte er in den kommenden Jahren – im wahrsten Sinne des Wortes bis zu völligen Erschöpfung – auch ein, um das Deutsche Reich unter den europäischen Großmächten wieder salon- und damit konkurrenzfähig zu machen. Stresemann stand dabei nicht allein, sondern konnte sich im Amt auf einen Kreis erfahrener, loyaler Mitarbeiter stützen, allen voran auf Staatssekretär Carl von Schubert.

Es ist kein Zufall, dass die Behörde in diesen Jahren einen Einfluss auf die Gestaltung der deutschen Außenpolitik nehmen konnte wie selten zuvor und kaum einmal danach. Offensichtlich ist das in der langen Geschichte des Auswärtigen Amtes immer dann der Fall gewesen, wenn die Männer an seiner Spitze ein entsprechendes Format hatten. Das galt während des Kaiserreichs für Bernhard von Bülow, was auch immer sonst über ihn zu sagen ist, seit der Wiedereinrichtung des Amtes 1951 vor allem für Konrad

 Adenauer, der als Bundeskanzler bis 1955 zugleich an der Spitze der Behörde stand, Gerhard Schröder, den Außenminister der Jahre 1961 bis 1966, und seinen Nachfolger Willy Brandt, der das Amt von 1966 bis 1969 leitete. Kein Wunder, dass sie alle das Zeug zum Reichs- beziehungsweise Bundeskanzler hatten und es auch einmal gewesen sind – von Schröder abgesehen, der allerdings dafür im Gespräch war.

Wenn man seit der Amtsübernahme durch Gustav Stresemann auch nicht von einem ausformulierten, unter den gegebenen Umständen wohl auch kaum souverän formulierbaren außenpolitischen Konzept sprechen kann, lässt sich doch die Zielsetzung eindeutig bestimmen: Deutschland so bald als möglich wieder in den Rang einer vollgültigen, gleichrangigen Großmacht zu führen, galt Stresemann schon deshalb als ausgemacht, weil er das Reich nur so auf Dauer für überlebensfähig hielt. Das war die Lehre, die man aus Kriegsausbruch und Kriegsverlauf zu ziehen hatte, und so gesehen ist Stresemann einer aus jener Zeit stammenden Grundüberzeugung treu geblieben.

Dass die alten Mittel ungeeignet waren, dieses Ziel zu erreichen und dauerhaft zu sichern, weil die «Macht, die Kriege führen kann»,[16] nicht mehr zur Verfügung stand, schien offenkundig; und dass die neue republikanische Staatsform die Grundlage bildete, auf der man sich fortan bewegen musste, galt es zu akzeptieren. Dafür sprach die Vernunft, nicht das Herz. Wie überhaupt die Wahl der Methoden, der Prioritäten oder auch der politischen Partner keine Herzensangelegenheit war, sondern das Ergebnis kühler Kalkulation. Nicht weil Stresemann besondere Gefühle für Frankreich entwickelt hätte, wurde der westliche Nachbar zum bevorzugten Partner seiner Außenpolitik, sondern weil kein Weg an Paris vorbeiführte. Wenn auch die Formel vom «Wandel durch Annäherung» durch den nachmaligen Regierenden Bürgermeister von Berlin, Willy Brandt, und seinen Pressesprecher Egon Bahr erdacht worden ist[17] und somit einer anderen Zeit entstammt, ist doch der Grundgedanke der gleiche: Dem Nachbarn die Angst vor Deutschland zu nehmen und ihn so zu einer Änderung seiner Haltung zu bewegen, galt sowohl den Vertretern einer neuen Westpolitik in den zwanziger Jahren als auch den Vorreitern einer neuen Ostpolitik vier Jahrzehnte später als vorrangiges Ziel.

Dass kein Weg an Frankreich vorbeiführte, hatte die Liquidation des Ruhrkampfes gezeigt, die erste große Tat, die Stresemann, noch als Reichskanzler, vollbringen musste und mit der er das Fundament seiner Außenpolitik legte. Poincaré ließ ihm nicht einmal die Chance, das Gesicht zu wahren, und so blieb dem Reichspräsidenten Ebert und dem Kabinett unter Führung Stresemanns Ende September 1923 nur der dramatische Appell an das eigene Volk, dass bei einer Fortsetzung des passiven Widerstandes «die Schaffung einer geordneten Währung, die Aufrechterhaltung des Wirtschaftslebens und damit die Sicherung der nackten Existenz» unmöglich seien.[18] Die Kosten waren hoch. Im Rheinland und in der Pfalz erhielten separatistische Strömungen zeitweilig bedenklichen Auftrieb. In Sachsen und Thüringen versuchten die Kommunisten von der allgemeinen Erregung zu profitieren. Und in München sah zum ersten Mal Adolf Hitler eine Chance, aus gravierenden wirtschaftlichen Problemen und verbreitetem politischen Unbehagen Kapital zu schlagen.

Dass die Rechnung für Stresemann schließlich aufging, dass die Beendigung des Ruhrkampfes, die Konsolidierung der Währung und die Überwindung der Inflation das solide Erbe bildeten, das der Reichskanzler dem Außenminister übergeben konnte, war nicht vorherzusehen. So aber konnte Stresemann genau dort ansetzen, wo er ohnehin den eigentlichen und vorerst einzigen Ansatzpunkt für die Rekonstruktion der deutschen Großmacht sah, auf dem Gebiet der Wirtschafts-, Handels- und Finanzpolitik, der «einzige[n] große[n] Waffe»,[19] die man nach seiner Einschätzung noch besaß. Eine besondere Bedeutung maßen der Außenminister wie auch sein Amt dabei den Vereinigten Staaten zu. Wohl konnte an deren konsequenter politischer und militärischer Abstinenz in europäischen Angelegenheiten kein Zweifel bestehen. Ebenso wenig ließ sich aber übersehen, dass Washington ein dezidiertes Interesse an der Erholung und Stabilisierung der europäischen Wirtschaft haben musste.

 Davon profitierte Deutschland während der zwanziger Jahre beträchtlich. So waren die USA der erste bedeutende Partner, mit dem schon gegen Jahresende 1923 Verhandlungen über einen Handelsvertrag abgeschlossen werden konnten. Vor allem aber wirkten Amerikaner maßgeblich an der schrittweisen Lösung der leidigen Reparationsfrage mit, und darin wiederum erblickte Gustav Stresemann einen Beleg für seinen «lebenslangen Optimismus» und seine Überzeugung, dass letztlich doch die «menschliche Vernunft» siege.[20] Nicht zufällig verband sich der neue Zahlungsplan, der im Sommer 1924 auf einer Konferenz in London angenommen wurde, mit dem Namen des amerikanischen Bankiers Charles C. Dawes.

Zwar enthielt er immer noch keine Gesamtsumme der zu leistenden Reparationen, wohl aber fixierte der Plan die jährlichen Zahlungen, nämlich zweieinhalb Milliarden Reichsmark, die ab 1929 zu entrichten waren; bis dahin war eine allmähliche Steigerung der Annuitäten vorgesehen. Vor allem aber wurden die Quellen benannt, aus denen das Geld fließen sollte, darunter auch Belastungen der Reichsbahn, die deshalb in eine Aktiengesellschaft umgewandelt werden musste. Das machte übrigens im Reichstag eine Zweidrittelmehrheit und damit die Zustimmung der konservativen DNVP, der Deutschnationalen Volkspartei, notwendig, die zu diesem Zeitpunkt die zweitstärkste Fraktion stellte. Stresemann gelang es, etwa die Hälfte ihrer Abgeordneten für die Sache zu gewinnen. Immerhin stand mit der Annahme eine kräftige internationale Finanzspritze in Aussicht.

Aber nicht nur die Deutschen, auch die Franzosen mussten dem Plan zustimmen, und wer weiß, wie die Sache ausgegangen wäre, hätte nicht Anfang Juni 1924 Poincaré seinen Hut nehmen und einer Linksregierung unter Édouard Herriot Platz machen müssen. So herrschte eine Atmosphäre, in der nicht nur der Dawes-Plan die Hürden nehmen und im Oktober 1924 Gespräche über einen deutsch-französischen Handelsvertrag aufgenommen werden konnten, sondern die es Stresemann auch erlaubte, mit einiger Aussicht auf Erfolg sicherheitspolitisch in die Offensive zu gehen.

Der Rückendeckung durch die konservative britische Regierung unter Premierminister Stanley Baldwin und Außenminister Austen Chamberlain, Sohn des vormaligen Kolonialministers, gewiss, schlug Stresemann London und Paris zu Jahresbeginn 1925 Verhandlungen über die Bestätigung des territorialen Besitzstandes und über einen Sicherheitspakt vor. Das Risiko einer Ablehnung lag dann auch weniger bei seinen kommenden Verhandlungspartnern als vielmehr bei der Opposition im Innern, allen voran – aber keineswegs nur – den Konservativen. Dass nach dem Tod Friedrich Eberts am 26. April 1925 auch noch der Weltkriegsgeneral Paul von Hindenburg im zweiten Wahlgang zum Reichspräsidenten gewählt wurde, schien nichts Gutes zu verheißen. Zumal die Franzosen mit klaren Vorstellungen und Forderungen in die Gespräche gingen, zu denen neben dem eigentlichen Thema, also Deutschlands Westgrenze, auch dessen Eintritt in den Völkerbund sowie eine Garantie des Status quo im Osten zählten.

Gemessen daran, war das, was vom 5. bis zum 16. Oktober in Locarno, auf der Schweizer Seite des Lago Maggiore, ausgehandelt und am 1. Dezember 1925 in London unterzeichnet wurde, durchaus beachtlich. Sechs Anlagen waren dem Schlussprotokoll beigegeben, von denen dem ersten, dem so genannte Rhein- oder auch Westpakt, der zugleich ein Nichtangriffs- und ein Beistandspakt war, die größte Bedeutung zukam. Denn hier garantierten Frankreich, Belgien und Deutschland – außerdem Großbritannien und Italien – den territorialen Status quo und die Unverletzlichkeit der Grenzen Deutschlands zu den beiden westlichen Nachbarn, «wie sie durch den in Versailles am 28. Juni 1919 unterzeichneten Friedensvertrag» festgesetzt worden waren, einschließlich des Status der entmilitarisierten Zonen des Rheinlandes.[21]

Die vier Schiedsverträge, die Deutschland mit Belgien und Frankreich sowie mit Polen und der Tschechoslowakei schloss, also die Anlagen B bis E, waren in ihren Bestimmungen identisch, unterschieden sich aber durch ihre Präambeln. Während die Verträge Deutschlands mit Frankreich und Belgien auf den Rheinpakt und die dort bei Vertragsverletzung festgeschriebene Beistandspflicht Bezug nehmen konnten, blieben die Formulierungen in den

Präambeln der Abkommen mit der Tschechoslowakei und Polen in dieser Hinsicht vage. Sicher war davon die Rede, «daß die Rechte eines Staates nur mit seiner Zustimmung geändert werden können»;[22] doch war eine solche Zustimmung ja auch erpressbar oder zu erzwingen, zumal sich der festgelegte Gewaltverzicht, den Gepflogenheiten der Zeit entsprechend, ausdrücklich nur auf die «Anwendung», nicht aber auf die Androhung von Gewalt bezog.

Damit hatte Deutschland in Locarno erfolgreich die von Warschau, Prag und nicht zuletzt von Paris erhobene Forderung abgewehrt, auch die durch den Versailler Vertrag gezogenen Ostgrenzen des Reiches zu garantieren. Und auch in einer weiteren Hinsicht waren die Verträge für die deutsche Außenpolitik ein beachtlicher Erfolg. In der Anlage F, der letzten, legten die fünf Vertragspartner des Reiches den Artikel 16 der Völkerbundsakte dahingehend aus, dass er die Mitglieder «in einem Maße» zur Beteiligung an Sanktionen verpflichte, «das mit seiner militärischen Lage verträglich ist und das seiner geographischen Lage Rechnung trägt».[23] Erstmals hatten einige Alliierte, darunter die Großmächte England, Frankreich und Italien, Rücksicht auf die spezifischen militärischen und geopolitischen Gegebenheiten Deutschlands genommen.

War Locarno also der große Erfolg, als der die Verträge bis heute gelten? Auf der einen Seite gewiss – aus den genannten Gründen, aber auch weil das Ansehen und das politische Gewicht Deutschlands spürbar stiegen. Dass Deutschland auf amerikanische Einladung hin am 17. Dezember 1925 dem so genannten Neunmächtevertrag über China, einem von vier Abkommen der Washingtoner Konferenz von 1921/22, beitreten durfte, war mehr als ein Achtungserfolg. Immerhin ging es hier um die Zukunft einer Region, der schon die Politiker und Strategen des kaiserlichen Deutschland eine große Bedeutung zugemessen hatten. Und dass die deutsche Wirtschaft in der Welt wieder Tritt zu fassen begann, dass alleine 1927 Handelsverträge mit der Türkei, Japan, Jugoslawien und selbst mit Frankreich unter Dach und Fach gebracht werden konnten, hatte natürlich mehr als symbolische Bedeutung.

So unterschiedlich das Gewicht der Partner und damit der Verträge auch war. Während die Deutschen im Falle Frankreichs jahrelang die Drängenden waren, mochten sie zum Beispiel dem türkischen Werben um eine Wiederaufnahme der guten Beziehungen der Vorkriegsjahrzehnte mit Blick auf alliierte Empfindlichkeiten lange nicht nachgeben. Erst nachdem im März 1924 ein Freundschaftsvertrag unterzeichnet worden war, konnte Rudolf Nadolny Anfang Juni, einstweilen nur als Gesandter mit dem persönlichen Rang eines Botschafters, die Geschäfte in «Konstantinopel» übernehmen, wie man die alte Hauptstadt der Türkei im Auswärtigen Amt nach wie vor nannte.

Das war die eine Seite. Aber Locarno hatte auch eine andere. Nicht nur verstärkte die schleppende Konzessionsbereitschaft der Franzosen nach Vertragsabschluss die ohnehin schon beträchtliche Frustration der deutschen Politik. Vielmehr verschlechterte die neue Lage perspektivisch Deutschlands Position, weil sie mittel- und langfristig das Sicherheitsbedürfnis einer ganzen Reihe von Staaten gegenüber Deutschland erhöhte. Das galt für Polen und die Tschechoslowakei; es galt aber auch für die Sowjetunion und nicht zuletzt für Frankreich selbst. So sah man es in Berlin. Aber auch in Paris hatte man Sorgen. Die Franzosen verloren ja mit Locarno nicht nur ihre Interventionsmöglichkeiten in Deutschland – Aktionen wie die Ruhrbesetzung waren fortan ausgeschlossen. Sie kamen auch nicht umhin, über kurz oder lang die entmilitarisierten Zonen des Rheinlandes zu räumen, standen hier sogar insofern unter Zugzwang, als sie Stresemann entgegenkommen mussten, wollten sie nicht riskieren, dass der deutsche Außenminister dem Druck der nationalen Opposition zum Opfer fiel. Ende November 1925 begann nach einigem Zögern die Räumung der Kölner Zone. Vor allem aber stellte sich in Paris die naheliegende Frage, worauf die politischen Energien Deutschlands in Zukunft gerichtet sein würden. Würde sich Berlin, im Westen entlastet, nicht bald auf Polen, vielleicht auch auf Österreich, wenn nicht gar auf die Tschechoslowakei konzentrieren? Und was würde geschehen, wenn sich ein dadurch – vielleicht mit sowjetischer Hilfe – erstarkendes Reich wieder mit Frankreich beschäftigen könnte? So gingen die Franzosen in die Defensive, gruben sich ein: politisch, mental und militärisch. Die seit 1929 errichtete so genannte Maginot-

 Linie, ein Gürtel aus Verteidigungsanlagen und Festungswerken, sollte vor einem deutschen Angriff schützen. Beistandspakte mit Polen und der Tschechoslowakei, schon am 16. Oktober 1925, also am Rande von Locarno, geschlossen, sollten sicherstellen, dass sich Deutschland bei Revisionsversuchen im Osten die Zähne ausbiss.

Schließlich hoffte man in Paris auf eine Renaissance der Beziehungen zu Amerika, um die es nicht gerade gut bestellt war. Zum einen steckten die Verhandlungen über die Rückzahlungen der Kriegskredite in der Sackgasse, zum anderen weigerte sich Paris, der Einladung zu einer Konferenz über die Abrüstung zur See zu folgen. In dieser Situation wandte sich Außenminister Aristide Briand am 7. April 1927 aus Anlass des zehnten Jahrestages des amerikanischen Kriegseintritts gegen Deutschland mit dem Vorschlag an das amerikanische Volk, gemeinsam den Krieg als Mittel der Politik zu ächten. Da der Vorschlag über die Presse lanciert worden war, blieb Briands Amtskollegen Frank B. Kellogg kaum etwas anderes übrig, als sich darauf einzulassen. Allerdings ging er seinerseits in die Offensive, regte nicht nur einen multinationalen Vertrag an und nahm diesem damit die von Briand anvisierte Exklusivität, sondern er lehnte auch mit Erfolg die von Frankreich ursprünglich angestrebte Beschränkung des Vertrages auf den Angriffskrieg ab. Am 27. August 1928 kamen in Paris die Vertreter von zunächst 15 Staaten, unter ihnen Kellogg, Briand und Stresemann, zusammen und unterzeichneten den Kriegsächtungspakt.

Zu den Besonderheiten dieses auch «Briand-Kellogg-Pakt» genannten Vertrages gehört, dass ihm Anfang September die Sowjetunion beitrat, ihn sogar am 9. Februar 1929 gemeinsam mit vier ihrer westlichen Nachbarn, darunter Polen, vorzeitig in Kraft setzte. Das trug erheblich dazu bei, dass Japan als Letzter der Erstunterzeichner den Vertrag am 24. Juli 1929 ratifizierte, so dass er in Kraft treten konnte. Bis zum Jahresende 1929 hatten 54 Staaten den gerade auch in Deutschland sehr populären Vertrag unterzeichnet, im Dezember 1938 waren es 63, darunter die Freie Stadt Danzig sowie mit Indien oder Island auch Staaten, die völkerrechtlich noch keine waren.

Der sowjetische Beitritt zum Kriegsächtungspakt war zum einen Ausdruck einer neuen Politik der kollektiven Sicherheit. Sie verbindet sich vor allem mit dem Namen Maxim Maximowitsch Litwinows, eines bolschewistischen Aktivisten der ersten Stunde und führenden sowjetischen Diplomaten, der es im Sommer 1930 zum Außenminister brachte. Zum anderen lag dieser Schritt ganz in der Logik der sowjetischen Deutschlandpolitik. In Moskau nämlich hatte man die Westwendung des Rapallo-Partners mit einer Mischung aus Erstaunen und Besorgnis verfolgt. Was hatten das Arrangement mit den Westmächten in der Reparationsfrage, der sicherheitspolitische Schulterschluss von Locarno, vor allem aber der deutsche Beitritt zum Völkerbund zu bedeuten?

Gewiss, die Aufnahme Deutschlands in den Völkerbund verzögerte sich, weil vor allem Polen, darin zunächst hinter den Kulissen von Frankreich unterstützt, einen ständigen Sitz im Völkerbundsrat anstrebte und auch Brasilien und Spanien anfänglich gegen die Aufnahme Deutschlands stimmten. Aber dann konnten diese Hindernisse doch genommen werden, weil zum einen Schweden zugunsten Deutschlands auf seinen Sitz im Völkerbundsrat verzichtete und weil zum anderen die Völkerbundsversammlung unmittelbar nach Aufnahme Deutschlands am 8. September 1926 Polen zum nichtständigen Mitglied des Rates wählte und zugleich erklärte, dass es wiederwählbar sei. Damit war in Genf die Kuh vom Eis.

In Moskau hingegen verdüsterte sich der Himmel. Denn als Mitglied des Völkerbundes war das Deutsche Reich fortan Teilnehmer eines westlichen, aus sowjetischer Sicht antibolschewistischen Unternehmens und grundsätzlich an dessen Sanktionsmechanismen beteiligt. Dass Stresemann zudem in seiner viel gelobten Rede anlässlich der Aufnahme Deutschlands in den Völkerbund klarstellte, nunmehr mit Hilfe der Genfer Organisation an der Revision des Versailler Vertrages arbeiten zu wollen, konnte man auch als Absage an eine entsprechende Kooperation mit der Sowjetunion lesen, auf die man dort seit einiger Zeit setzte.

Die Sowjets hatten nämlich letzthin versucht, die Deutschen durch attraktive Angebote von einer engeren Bindung an den Westen abzuhalten. War schon Alexej Iwanowitsch Rykow, seit Anfang Februar 1924 Nachfolger Lenins als Vorsitzender des Rats der Volkskommissare, wenige Wochen nach seinem Amtsantritt so weit gegangen, gegenüber Berlin die Möglichkeit eines Militärbündnisses anzudeuten, hatte sich Außenkommissar Tschitscherin unmittelbar vor dessen Abreise nach Locarno zu einem Blitzbesuch bei Stresemann eingefunden, um ihn vielleicht doch noch eines Besseren zu belehren. In Berlin aber war man begreiflicherweise nicht bereit gewesen, die neue Handlungsfreiheit gegenüber West und Ost durch eine enge einseitige Bindung an Moskau sogleich wieder in Frage zu stellen.

Schließlich hatte man einen Kompromiss gefunden, mit dem beide Seiten einstweilen leben konnten. Der am 24. April 1926 in Berlin unterzeichnete deutsch-sowjetische Vertrag stellte Neutralität für den Fall in Aussicht, dass einer von beiden von dritter Seite angegriffen werden sollte, und zwar «trotz friedlichen Verhaltens».[24] Diese Formel war im Auswärtigen Amt erdacht worden, weil man den Sowjets nicht die ursprünglich gewünschte uneingeschränkte Neutralität zugestehen wollte und diese sich nicht auf die ansonsten übliche Formulierung «unprovoziert» einlassen mochten. Ein sich anschließender Noten- und Telegrammwechsel zwischen Stresemann und Tschitscherin stellte sicher, dass Deutschland einer «einseitig» gegen die UdSSR gerichteten Völkerbundspolitik «entgegenwirken» würde.[25]

Schon mancher Zeitgenosse hat in dem Vertragswerk eine modernisierte Variante von Bismarcks später Rückversicherungspolitik gesehen. Das trifft so nicht zu. Denn zum einen hatte die deutsch-sowjetische Zusammenarbeit der zwanziger Jahre auch eine wirtschaftliche Dimension; bereits Mitte Oktober 1925 war es zum Abschluss eines Handelsvertrages gekommen. Zum anderen hielten sich Moskau wie Berlin mit dem Vertrag die Tür zu einer gemeinsamen Revision des territorialen Status quo offen. Wenn davon auch nicht öffentlich die Rede war, blieb die «Korrektur der Ostgrenzen», also «die Wiedergewinnung von Danzig, vom polnischen Korridor und eine Korrektur der Grenze in Oberschlesien»,[26] ein Ziel deutscher Revisionspolitik. Das jedenfalls schrieb

Stresemann im September 1925 an Kronprinz Wilhelm, den ältesten Sohn des letzten deutschen Kaisers.

Vorerst war daran freilich nicht zu denken, fehlte es doch an der «Macht, die Kriege führen kann». Ganz im Gegenteil standen Kooperation und friedlicher Ausgleich auf der Tagesordnung. So widerstand man in Berlin zum Beispiel den italienischen Lockungen, sich 1926/27 an der offensiven Albanien- und Jugoslawienpolitik Roms zu beteiligen. Dass Deutschland am 23. September 1927 die so genannte Fakultativklausel zum Ständigen Internationalen Gerichtshof in Den Haag unterzeichnete und sich damit verpflichtete, alle Streitigkeiten mit einem anderen Unterzeichner dem Urteil des Gerichts zu unterwerfen, war allerdings auch taktisch motiviert. So ließ sich dem polnischen Vorschlag eines Nichtangriffsvertrags der Wind aus den Segeln nehmen.

Demonstrativ blieb die deutsche Außenpolitik in diesen und anderen Fragen an der Seite des Westens, intensivierte sogar die Zusammenarbeit insbesondere mit Frankreich. So wurde von den beiden Ländern, gemeinsam mit Belgien und Luxemburg, Ende September 1926 die Internationale Rohstahlgemeinschaft zur Eindämmung von Überkapazitäten ins Leben gerufen, und Mitte August 1927 kam, wie gesehen, nach dreijährigen Verhandlungen endlich auch der Handelsvertrag unter Dach und Fach. Mehr war nicht drin, obgleich sich Stresemann und Briand am 17. September 1926 in Thoiry schon grundsätzlich auf eine weitgehende Generallösung der offenen Fragen verständigt hatten: Ein vorzeitiger Verkauf der Reichsbahn- und Industrieobligationen und die Abfindung für die Rückgabe der Kohlegruben an der Saar sollten Gelder in die klammen französischen Kassen spülen, der schwer angeschlagenen französischen Wirtschaft auf die Beine helfen und so in Paris die Bereitschaft zur zügigen Revision des Versailler Vertrages stärken.

Aber dann scheiterte der schöne Plan doch an einer Reihe von Umständen, vor allem aber daran, dass Poincaré seit dem 23. Juli 1926 nicht nur erneut Ministerpräsident, sondern jetzt auch Finanzminister war. Unter solch ungünstigen Umständen rückte das Datum der endgültigen Lösung der Reparationsfrage und mit ihr die Räumung des Rheinlandes näher. Dass dabei beträchtliche Hindernisse zu überwinden waren, hatte zuletzt der überfällige Abzug der Interalliierten Militärkontrollkommission aus Deutschland gezeigt, der schließlich für den 31. Januar 1927 vereinbart wurde. In der Endphase der Verhandlungen hatten britische Zeitungsberichte über die Verbindungen des deutschen Militärs zur Sowjetunion für zusätzliche Irritationen gesorgt. Seit dem Sommer 1927 wurde die Tonlage schärfer, weil die Räumung des Rheinlandes nach Einschätzung des deutschen Botschafters in Paris über die Reparationsfrage «indirekt auch mit dem Problem der interalliierten Schulden» verbunden war,[27] und da standen 1929 alleine für die französischen Zahlungen an die USA rund 400 Millionen US-Dollar zu Buche.

Das wiederum erklärte das amerikanische Interesse an dem Verhandlungskomplex, und so überraschte es nicht, dass der Sachverständigenausschuss, der im Februar 1929 in Paris zusammentrat, erneut einen Amerikaner zum Vorsitzenden wählte. Der Bankier Owen D. Young, der schon im Dawes-Komitee mitgewirkt hatte, und seine Mitstreiter aus Deutschland, Belgien, Frankreich, Großbritannien, Italien und Japan benötigten beinahe vier Monate, bis sie am 7. Juni 1929 ihren Plan vorlegten. Weitere neun Monate – geprägt durch internationale Konferenzen und nationale Turbulenzen, darunter ein gescheiterter deutscher Volksentscheid gegen den Plan – gingen ins Land, bis schließlich auch der Reichstag Mitte März 1930 die Young-Gesetze annahm. Zu diesem Zeitpunkt war Europa bereits von den Auswirkungen der großen Wirtschaftskrise erfasst worden.

Der Young-Plan reduzierte die jährlichen deutschen Zahlungen auf zwei Milliarden Mark, nannte die noch offene Summe, nämlich 122 Milliarden Mark, und fixierte damit die Laufzeit: Weitere 59 Jahre, also bis 1988, hätte Deutschland Reparationen zahlen und damit für die Verantwortung am Ausbruch des Ersten Weltkrieges einstehen müssen. Eine ungeheuere Hypothek auf die Zukunft, die durch eine Reihe alliierter Zugeständnisse zwar erleichtert, aber eben nicht getilgt wurde. Der Vorwurf, «daß das deutsche Volk der Urheber des Krieges sei», lasse «unser Volk nicht zur Ruhe kommen» und störe «das Vertrauen unter den Nationen», hieß es in der Kundgebung des Reichspräsidenten und der Reichsregierung zum zehnten Jahrestag der Unterzeichnung des Versailler Vertrages am 28. Juni 1929.[28]

Zu denen, deren Name unter der Kundgebung stand, gehörte auch Gustav Stresemann. Die für Deutschland positiven Folgewirkungen des Young-Planes, vor allem die vorzeitige Räumung der zweiten und der dritten Zone des Rheinlandes am 30. November 1929 beziehungsweise am 30. Juni 1930, hat der Außenminister allerdings nicht mehr erlebt. Am 3. Oktober 1929 starb der völlig erschöpfte Mann an den Folgen eines Schlaganfalls. Die außenpolitische Bilanz, die er bei seinem frühen Tod hinterließ, war zwiespältig.

Auf der einen Seite war es in mühevoller Kleinarbeit gelungen, eine Reihe von politischen, wirtschaftlichen, auch psychologischen Barrieren aus dem Weg zu räumen. Vor allem hatte das Reich an politischem Gewicht und internationaler Reputation zugelegt. Die fein austarierte Stellung zwischen Ost und West war ein Pfund, mit dem sich in Maßen wuchern ließ; dabei hatte man wichtige Positionen, wie die Offenhaltung der Grenzfrage im Osten, nicht geräumt.

Auf der anderen Seite war das Reich immer noch um einiges von jenem Status der gleichrangigen Großmacht entfernt, den wiederzuerlangen Gustav Stresemann sich zum Ziel gesetzt hatte. In der Reparationsfrage gab es zwar eine Perspektive, aber die war nicht ermutigend, zumal mit den Zahlungen auch die Kriegsschuldfrage auf Generationen festgeschrieben wurde. Militärisch blieb Deutschland im Vergleich zu den europäischen Groß- und Mittelmächten ein Zwerg, und in Verbindung mit dem Verlust beziehungsweise der Entmilitarisierung strategisch wichtiger Gebiete bedeutete das ein hohes Sicherheitsrisiko.

Kein Wunder, dass die Nachfolger Stresemanns eben hier den Hebel ansetzten. Dass sie damit auf ganzer Linie erfolgreich sein würden, stand zum Jahresende 1929 nicht zu erwarten, weil nicht vorhersehbar war, wie weich die Westmächte auf eine deutlich härtere Gangart der deutschen Außenpolitik reagieren würden. Wie hatte Stresemann um jedes Zugeständnis, um jede Geste des Entgegenkommens ringen müssen – und jetzt das.

Die Nachfolger hatten es auch insofern leichter, als sie sich auf einer anderen innenpolitischen Basis bewegen konnten. Nicht mehr eine ständig fragile Mehrheit im Parlament war jetzt maßgeblich, sondern die Rückendeckung durch den Reichspräsidenten. Am 27. März 1930 hatte das Kabinett unter Führung des sozialdemokratischen Reichskanzlers Hermann Müller geschlossen seinen Rücktritt erklärt und damit die Konsequenz aus der Unfähigkeit von Parlament und politischen Parteien zum Kompromiss gezogen. Der Bau eines Panzerkreuzers und die Sanierung der Arbeitslosenversicherung waren die Anlässe, nicht der Grund für das Scheitern des ersten parlamentarischen Systems in Deutschland. Dem Reichspräsidenten und einer einflussreichen Gruppierung aus Politik, Wirtschaft und Gesellschaft kam der Vorgang durchaus gelegen, konnten sie doch nunmehr einen länger gehegten Plan in die Tat umsetzen und der Politik eine Ausrichtung geben, die ihren Interessen Rechnung trug.

Dass die Verfassung den Strippenziehern im Hintergrund, Hindenburgs Staatssekretär Otto Meißner und vor allem dem starken Mann im Reichswehrministerium, Kurt von Schleicher, die Mittel an die Hand gab, ihr Vorhaben gleichsam legal über die Bühne zu bringen, erleichterte die Einrichtung des Präsidialregimes. Denn ebendarum handelte es sich, seit der Zentrumspolitiker Heinrich Brüning am 30. März 1930 durch Hindenburg zum Reichskanzler ernannt worden war.

Der Junggeselle Brüning, 1885 in Münster in Westfalen geboren, war nicht nur mit 44 Jahren ein vergleichsweise junger Reichskanzler, sondern galt in einer Zeit weltwirtschaftlicher Verwerfungen auch als der rechte Mann am rechten Platz. Nach der volkswirtschaftlichen Promotion und der Verwendung als Frontoffizier und Führer einer Maschinengewehrkompagnie im Ersten Weltkrieg hatte Brüning seine berufliche Karriere 1920 als Geschäftsführer der christlich-deutschnationalen Gewerkschaften begonnen. Im Reichstag, in dem er seit 1924 für das Zentrum saß und seit Ende 1929 dessen Fraktion führte, machte er sich bald als Haushaltsexperte einen Namen. Von Beginn seiner Amtszeit als Reichskanzler an war Brüning von der Bereitschaft Hindenburgs abhängig, die

Instrumente der Verfassungsartikel 48 und 25, also Notverordnungen und Reichstagsauflösung, als Druckmittel gegenüber dem Parlament einzusetzen.

Was für die beiden Kabinette Brüning galt, der Ende Mai 1932 zum Rücktritt gezwungen wurde, galt auch für die Regierung seines Nachfolgers Franz von Papen. Wie Brüning Westfale, allerdings sechs Jahre älter als sein Vorgänger, gehörte auch Papen dem Zentrum an, verließ dieses aber einen Tag nach seiner Bestellung zum Reichskanzler am 1. Juni 1932. Zu diesem Zeitpunkt hatte er eine beachtliche Karriere hinter sich – als Generalstabsoffizier, Gutsbesitzer, Vorstandsmitglied mehrerer landwirtschaftlicher Interessenverbände sowie Hauptaktionär des Zentrumsblattes *Germania*.

Dass auch er scheiterte, dass er sich nur fünfeinhalb, sein Nachfolger Kurt von Schleicher nicht einmal zwei Monate im Amt halten konnte, hatte vielfältige Ursachen, nicht zuletzt die desaströse wirtschaftliche und immer stärker auch die tumultuöse politische Entwicklung: Anfang 1932 waren mehr als sechs Millionen Deutsche arbeitslos, fast 40 Prozent des Volksvermögens waren vernichtet, und auf den Straßen lieferten sich die paramilitärisch organisierten Verbände der Nationalsozialisten und der Kommunisten erbitterte Gefechte. Und dann gab es Intrigen. Vor allem Schleicher war – hinter den Kulissen und in Kontakt mit Hitler – maßgeblich am Sturz Brünings und Papens beteiligt. Der wiederum beglich die offene Rechnung, indem er sich Anfang Januar 1933 mit Hitler zusammentat und Hindenburg davon überzeugte, Schleicher fallen zu lassen und Hitler das Kanzleramt anzutragen.

Das war leichter geplant als durchgesetzt, denn was immer man von dem greisen Reichspräsidenten auch sagen musste, ein Freund Hitlers war er nicht. Der «Führer» der NSDAP, der Nationalsozialistischen Deutschen Arbeiterpartei, war in den beiden Wahlgängen vom März und April 1932 als Kandidat für das Amt des Reichspräsidenten gegen ihn angetreten, wenn auch schließlich mit knapp 37 gegen 53 Prozent der Stimmen unterlegen. Am 13. April des Jahres hatte Hindenburg seine Zustimmung zum Verbot von SA und SS, den Kampfverbänden der Nationalsozialisten, gegeben.

Allerdings wusste Adolf Hitler die mit Abstand stärkste Fraktion im Reichstag hinter sich. Gewiss, die NSDAP hatte bei den Wahlen vom 6. November 1932 gegenüber dem Urnengang im Sommer vier Prozent der Stimmen verloren, auch war sie finanziell am Ende, und wir wissen nicht, was ohne Papens konspirative Hilfestellung aus ihr geworden wäre. Aber immerhin stellte sie mit 196 Abgeordneten immer noch 75 mehr als die SPD, die nächststarke Partei, und zudem gelang es Papen, den Reichspräsidenten von seinem so genannten Zähmungskonzept zu überzeugen. Demnach wollte man Hitler in einem konservativ dominierten Kabinett gewissermaßen einrahmen, unter Kontrolle bringen. So sah es dann zunächst auch aus, als die neue Regierung am 30. Januar 1933 vereidigt wurde. Dem Reichskanzler Adolf Hitler und zwei weiteren nationalsozialistischen Kabinettsmitgliedern standen acht konservative Minister gegenüber, darunter der Vizekanzler Franz von Papen.

Schon deshalb wurde der Regierungswechsel von den Zeitgenossen im In- und Ausland zunächst nicht als die Zäsur wahrgenommen, als die sie uns heute, in Kenntnis der weiteren Entwicklung, erscheinen muss, zumal das neue Kabinett scheinbar nahtlos an seine Vorgänger anknüpfte. Das gilt gerade auch für die Außenpolitik. Seit Anfang der dreißiger Jahre gab eine neue Riege von Diplomaten hörbar den Ton an. Zu ihr zählten Bernhard Wilhelm von Bülow, der nach einem Intermezzo als Publizist Anfang 1923 wieder in den Auswärtigen Dienst eingetreten war und seit Juni 1930 als Staatssekretär amtierte, und Konstantin Freiherr von Neurath, der nach dem Krieg zunächst Gesandter in Kopenhagen, danach Botschafter in Rom und London gewesen war, bevor er Anfang Juni 1932 zum Außenminister berufen wurde.

Schon in den letzten Wochen des Jahres 1929 konnte man spüren, dass den auswärtigen Beziehungen die moderierende Direktion abhandengekommen war. Die lautstarke Agitation gegen das Ende Oktober unterzeichnete Liquidationsabkommen mit Polen, mit dem die Übernahme deutschen Eigentums beendet, allerdings auch die Privatforderungen der bereits Liquidierten fallengelassen wurden, vor allem aber gegen den Young-Plan deutete auf eine Zeitenwende. Zwar scheiterte der Volksentscheid gegen den Reparationsplan kurz vor Weihnachten 1929 kläglich. Aber das Zusammengehen von DNVP, Stahlhelm – dem nach Ende des Ersten Weltkrieges gegründeten «Bund deutscher Frontsoldaten» – und NSDAP verschaffte Letzterer das Entree in die Kreise, die Hitler für den Aufstieg brauchte.

Entscheidender aber war, dass auch die amtliche Außenpolitik zunehmend einen Ton anschlug, der sich kaum mehr von dem der populistischen Agitation der ausgehenden zwanziger Jahre unterschied. Etwa bei der Zurückweisung des so genannten Europaplans, den Frankreichs Außenminister Briand am 5. September 1929 erstmals dem Völkerbund vortrug und acht Monate darauf in Form eines ausgearbeiteten Entwurfs für eine «Europäische Konferenz» an seine Mitglieder versandte. Die Forderung nach einem «ersten Bande der Solidarität»[29] und die Mischung aus konkreten wirtschaftlichen und allgemeinen politischen wie ethischen Vorschlägen und Maximen stießen nicht nur, aber vor allem in Deutschland auf Vorbehalte und Widerspruch. Auch Stresemann machte am 9. September 1929 in seiner letzten Rede vor dem Völkerbund, einem in jeder Hinsicht bedeutenden Manifest, keinen Hehl aus seiner Skepsis und seiner anhaltenden Kritik an den politischen und wirtschaftlichen Verhältnissen in Europa, die er einmal mehr dem Versailler Vertrag anlastete.

Seine Nachfolger blieben auf Distanz zu Briands inzwischen konkretisierten Plänen und ließen, jedenfalls intern, keinen Zweifel an ihrer reserviert ablehnenden Haltung. Staatssekretär Bülow sah in dem Ganzen nur einen Vorwand, «uns neue Fesseln anzulegen», Kanzler Brüning empfahl, den Franzosen klarzumachen, dass Deutschland in einer neuen europäischen Ordnung vor allem einen «ausreichenden natürlichen Lebensraum» brauche, und Stresemanns Nachfolger Julius Curtius wollte die deutsche Antwortnote an Briand nicht nur zu einem «Begräbnis erster Klasse», sondern auch zu einer «Plattform» für die weitere Verfolgung der «politischen und wirtschaftlichen Ziele» der deutschen Außenpolitik machen.[30]

Was ihm dabei vorschwebte, zeigte wenig später das Projekt der deutsch-österreichischen Zollunion. Es war zwar nicht von deutscher Seite, sondern Ende Februar 1930 vom österreichischen Bundeskanzler Johannes Schober ins Gespräch gebracht worden, wurde aber in Berlin sogleich aufgegriffen. Vor allem wurde die Idee von Bülow und Curtius als willkommene Gelegenheit genutzt, weit ausgreifende Pläne zu entwickeln: Von einer deutschen Großmachtstellung im Donauraum war jetzt die Rede, aber auch davon, dass sich diese für eine Pressionspolitik gegenüber den größeren Nachbarn in Ost und West nutzen ließe. So könne man Polen, zumal in Kooperation mit den baltischen Staaten, durch Aufbau einer Drohkulisse schrittweise zu einer Revision seiner Westgrenze und Frankreich dahin bringen, «über ähnliche Projekte mit uns zu verhandeln».[31]

Aus der Sache ist dann zwar nichts geworden, weil die Österreicher angesichts des Zusammenbruchs der Creditanstalt, ihrer ältesten und bedeutendsten Großbank, am 11. Mai 1931 den Plan fallen ließen. Zudem entschied der Haager Gerichtshof – im Nachhinein und mit knapper Mehrheit –, dass die Zollunion ohnehin mit bestehenden vertraglichen Verpflichtungen Wiens nicht vereinbar sei. Aber der Schaden war da, und er war immens. Vor allem für die deutsche Politik. Dass Curtius Anfang Oktober 1931 seinen Hut nehmen musste und Kanzler Brüning auch das Amt des Außenministers übernahm, war noch das geringste Übel. Bedenklich war, dass Berlin innerhalb kürzester Zeit den gesamten Kredit der Stresemann-Jahre verspielt hatte, und wir wissen nicht, wie die Geschichte ausgegangen wäre, hätten nicht die weltwirtschaftlichen Erschütterungen zu einer grundlegend neuen Lage und diese wiederum dazu geführt, dass die deutsche Politik gestärkt aus der Krise hervorging.

Bereits am 20. Juni 1931 hatte der amerikanische Präsident Herbert Hoover ein einjähriges Moratorium für alle internationalen Regierungsschulden und Reparationen vorgeschlagen und damit die Konsequenz aus einer dramatischen Entwicklung gezogen. Am 24. Oktober 1929 waren an der New Yorker Wall Street die Aktienkurse eingebrochen. Bis Mitte November sank der Dow-Jones-

Index um fast 50 Prozent gegenüber dem Höchststand vom September, bis Ende Juni 1932 fiel er von ursprünglich 400 auf beinahe 40 Punkte. Die Folgen für die Weltwirtschaft waren entsprechend. Darauf reagierte Präsident Hoover mit seinem Vorschlag zur vorübergehenden Einstellung aller internationalen Zahlungen, der wenige Wochen später umgesetzt wurde.

Mit Deutschland hatte der Vorstoß insofern zu tun, als der Zusammenbruch der österreichischen Creditanstalt auch bei dem großen Nachbarn eine Bankenkrise ausgelöst und damit die besondere Lage des Landes ins Bewusstsein gerufen hatte. Hinzu kamen Schwierigkeiten der Briten und Franzosen, ihre Kriegsschulden zu begleichen, und andere Begleit- und Folgeerscheinungen der Wirtschaftskrise, angesichts derer die Amerikaner zusehends um ihre Kapitalanlagen in Europa fürchteten.

Diese Situation nutzte die Regierung Brüning, um Anfang Januar 1932 öffentlich in die Offensive zu gehen und indirekt die Streichung der Reparationen zu fordern. Tatsächlich verständigten sich am 9. Juli 1932 Deutschland und vierzehn Empfängerländer nach gut dreiwöchigem Ringen in Lausanne darauf, den Young-Plan außer Kraft zu setzen. Deutschland erklärte sich bereit, frühestens nach drei Jahren eine abschließende Zahlung von drei Milliarden Reichsmark zu leisten. Umstritten blieb die Höhe der insgesamt erbrachten Leistungen. Die Reichsregierung veranschlagte sie mit gut 53 Milliarden Goldmark knapp zweieinhalb Mal so hoch wie die Alliierten. Heute geht man von 25 Milliarden aus, davon gut die Hälfte in bar, zuzüglich 14,5 Milliarden an besatzungs- und abrüstungsbedingten Kosten.

Dem standen übrigens seit 1924, also seit Inkrafttreten des Dawes-Plans, Kredite in Höhe von gut 20 Milliarden Reichsmark gegenüber, und die schrieben die Kreditgeber natürlich nicht ab. Nachdem die im Mai 1949 gegründete Bundesrepublik auch wirtschaftlich Tritt gefasst hatte, erklärte sie sich Ende Februar 1953 im so genannten Londoner Schuldenabkommen bereit, die aus den Vorkriegsanleihen noch valutierenden Schulden zu tilgen. Bis Anfang der achtziger Jahre brachte sie dafür insgesamt gut 1,5 Milliarden D-Mark auf. Die Bedienung der Zinsrückstände aus den

Jahren 1945 bis 1952, die in London mit Rücksicht auf die Gebietsverluste Deutschlands und die dadurch bedingte Minderung seiner Wirtschaftskraft bis zu einer Wiedervereinigung zurückgestellt worden waren, nahm die Bundesrepublik 1990 auf. Bis Anfang Oktober 2010 wurden dafür insgesamt 200 Millionen Euro aufgebracht.

So oder so: Lausanne war ein spektakulärer Erfolg für die deutsche Außenpolitik, und er lieferte denen, die ihn so interpretieren wollten, den Beleg, dass die harte, kompromisslose Gangart offenbar in kürzerer Zeit größere Erfolge verbuchen konnte als der auf Ausgleich angelegte Kurs der Ära Stresemann. Allerdings konnte sich Brüning, für den die Reparationsfrage nicht zuletzt ein Instrument zur Sanierung der desolaten Staatsfinanzen gewesen ist, diese Feder nicht mehr an den Hut heften.

Papen wiederum, der in Lausanne die deutsche Unterschrift unter das Dokument gesetzt hatte, war es nicht vergönnt, den wichtigsten außenpolitischen Erfolg seiner eigenen kurzen Kanzlerschaft einzufahren: Am 11. Dezember 1932, knapp vier Wochen nach Papens Sturz, unterzeichnete der seit einem halben Jahr amtierende Außenminister Konstantin Freiherr von Neurath für die Regierung Schleicher in Genf eine Erklärung, in der Großbritannien, Frankreich, Italien sowie indirekt auch die USA dem Deutschen Reich prinzipiell die «Gleichberechtigung» in einem System attestierten, «das allen Nationen Sicherheit bietet». Gleichzeitig erklärte sich Deutschland bereit, «an der Abrüstungskonferenz wieder teilzunehmen».[32]

Das nämlich war geschehen: Am 22. Juli 1932 hatte die deutsche Delegation die Anfang Februar zusammengetretene Abrüstungskonferenz in Genf verlassen. Die Argumente, die man dabei mobilisierte, waren an sich nicht schlecht. Wenn die anderen, hochgerüstet wie sie waren, sich nicht an die Prinzipien von Völkerbund, Kriegsächtungspakt und Abrüstungskonferenz hielten und nicht ihrerseits zur Entwaffnung schritten, musste man deutscherseits, schon aus Selbstschutz, die Konsequenzen ziehen und auf gleichem Recht zur Verteidigung bestehen.

Irritierend war die geradezu hemmungslose Brachialdiplomatie, die bei der Durchsetzung dieser Forderung zum Einsatz kam. Sie ließ vermuten, dass hinter der vordergründigen Argumentation Berlins weitergehende außen- und sicherheitspolitische Ziele steckten. Tatsächlich hatte der Vertreter des Reichswehrministeriums für Abrüstungsfragen, Oberst Otto von Stülpnagel, schon Anfang März 1926 mit Blick auf die Vorbereitenden Abrüstungskommissionen des Völkerbundes klargestellt, es werde für Deutschland «in den nächsten Stadien seiner politischen Entwicklung nur um die Wiedergewinnung seiner europäischen Stellung», später dann «um das Wiedererkämpfen seiner Weltstellung» gehen.[33]

Daran hatte sich nichts geändert, nur dass diese Auffassung jetzt auch von der Mehrheit in den Reihen des Auswärtigen Amtes vertreten wurde. Man kann die Bedeutung des Rückzugs der deutschen Delegation und die so regelrecht erpresste Genfer Erklärung kaum hoch genug veranschlagen. Einmal zwang sie andere, allen voran Frankreich und die Sowjetunion, zur Reaktion: Der Nichtangriffsvertrag, den sie am 29. November 1932 schlossen, war ihre aufsehenerregende Antwort auf die deutsche Aktion. Nicht nur taten sich hier erneut die alten Allianzpartner gegen Deutschland zusammen, sie holten auch andere ins Boot, vor allem Polen, mit dem die Sowjetunion auf Drängen Frankreichs bereits im Juli 1932 einen solchen Vertrag abgeschlossen hatte. Und dann war die so genannte Fünfmächteerklärung von Genf eine prächtige Steilvorlage für alle in Deutschland, die auf eine rasche Rückkehr zu alter militärischer Stärke und auf die endgültige Sprengung der Fesseln von Versailles und Locarno setzten. Allen voran der neue Reichskanzler.

6. Im Zeichen des Angriffs

1933–1939

Adolf Hitlers Karriere als Parteiführer, Reichskanzler, Reichspräsident und Oberbefehlshaber der Wehrmacht und des Heeres war nicht vorgezeichnet, ganz im Gegenteil: Die frühe Biographie des am 20. April 1889 im österreichischen Braunau am Inn Geborenen trug alle Züge des Scheiterns. Ohne höheren Schulabschluss, wiederholt von der Kunstakademie in Wien abgewiesen, seit 1908 in den Obdachlosenasylen und Männerwohnheimen der Stadt zuhause, meldete er sich nach Kriegsausbruch 1914 in Bayern als Freiwilliger. Im Großen Krieg brachte er es zum Gefreiten und Träger des Eisernen Kreuzes, wurde schließlich wenige Wochen vor Unterzeichnung des Waffenstillstandes durch einen Giftgasangriff verwundet und erblindete vorübergehend.

Nach der Rekonvaleszenz versuchte sich Hitler in der Politik, trat in die Deutsche Arbeiterpartei ein, die sich unter seiner maßgeblichen Mitwirkung seit Februar 1920 programmatisch neu positionierte und in «Nationalsozialistische Deutsche Arbeiterpartei» umbenannte. Seit Ende Juli 1921 «Führer» der NSDAP, zählte Hitler neben Ludendorff zu den Initiatoren des gescheiterten Münchener Putsches vom 8. und 9. November 1923. Die Festungshaft in Landsberg am Lech war nur von kurzer Dauer. Hitler nutzte sie zur Niederschrift des ersten Bandes seiner autobiographischen Programmschrift *Mein Kampf*. Ende Februar 1925, zwei Monate nach seiner Entlassung, wurde die NSDAP neu gegründet und von ihrem alten und neuen Vorsitzenden nach einer Periode der Stagnation seit den Septemberwahlen 1930 zu spektakulären Erfolgen und schließlich zur Regierungsverantwortung in Deutschland geführt.

Adolf Hitler war Mitte 40, als er die Macht in Deutschland übernahm und das Land innen- und außenpolitisch wieder auf Vordermann zu bringen schien. So jedenfalls stellte es sich für die meisten Beobachter dar, vor allem, aber keineswegs nur in Deutschland:

«Hitler wirkte auf die Deutschen seiner Zeit nicht abstoßend, sondern anziehend, ja mitreißend. Er war einfach eine Figur viel größeren politischen Formats als alle anderen, die nach dem Tode Stresemanns in der Spätphase der Weimarer Republik auf der politischen Bühne standen. ... Hitler war ein sehr böser Mann. Die großen Männer sind oft sehr böse. Und Hitler war auch ... mit all seinen furchtbaren Eigenschaften ein sehr großer Mann, wie sich in der Kühnheit seiner Vision und der Schläue seines Instinkts in den folgenden Jahren immer wieder zeigen sollte.»[1]

Was er vorhatte, dass er die Juden Europas vernichten, die Völker Osteuropas versklaven, einen Kreuzzug gegen den Bolschewismus führen und den Deutschen über diesen Weg den ihnen vermeintlich zustehenden Lebensraum verschaffen wollte, konnte man wissen – wenn man ihn wörtlich nahm. Das tat man nicht, und Hitler tat alles, um die nationale und internationale Öffentlichkeit «über die eigentlichen Ziele Deutschlands im unklaren zu lassen». Das bestätigte Joseph Goebbels, seit Mitte März 1933 Hitlers Propagandaminister, noch am 5. April 1940 – ein halbes Jahr nach der Niederwerfung Polens und wenige Tage vor dem Beginn des Feldzuges gegen Dänemark und Norwegen – vor einem Kreis geladener Vertreter der deutschen Presse, und er fügte hinzu: «... man hat uns durch die Gefahrenzone hindurchgelassen ... 1933 hätte ein französischer Ministerpräsident sagen müssen (und wäre ich französischer Ministerpräsident gewesen, ich hätte es gesagt): Der Mann ist Reichskanzler geworden, der das Buch ‹Mein Kampf› geschrieben hat, in dem das und das steht. Der Mann kann nicht in unserer Nachbarschaft geduldet werden. Entweder er verschwindet, oder wir marschieren. Das wäre durchaus logisch gewesen. Man hat darauf verzichtet. Man hat uns gelassen, man hat uns durch die Risikozone ungehindert durchgehen lassen, und wir konnten alle gefährlichen Klippen umschiffen, und als wir fertig waren, gut gerüstet, besser als sie, fingen sie den Krieg an.»[2]

Keine Frage – die Geschichte der Erfolge Hitlers war auch die Geschichte seiner Unterschätzung. Dass er unterschätzt wurde, lag an der Ungeheuerlichkeit seiner Pläne, an die viele auch dann noch nicht glauben wollten, als sie in das Stadium der Realisierung getreten waren. Es lag aber auch daran, dass sich Hitler im Umfeld der Machtübernahme in dieser Hinsicht öffentlich bedeckt hielt, mitunter sogar zurücknahm. Hinter den Kulissen ließ der neue Reichskanzler allerdings keinen Zweifel, wohin die Reise ging. «Wie soll [die] polit[ische] Macht, wenn sie gewonnen ist, gebraucht werden?», fragte er schon am 3. Februar 1933 hohe Militärs: «Vielleicht Erkämpfung neuer Export-Mögl[ichkeiten], vielleicht – und wohl besser – Eroberung neuen Lebensraums im Osten u[nd] dessen rückhaltlose Germanisierung.»[3] Die Offiziere hörten es sich an und hielten still. So auch die Diplomaten. Hitler brauchte sie, und sie brauchten Hitler. Ohne die Routiniers in der Reichswehrführung und im Auswärtigen Dienst hatte er kaum eine Chance, auf dem internationalen Parkett die ersten, vorbereitenden Schritte mit Erfolg zu tun. Mit den Erfolgen aber wuchsen rasch die Aussichten auf eine Renaissance der Großmacht Deutsches Reich, und hatten nicht seit 1919 alle davon geträumt?

Die Methoden, deren Hitler sich dabei zunächst bediente, waren erstaunlich konventionell. Sie waren vertraut, seit man nach dem Tod Stresemanns in der Wilhelmstraße das Ruder herumgeworfen hatte. Mit Bedacht knüpfte der neue Reichskanzler unmittelbar an die Politik seiner Vorgänger an, als er wie diese Mitte Mai 1933 vor dem Reichstag von den «Mängeln des Friedensvertrages» und davon sprach, dass Deutschland einen «moralisch berechtigten Anspruch» darauf habe, dass «die hochgerüsteten Staaten nunmehr auch ihrerseits die Verpflichtungen, die sich aus dem Vertrag von Versailles» ergaben, erfüllten und abrüsteten. Sollten sie dazu «nicht gewillt» sein, dann müsse Deutschland «zumindest auf der Forderung seiner Gleichberechtigung bestehen»,[4] die man dem Reich ja im Dezember 1932 zugestanden hatte.

Diese Forderung, die Kontinuität signalisierte, konnten alle Fraktionen des Reichstages mittragen, auch die SPD. Das war nicht selbstverständlich, denn innenpolitisch befanden sich die Sozialdemokraten auf Kollisionskurs mit den neuen Machthabern, seit diese vier Wochen nach der Regierungsübernahme den Brand des Reichstagsgebäudes zum Anlass genommen hatten, mit Hilfe einer

Notverordnung praktisch den permanenten Ausnahmezustand zu
verhängen. Nachdem die KPD zwar nicht förmlich verboten, aber durch eine Reihe von Maßnahmen zum Verstummen gebracht worden war, hatte die SPD am 23. März 1933 als einzige Partei gegen das so genannte Ermächtigungsgesetz gestimmt, mit dem der Reichstag der Regierung für zunächst vier Jahre das Recht einräumte, Gesetze ohne seine Zustimmung zu erlassen. Welche Motive die übrigen Parteien auch immer zu ihrer Unterstützung für dieses «Gesetz zur Behebung der Not von Volk und Reich» bewogen haben mochten, die SPD zog nicht mit. Umso bemerkenswerter ihre grundsätzliche Zustimmung zum außenpolitischen Kurs der neuen Regierung, jedenfalls in der Rüstungsfrage. Offenbar ging es Hitler ja nicht in erster Linie um die Aufrüstung Deutschlands, sondern um die Abrüstung der anderen, und dagegen war nun wirklich nichts einzuwenden.

Als diese anderen sich dann aber, wie kaum anders zu erwarten, nicht bewegten, zog Hitler wie vor ihm schon einmal Papen die Konsequenz. Am 14. Oktober 1933 verließ Deutschland nicht nur die Abrüstungskonferenz, sondern trat auch aus dem Völkerbund aus. Die Reaktionen, auch des Auslandes, fielen ausgesprochen zurückhaltend aus. Man kannte das ja schon. Offensichtlich war es der Reichsregierung darum zu tun, durch Druck Bewegung in die festgefahrene Rüstungsfrage zu bringen. Hitler spielte diese Karte geschickt, trat dem Eindruck nicht grundsätzlich entgegen, und so hofften die Briten noch Jahre später, Deutschland durch weitgehende Konzessionen zur Rückkehr in den Völkerbund und auf die Abrüstungskonferenz bewegen zu können.

Im Übrigen konnte man sich über die ersten Schritte nationalsozialistischer Außenpolitik keineswegs beklagen. Ganz im Gegenteil schien Kanzler Hitler zunächst auf Distanz zum revisionistischen Kurs der Weimarer Jahre zu gehen. Wer hätte gedacht, dass ausgerechnet seine Regierung am 20. Juli 1933 das Konkordat mit dem Vatikan unter Dach und Fach bringen und der katholischen Kirche darin die Ordnung und Verwaltung ihrer Angelegenheiten zugestehen würde? Dass sich die Nationalsozialisten dann nicht daran hielten, konnte man als innere Angelegenheit abtun. Vorderhand war die Aktion der internationalen Reputation Deutschlands und seiner neuen Regierung durchaus zuträglich.

Das gilt erst recht für den Nichtangriffspakt, den Deutschland und Polen am 26. Januar 1934 auf zehn Jahre abschlossen. Die Überraschung war enorm. Hatte sich nicht selbst Stresemann hartnäckig geweigert, ein so genanntes Ost-Locarno zu unterzeichnen, also die polnische Westgrenze faktisch anzuerkennen? Hatte nicht noch Anfang April 1933 der alte und neue Außenminister von Neurath im Kabinett klargestellt, eine Verständigung mit Polen sei «weder möglich noch erwünscht»?[5] Hatte die neue Reichsregierung vielleicht doch Abschied vom überkommenen Revisionismus genommen? War Hitler womöglich ein Hoffnungsträger für den europäischen Frieden? Weit davon entfernt, schätzte dieser lediglich die gegebenen politischen und militärischen Möglichkeiten des Reiches realistisch ein und hielt sich mit dem Überraschungsmanöver den Rücken frei, um bei nächster Gelegenheit mit gezielten Schlägen im Westen die notwendige Bewegungsfreiheit für die Operationen im Osten zu schaffen.

Aber auch ohne diese mittelfristige Perspektive hatte der Nichtangriffsvertrag mit dem weltanschaulich verwandten polnischen Regime des Marschalls Józef Piłsudski revolutionäre Qualitäten. Sein Abschluss kam nämlich der Aufkündigung des Sonderverhältnisses zur Sowjetunion gleich. Zwar war die Verlängerung des Berliner Neutralitätsvertrages vom April 1926 noch am 5. Mai 1933, also nach dem Ermächtigungsgesetz, ratifiziert worden; doch bedeutete die deutsche Verständigung mit Polen, dass dieses jetzt seinerseits den Rücken gegenüber Deutschland frei hatte. Das war für Moskau auch deshalb alarmierend, weil sich Polen erkennbar Japan annäherte, das wiederum in der südöstlichen Grenzregion des sowjetischen Riesenreiches auf Expansionskurs gegangen war.

Der deutsch-polnische Nichtangriffsvertrag war eine Sensation, durchaus dem «Erdstoß» vergleichbar, den zwölf Jahre zuvor der deutsch-sowjetische Vertrag von Rapallo für die internationale Politik bedeutet hatte. Wie die Annäherung an Sowjetrussland den Beginn dieses Kapitels deutscher Außenpolitik markiert hatte, so bedeutete die Entfremdung, der Bruch mit Moskau, sein Ende. In beiden Fällen erhöhte der Überraschungscoup die deutsche Bewegungsfreiheit, nur dass diese Folge im Falle des Vertrages mit Polen erst zwei oder drei Jahre später erkennbar wurde.

Vorerst hatte der Pakt mit Polen auch die Funktion, die Lage des Reichskanzlers und seiner Regierung weiter zu stabilisieren. Ein Jahr nach der Übernahme der Macht war diese nämlich weder nach außen noch im Innern unangreifbar. Ganz im Gegenteil sah es im Sommer 1934 sehr danach aus, als könne sie Hitler und seiner Gefolgschaft doch noch entgleiten. Selbst in den eigenen Reihen regte sich der Widerstand, vor allem bei der SA, der «Sturmabteilung», und ihrem Stabschef Ernst Röhm. Mit äußerster Brutalität und unter einem fadenscheinigen Vorwand ging Hitler daher Ende Juni und Anfang Juli gegen die Kräfte in der Partei vor, die dem sozialistischen Ideal der Bewegung stets die größere Bedeutung beigemessen hatten und die nach der nationalen nunmehr die soziale Revolution forderten. Dem Morden fielen nicht nur eine Reihe früher Weggefährten Hitlers, sondern auch missliebige Offiziere zum Opfer, darunter Kurt von Schleicher. Die Reichswehr schaute weg, zufrieden mit der Ausschaltung der braunen Konkurrenz und in der Illusion, mit Hitlers aufgewerteter neuer Garde, der von Heinrich Himmler angeführten SS, der «Schutzstaffel», schon fertig zu werden.

Die schwere Krise im Innern lag gerade einmal drei Wochen zurück, da eskalierten die Beziehungen des Deutschen Reiches zu Österreich: Am 25. Juli 1934 probten die dort seit gut einem Jahr verbotenen Nationalsozialisten den Aufstand, dem unter anderem der österreichische Bundeskanzler Engelbert Dollfuß zum Opfer fiel. Hitler wusste, warum er umgehend auf Distanz zu den Putschisten ging und das Unternehmen damit scheitern ließ. Österreich hatte nämlich seit Mitte März 1934, seit Unterzeichnung der so genannten Römischen Protokolle, in Ungarn und Italien potente Partner, denen sehr an der Unabhängigkeit des Landes gelegen war. Gewiss waren sich Adolf Hitler und Benito Mussolini – dessen Faschisten die Nationalsozialisten, was die totalitäre Inszenierung und Symbolik anging, manches abgeschaut hatten – Mitte Juni 1934 in Venedig begegnet; aber das hieß nicht, dass der Italiener dem Deutschen traute, dass er ihm freie Hand gegeben hätte. Tatsächlich kollidierte der versuchte deutsche Zugriff auf Österreich mit Mussolinis Balkan- und Mittelmeerplänen, und so reagierte er auf den Wiener Tumult mit einem Truppenaufmarsch am Brenner.

Schwer zu sagen, wie sich die Dinge entwickelt hätten, wären Hitler nicht, wie so häufig, günstige Umstände zu Hilfe gekommen: Als am 2. August 1934 der greise Reichspräsident Paul von Hindenburg verstarb, zögerte der Reichskanzler keinen Augenblick, auch dieses Amt in Personalunion zu übernehmen und noch am gleichen Tag die Reichswehr auf seine Person vereidigen zu lassen. Auf diese «Wehrmacht», wie sie seit 1935 hieß, konnte sich Hitler umso sicherer verlassen, je erfolgreicher er seinen zusehends expansiven außenpolitischen Kurs steuerte. Und er hatte große Erfolge.

Der erste war freilich nicht ein Ergebnis seiner Politik, sondern ausgerechnet eine Spätfolge des heftig attackierten Versailler Vertrages: Am 13. Januar 1935 stimmten die Saarländer, wie im Vertrag vorgesehen, über ihre Zukunft ab, und als sich mehr als 90 Prozent für die Rückkehr in den Reichsverband entschieden, wusste Hitler, dieses Ergebnis auf sein Konto zu verbuchen. Solchermaßen im Innern gestärkt, ging er wenig später außenpolitisch in die Offensive. Fortan standen die Zeichen auf Angriff. Einen Rückzieher wie im Sommer 1934 würde es nicht mehr geben.

Am 16. März 1935 spielte Adolf Hitler Vabanque – zum ersten Mal und noch nicht mit vollem Risiko. Gut zwei Jahre, nachdem er die Reichskanzlei bezogen hatte, gab er die Wiedereinführung der allgemeinen Wehrpflicht bekannt, kündigte den Aufbau von immerhin 36 Divisionen mit 550 000 Mann an und machte den bislang verdeckt betriebenen Aufbau der deutschen Luftwaffe öffentlich.

Die internationale Reaktion auf diesen flagranten Bruch des Versailler Vertrages klang entschieden, war es aber keineswegs. Wohl gab es Proteste Frankreichs, Großbritanniens und Italiens, also jener drei Großmächte, mit denen sich Deutschland ursprünglich, am 15. Juli 1933, im so genannten Viererpakt zum Zwecke des Friedenserhalts zusammengeschlossen hatte; allerdings war der Pakt wegen Deutschlands Austritt aus dem Völkerbund nicht ratifiziert worden. Auch bekundeten Vertreter dieser drei gewichtigsten europäischen Großmächte nach einer dreitägigen Konferenz im italienischen Stresa am 14. April 1935 ihre Absicht, «sich mit allen geeigneten Mitteln jeder einseitigen Aufkündigung von Verträgen zu widersetzen».[6] Tatsächlich war diese so genannte Stresa-Front von Anfang an zum Scheitern verurteilt, weil die partikularen Interessen ihrer Mitglieder stärker waren als die gemeinsame Räson.

Konsequent auf die deutsche Aktion reagierte lediglich Frankreich, das jetzt einen weiteren, entscheidenden Schritt auf die Sowjetunion zutat. In Moskau war man über die Wiedereinführung der allgemeinen Wehrpflicht im Reich genauso irritiert wie über die Nicht-Einladung nach Stresa. Immerhin setzte die sowjetische Diplomatie seit geraumer Zeit auf die Politik kollektiver Sicherheit – schon weil die innere Schwäche des Landes seine äußere Handlungsfreiheit arg beschnitt. Nicht nur hatte die Sowjetunion den Vorbereitenden Abrüstungskommissionen und der Abrüstungskonferenz in Genf eine Reihe von Vorschlägen unterbreitet, sie war Mitte September 1934 sogar dem Völkerbund beigetreten. Am 2. Mai 1935 intensivierten Moskau und Paris ihre im November 1932 wiederaufgenommene Zusammenarbeit und sicherten sich gegenseitig den Beistand für den Fall eines nicht provozierten Angriffs durch einen europäischen Staat zu.

Die Versicherung klang gut, warf allerdings vorderhand mehr Probleme auf, als sie klärte. Vor allem war die Frage offengeblieben, wie die militärische Kooperation konkret aussehen sollte. Wie sollten beispielsweise sowjetische Truppen einem bedrohten Frankreich zu Hilfe eilen? Etwa durch Polen oder Rumänien, also zwei Staaten, deren Territorien zu großen Teilen aus vormals russischen Gebieten bestanden? Diese Frage stellte sich auch im Falle des zwei Wochen später, am 16. Mai 1935, geschlossenen Beistandspaktes zwischen der Sowjetunion und der Tschechoslowakei, zumal ihm ein Zusatzprotokoll beigegeben war: Danach waren die beiden zur wechselseitigen Unterstützung nur dann verpflichtet, wenn dem Angegriffenen, also der Sowjetunion oder der Tschechoslowakei, auch Beistand seitens Frankreichs gewährt wurde. Tatsächlich sollten alle diese Fragen und Probleme innerhalb der kommenden vier Jahre zu belastenden Testfällen für die französische Politik werden.

Immerhin hatte Paris reagiert, hatte Konsequenzen aus der im März 1935 auch offiziell annoncierten deutschen Aufrüstung gezogen. Ähnliches galt für London und Rom, nur dass man dort die Reaktionen auf die beginnende deutsche Hochrüstung noch eindeutiger an den eigenen Problemen orientierte und – weil diese beträchtlich waren – auf einen Kurs der Beschwichtigung beziehungsweise Toleranz gegenüber Berlin einschwenkte. Im Falle der britischen Deutschlandpolitik hatte sich gegenüber den voraufgegangenen Jahrzehnten insofern nichts geändert, als ihr Dreh- und Angelpunkt die Erhaltung des Empire war und blieb. Weil dieses infolge des Ersten Weltkrieges seine größte Ausdehnung erreicht und weil damit geradezu zwangsläufig die Überdehnung eingesetzt hatte, blieb für Deutschland und Europa nur die Reaktion.

Das wussten Hitler und sein «Botschafter zur besonderen Verwendung» in London zu nutzen. Joachim von Ribbentrop, Jahrgang 1893, war dank eines mehrjährigen Aufenthaltes in England und Kanada in der englischen Sprache zuhause, hatte sich als Kaufmann im Spirituosengeschäft ein anständiges Vermögen und dank der Adoption durch eine entfernte Verwandte einen Adelstitel verschafft und war solchermaßen für die Verwendung in London geradezu prädestiniert. Seine Stellung zunächst als außenpolitischer Berater Hitlers und Sonderbeauftragter der Reichsregierung für Abrüstungsfragen signalisierte das Vertrauen, das Hitler in ihn setzte; die Einrichtung einer eigenen Dienststelle Ribbentrop zeigte – ähnlich wie das von Alfred Rosenberg verwaltete Außenpolitische Amt der NSDAP –, dass Hitler keineswegs gewillt war, die von ihm wenig geschätzten Diplomaten der Wilhelmstraße, auf deren Dienste er einstweilen angewiesen war, ohne Konkurrenz oder gar Kontrolle schalten und walten zu lassen.

Er sollte nicht enttäuscht werden. Das Flottenabkommen mit Großbritannien, das Ribbentrop am 18. Juni 1935 abschloss, stellte beide Seiten zufrieden. Dass die Flottenstärken auf ein Verhältnis von 100 zu 35, bei den U-Booten auf 100 zu 45 zu Englands Gunsten festgeschrieben wurden, gab den Briten einstweilen die Sicherheit, sich nicht, wie nach der Jahrhundertwende, erneut einem ruinösen Rüstungswettlauf zur See ausgesetzt zu sehen. Auch Hitler hatte mehr erreicht, als er zunächst erhoffen konnte. Nicht nur hatte er jetzt, schwarz auf weiß, ausgerechnet die britische Genehmigung zum Aufbau einer deutschen Seemacht, vielmehr war auch die Stresa-Front fortan bloß noch ein Papiertiger. Und wenn er den Tag des Abkommens als den «glücklichsten seines Lebens»[7] bezeichnete, dann wegen der nicht unbegründeten Hoffnung, dem angestrebten Bündnis mit Großbritannien ein gutes Stück nähergekommen zu sein.

Kurzfristig vielleicht noch wertvoller war der Kurswechsel der italienischen Deutschlandpolitik. Zur Jahreswende 1935/36 konnte es daran keinen Zweifel mehr geben. Anlass war der seit den achtziger Jahren des 19. Jahrhunderts dritte Versuch Italiens, Abessinien zu erobern. Würde der im Oktober 1935 begonnene Krieg erneut in einer schweren Niederlage Roms enden? Guter Rat war teuer, gute Freunde waren es erst recht. Als ein solcher profilierte sich Hitler, gehörte er doch zu den wenigen, die den isolierten Italienern nicht öffentlich in die Parade fuhren, sie vielmehr durch kriegswichtige Lieferungen unterstützten. Ähnlich hielt er es – verdeckt und in deutlich geringerem Umfang – allerdings auch mit den Äthiopiern. Denn natürlich hatte Deutschland ein großes Interesse daran, den Konflikt offen und die Aufmerksamkeit der Weltöffentlichkeit auf das Horn von Afrika fixiert zu halten.

Mussolini wusste Hitler die Unterstützung zu danken. Nicht nur erklärte er Anfang Januar 1936 dem überraschten deutschen Botschafter in Rom, Ulrich von Hassell, in Zukunft keine Einwände mehr zu haben, falls Österreich «praktisch ein Satellit Deutschlands» werde – solange dessen Selbständigkeit «formell unbedingt» bestehen bleibe.[8] Vielmehr signalisierte der «Duce» dem Botschafter sieben Wochen später, am 22. Februar 1936, dass Italien «sich an einer Aktion Englands und Frankreichs gegen Deutschland, die einen angeblichen Bruch des Locarno-Vertrags durch Deutschland zum Anlass nähme, nicht beteiligen» werde. Das hieß im Klartext, dass sich Italien nicht gegen den Einmarsch deutscher Truppen in die entmilitarisierten Zonen des Rheinlandes stellen würde, den Hitler wenige Tage zuvor beschlossen hatte und den Hassell in Rom diplomatisch vorbereiten und absichern sollte – übrigens mit dem Argument, dass der französisch-sowjetische Beistandspakt beziehungsweise seine bevorstehende Ratifizierung im französischen Senat die eigentliche «Verletzung von Locarno» sei, auf die Deutschland reagieren müsse.[9]

Am 7. März 1936 marschierten deutsche Truppen, von der Bevölkerung mit Jubel begrüßt, in das Rheinland ein und brachen damit die Verträge von Versailles und Locarno. Das Risiko war hoch, und doch wieder nicht. Sicher, Hitler hat im Rückblick immer wieder gesagt, die 48 Stunden nach dem Coup seien «die aufregendste Zeitspanne» in seinem Leben gewesen: «Wären die Franzosen damals ins Rheinland eingerückt, hätten wir uns mit Schimpf und Schande wieder zurückziehen müssen, denn die militärischen Kräfte, über die wir verfügten, hätten keineswegs auch nur zu einem mäßigen Widerstand ausgereicht.»[10] Aber dazu kam es gerade nicht. Denn die Franzosen blieben da, wo sie sich seit den ausgehenden zwanziger Jahren mental, politisch und militärisch hinbegeben hatten: in der Deckung. Erstmals war deutlich geworden, dass Frankreich selbst in einer vitalen Frage nicht ohne England handeln würde.

Allerdings tat Hitler einiges, um die Westmächte in ihrer passiven Haltung zu bestärken – mit Erklärungen, Versicherungen und Versprechungen. Von einer modifizierten Neuauflage der Locarno-Verträge über Nichtangriffspakte und eine Rückkehr Deutschlands in den Völkerbund bis hin zu einem dem Flottenabkommen vergleichbaren so genannten Luftpakt hatte er alles im Angebot, was Franzosen, Engländer, aber auch die zeitweilig irritierten Italiener bei Laune halten konnte. Im Übrigen stärkte der Coup nicht nur seine internationale, sondern vor allem auch seine nationale Stellung. Das galt für die ob des Erfolgs begeisterte Öffentlichkeit; und es galt für die Bedenkenträger in den Reihen des Militärs und des Auswärtigen Dienstes. Erstmals hatte Hitler ihnen gezeigt, was mit einer rechten Mischung aus Instinkt und Wagemut ins Werk zu setzen war. Kein Wunder, dass er jetzt, am 14. März 1936, auch öffentlich versicherte, «mit traumwandlerischer Sicherheit den Weg» gehen zu wollen, «den mich die Vorsehung gehen heißt».[11]

Natürlich war das nicht im Alleingang zu schaffen, wurden Partner benötigt, die bereit waren, Deutschland auf diesem Weg ein gutes Stück zu begleiten, weil sie sich ihrerseits davon einiges erhofften. Hitlers Wunschpartner war und blieb bis in den Sommer 1941 hinein Großbritannien. Sowenig der Diktator auch sonst mit den Protagonisten und Repräsentanten des kaiserlichen Deutschland gemein hatte, in diesem Punkt gab es eine ungebrochene Tradition. Auch Hitler wusste, dass er seine Ziele nur sehr schwer anvisieren und erreichen konnte, wenn Großbritannien auf der Gegenseite stand, und so schickte er im August 1936, nach dem Tod von Botschafter Hoesch, Ribbentrop mit der Anweisung auf den Londoner Posten: «... bringen Sie mir das englische Bündnis!»[12]

Ebendas konnte der nichtgelernte Diplomat ihm nicht bringen. So entgegenkommend sich die britische Diplomatie dieser Jahre, die als Appeasement in die Geschichte eingegangen ist, im Übrigen auch verhielt, das ersehnte Bündnis bekam Hitler nicht. Im Frieden nicht, und im Krieg auch nicht. Ribbentrop hat das frühzeitig erkannt und auf ein Gegenmodell, eine Alternative zur Allianz mit London gesetzt, die er Anfang Januar 1938 ziemlich selbstbewusst als «Dreieck Berlin-Rom-Tokio» bezeichnete.[13] Zu diesem Zeitpunkt war das Vorhaben schon recht weit gediehen, weil Hitler sich bei seinen jeweils nächsten außenpolitischen Schritten unter immer größeren Zeitdruck setzte und deshalb kurzfristig nach geeigneten Partnern Ausschau hielt. Dass er sie in Italien und Japan fand, konnte nicht überraschen, waren doch auch diese beiden Länder gerade mit einer großräumigen Expansionspolitik beschäftigt – die Italiener im Mittelmeerraum, die Japaner in Ostasien.

Zwar konnte man nicht sagen, dass Italien ein Wunschpartner Hitlers gewesen wäre. Aber wie die Dinge lagen, kam er bei den nächsten Etappen, insbesondere beim Griff nach Wien, nicht an Mussolini vorbei. Also hielt Hitler ihn bei der Stange und intervenierte, auch deshalb, an Italiens Seite im Spanischen Bürgerkrieg.

Natürlich hatte der Diktator weitere, auch gewichtigere Gründe, als er den Aufständischen unter Führung des Generals Francisco Franco y Bahamonde – unmittelbar nach Beginn ihres Putsches gegen die Republik Ende Juli 1936 und gegen den Rat seiner Diplomaten und Militärs – Unterstützung zusagte. Aber allein mit der Sorge vor einem Sieg des Bolschewismus in Spanien oder der Möglichkeit, der Wehrmacht und vor allem der Luftwaffe Kampferfahrungen zu verschaffen, lässt sich sein Entschluss auch nicht erklären.

Verglichen mit dem demonstrativen Einsatz Italiens, das vier Divisionen nach Spanien schickte, war der zeitweilig mehr als 100 Flugzeuge umfassende Einsatz der Luftwaffe weniger massiv, wenn auch effektiv und brutal. Die Zerstörung der baskischen Stadt Guernica am 26. April 1937 steht bis heute für dieses Kapitel deutscher Militärgeschichte. Dass die Rebellen den Bürgerkrieg Ende März 1939 mit dem Einmarsch in Madrid zu ihren Gunsten entscheiden konnten, ging freilich nicht nur auf ihre Unterstützung durch Deutschland und Italien, das im März 1937 in Zentralspanien eine schwere Niederlage hinnehmen musste, sondern auch darauf zurück, dass die freie Welt der Republik die kalte Schulter zeigte. Und dass die mit Gold aufgewogenen «museumsreife[n] Waffen» aus der Sowjetunion nicht annähernd der von Stalins Propaganda verkündeten Unterstützung der Republik entsprachen, wussten alle, die sich auf Seiten der Republik engagierten, wie der spätere Außenminister und Bundeskanzler der Bonner Republik Willy Brandt.[14]

Zunächst und vor allem führte das deutsche Eingreifen im Spanischen Bürgerkrieg Deutschland und Italien näher zueinander. So gesehen war die Verständigung auf eine politische Zusammenarbeit eine konsequente Fortsetzung der gemeinsamen Spanienpolitik. Am 25. Oktober 1936 wurde die Kooperation in Berlin durch Außenminister Neurath und Italiens Außenminister Galeazzo Ciano, Schwiegersohn Mussolinis, besiegelt und von diesem wenige Tage später mit dem euphemistischen Titel «Achse Berlin-Rom» versehen.

Nur vier Wochen darauf wurden Deutschland und Japan handelseinig. Wie Berlin hatte auch Tokio Anfang der dreißiger Jahre den allgemeinen Schwächezustand des internationalen Systems genutzt und Mitte September 1931 mit der Eroberung der Mandschurei begonnen. Mit großer Entschlossenheit holten sich die Japaner während der kommenden Jahre zurück, was sie schon einmal, während des Ersten Weltkrieges, erobert, dann aber Anfang der zwanziger Jahre am Washingtoner Verhandlungstisch wieder verloren hatten. Im Februar 1932 wurde ein Staat namens «Mandschukuo» aus der Taufe gehoben, wenig später der letzte Kaiser von China an dessen Spitze installiert, und Anfang 1933 gliederten die Japaner ihrem Marionettenstaat unter anderem die chinesische Provinz Jehol ein. Die weitere Entwicklung war geradezu programmiert. Das galt für Japans Krieg gegen China, der Anfang Juli 1937 eröffnet wurde, und es galt für den Konflikt mit den Sowjets. Die konnten natürlich der japanischen Expansion nicht tatenlos zusehen und schlossen unter anderem Mitte März 1936 einen Beistandspakt mit der von ihnen abhängigen Mongolischen Volksrepublik und Ende August 1937 einen Nichtangriffsvertrag mit China.

Hitler kam die antisowjetische Stoßrichtung der japanischen Expansionspolitik sehr gelegen, und so fanden Deutschland und Japan am 25. November 1936 im so genannten Antikominternpakt zusammen. Dass dieser sich direkt oder indirekt auch gegen China und England richtete, wurde zwar im Auswärtigen Amt mit einiger Besorgnis registriert, hielt aber Hitler und Ribbentrop, den Drahtzieher, nicht vom Abschluss des Paktes ab. Abgesehen von gemeinsamer Agitation gegen die Kommunistische Internationale sagten sich Tokio und Berlin in einem geheimen Zusatz unter anderem zu, keine Verträge mit Moskau zu schließen, die nicht mit dem Geist ihres Abkommens vereinbar wären. Es war bezeichnend für das Misstrauen, das von Anfang an zwischen diesen Partnern herrschte, dass der geheime Zusatz nicht davon handelte, was man gemeinsam zu tun gedachte, sondern dass er Vereinbarungen über das enthielt, was man unterlassen wollte.

Vorerst hinterließ die beiderseitige Reserve keine Spuren, auch nicht für die deutsche Politik. Ganz im Gegenteil schien der Antikominternpakt einige Anziehungskraft auf Dritte auszuüben. Ein Jahr später, am 6. November 1937, trat ihm «als ursprünglicher Unterzeichner»[15] Italien bei. Für Hitler bedeuteten die Absprachen mit Italien und Japan seit dem Herbst 1936 zwar keinen vollwertigen Ersatz für das englische Bündnis, aber doch allemal ein solides Fundament für die nächsten Etappen seiner Expansionspolitik.

Sie blieb ein riskantes Unternehmen in einer Zeit, in der das Deutsche Reich seinen Nachbarn militärisch nach wie vor dramatisch unterlegen war. Sicher konnte man das Weckducken der Franzosen und mit ihnen aller anderen bei der Rheinlandaktion auf der einen Seite als Schwäche auslegen, was Hitler auch tat. Andererseits durfte man nicht davon ausgehen, dass sich die Opfer und Gegner beim nächsten Schlag, beispielsweise gegen Österreich oder gegen die Tschechoslowakei, ebenso defensiv verhalten würden. Daraus folgte, dass man die deutsche Aufrüstung konsequent vorantreiben, gleichzeitig aber jede Gelegenheit nutzen musste, um den friedlichen, verständigungsbereiten Charakter der deutschen Politik zu betonen und zu dokumentieren.

Für diese Selbstdarstellung boten sich Großereignisse mit ihrer öffentlichen Anziehungskraft geradezu an. Der Zufall wollte es, dass die nationalsozialistischen Propagandastrategen während des Sommers 1936 innerhalb von sechs Wochen gleich zwei Mal Gelegenheit hatten, der Welt zu zeigen, wer die Deutschen waren, was sie konnten und was sie wollten. Die Elften Olympischen Sommerspiele waren wie auch die im Februar 1936 in Garmisch-Partenkirchen abgehaltenen Vierten Olympischen Winterspiele vor der Machtübernahme Hitlers an Berlin vergeben worden. Am 1. August 1936 wurden sie von diesem mit einer pompösen Inszenierung eröffnet und zu einem durchschlagenden Erfolg für das nationalsozialistische Deutschland. Aufrufe zum Boykott, die es im Vorfeld namentlich in den USA gegeben hatte, verstummten rasch, zumal sich Avery Brundage, Zehnkampfteilnehmer bei der Stockholmer Olympiade 1912 und seit 1934 Präsident des amerikanischen Leichtathletikverbandes, oder auch Pierre de Coubertin, der Vater der modernen olympischen Idee, für Berlin ins Zeug legten.

Im Übrigen fuhren die Machthaber rechtzeitig die antisemitischen Kampagnen zurück, achteten sorgfältig darauf, dass Berlin in dieser Hinsicht optisch präsentabel war – und konnten ja schließlich für sich in Anspruch nehmen, zu den friedlichen Akteuren in der Welt zu gehören. Ein der Besetzung der Mandschurei durch Japan oder dem Feldzug Italiens gegen Abessinien vergleichbarer Akt der Aggression war Deutschland schlechterdings nicht vorzuhalten; der Entschluss zum Eingreifen in den Spanischen Bürgerkrieg war zwar gefasst, aber noch nicht umgesetzt; und der Einmarsch in die entmilitarisierten Zonen des Rheinlandes wurde offensichtlich selbst von den unmittelbar Betroffenen als legitime Revisionspolitik verstanden. Jedenfalls gehörte Frankreich zu den 49 Teilnehmern der Olympiade, und sein Botschafter André François-Poncet schaute zu, als die Mannschaft beim Einmarsch in die Arena die Hand zu einer Geste erhob, die sich durchaus als Hitlergruß interpretieren ließ.

Kaum dass die Berliner Veranstaltung mit einem großen Prestigeerfolg für die Ausrichter abgeschlossen war, hatte die Welt erneut Gelegenheit, das Organisationstalent von Partei und Staat zu bestaunen, als am 8. September 1936 in Nürnberg der Achte Reichsparteitag der NSDAP eröffnet wurde. Kaum einer der in die Hunderttausende gehenden Teilnehmer und Beobachter aus dem In- und Ausland, unter diesen von Jahr zu Jahr auch immer mehr Angehörige des diplomatischen Corps, vermochte sich der suggestiven Kraft der grandiosen Inszenierungen zu entziehen. Dass man ein Jahr zuvor am gleichen Ort und aus nämlichem Anlass Gesetze unter anderem «zum Schutz des deutschen Blutes und der deutschen Ehre»[16] verabschiedet hatte, die der Diskriminierung der deutschen Juden Tür und Tor öffneten, war offenbar ebenso vergessen, wie die pikante Bezeichnung der diesjährigen Großveranstaltung übersehen wurde: Mit dem «Reichsparteitag der Ehre» zelebrierten die Nationalsozialisten die durch die Rheinlandaktion wiederhergestellte Ehre des Deutschen Reiches.

Selbstverständlich wurde auch dieser Parteitag genutzt, um das eigene Volk und den Rest der Welt auf ein Zukunftsthema einzustimmen. Im Sommer 1936 ging es um die Wirtschaft. Offiziell fasste der in Nürnberg verkündete «Vierjahresplan» die Sicherung der wirtschaftlichen Autarkie ins Auge. Die eigentlichen Ziele aber waren in einer streng geheimen Denkschrift formuliert: «I. Die deutsche Armee muß in 4 Jahren einsatzfähig sein. II. Die deutsche Wirtschaft muß in 4 Jahren kriegsfähig sein.»[17] Für den Krieg, den Hitler schon vor langer Zeit ins Auge gefasst hatte, benötigte er nicht nur die volle Einsatzfähigkeit der Armee, sondern auch die totale Mobilisierung von Wirtschaft und Gesellschaft.

Die Kosten waren hoch, gingen die Planungen doch unter anderem zu Lasten des Lebensstandards der Bevölkerung, und das wiederum erhöhte den Druck, rasch und «gewaltsam» zu handeln, wie Hitler am 5. November 1937 in einem seiner unter den Hörern berüchtigten Monologe ausführte.[18] Dessen Verlauf und Ergebnisse wurden von Friedrich Hoßbach, Hitlers Wehrmachtsadjutant, fünf Tage später zu Papier gebracht. Der Kreis, vor dem Hitler einen Blick in die Zukunft warf, war klein und exklusiv. Neben Reichsaußenminister Konstantin Freiherr von Neurath und Reichskriegsminister Werner von Blomberg hatten sich die Oberbefehlshaber von Heer, Marine und Luftwaffe, Werner Freiherr von Fritsch, Erich Raeder und Hermann Göring, anzuhören, welche Ziele Hitler wann und mit welchen Mitteln zu erreichen gedachte.

Dreh- und Angelpunkt war das «Problem des Raumes», genauer gesagt die «Raumnot» des deutschen Volkes, eine Beobachtung, die seit dem Zeitalter des Imperialismus weiten Kreisen, nicht nur in Deutschland, vertraut und während des Ersten Weltkrieges bestätigt worden war. Das galt für die Probleme, welche die geostrategische Lage Deutschlands etwa für die Versorgung, aber auch für die Sicherung des überseeischen Besitzes hervorrufen konnte; und es galt für die Chancen, die sich durch einen erfolgreichen Feldzug im Osten Europas eröffnen ließen. So gesehen rannte Hitler bei seinen Zuhörern offene Türen ein, als er die wirtschaftliche «Autarkie» oder eine «gesteigerte Beteiligung an der Weltwirtschaft» als «zukunftsreiche» Lösungen der deutschen Lage verwarf und die «Gewinnung eines größeren Lebensraumes» als «einzige, uns vielleicht traumhaft erscheinende Abhilfe» beschrieb.

Da der «Führer und Reichskanzler» keinen Zweifel daran ließ, dass es zur «Lösung der deutschen Frage ... nur den Weg der Gewalt» geben könne, der «niemals risikolos» sei, blieb lediglich die «Beantwortung der Fragen ‹wann› und ‹wie›». Und so gab Hitler in diesen frühen Novembertagen des Jahres 1937 seinen «unabänderlichen Entschluß» bekannt, «spätestens 1943/45 die deutsche Raumfrage zu lösen». Dann sei der Höhepunkt von Deutschlands militärischer Machtstellung erreicht; danach seien nur noch Veränderungen zu Deutschlands Ungunsten zu erwarten.

Als die nächsten Schritte fasste er die Ausschaltung Österreichs und der Tschechoslowakei ins Auge, und er ließ auch keinen Zweifel daran, was er davon erwartete – nicht etwa, jedenfalls nicht in erster Linie, die Integration aller Deutschen in das Reich, sondern «Nahrungsmittel für 5–6 Millionen Menschen», «militär-politisch eine wesentliche Entlastung infolge kürzerer, besserer Grenzziehung» und die «Möglichkeit der Neuaufstellung von Truppen bis in Höhe von etwa 12 Divisionen». Hitler zeigte sich entschlossen, diese Schritte unter bestimmten Voraussetzungen «bereits im Jahre 1938» durchzuführen. Der Widerspruch des Auditoriums hielt sich in engen Grenzen, bezog sich auf die Methoden und den Zeitpunkt der geplanten Aktionen, nicht aber auf die von Hitler genannten Ziele. Allerdings hatte er diese nicht vollständig namhaft gemacht: Von dem rassenideologischen Vernichtungskrieg, den er im Zuge der anvisierten Eroberung von Lebensraum führen wollte, war im November 1937 keine Rede.

Ausführlich beschäftigte sich Hitler hingegen mit der zu erwartenden Reaktion der Mächte, und dieser Teil seiner Ausführungen ließ klar erkennen, warum er in den voraufgegangenen und den vor ihm liegenden Jahren so erfolgreich operierte: In einer brisanten Mischung aus Instinkt, Skrupellosigkeit und sicherem Urteil schätzte er ihre Haltung zum Anschluss Österreichs und zur Zerschlagung der Tschechoslowakei präzise ein. Die USA erwähnte er nicht einmal, auch nicht die Ansprache ihres Präsidenten vom 5. Oktober des Jahres, die als «Quarantänerede» in die Geschichte eingegangen ist. Gewiss, Franklin D. Roosevelt hatte dort eine Warnung an die Rechtsbrecher gerichtet; aber zum einen bezog sich diese offenkundig in erster Linie auf die japanischen Aggressoren in China, und zum anderen konnte man davon ausgehen, dass der

 Präsident auf absehbare Zeit mit der isolationistischen Grundhaltung seiner Landsleute zu kämpfen haben würde.

Die Sowjetunion, die sich innenpolitisch in schwerem Fahrwasser befand und überdies durch Japan gebunden wurde, glaubte Hitler durch schnelles Handeln von einem Eingreifen in einen Konflikt um Österreich und die Tschechoslowakei abhalten zu können. Was Italien anging, erwartete er im Falle eines Zugriffs auf die Tschechoslowakei keine Einwände; Roms «Haltung in der österreichischen Frage» vermochte er nicht zu beurteilen. Frankreich schließlich schätzte Hitler wegen der inneren Spannungen, vor allem aber deshalb als nur bedingt handlungsfähig ein, weil es sich ohne «die englische Unterstützung» kaum auf einen Krieg mit Deutschland einlassen werde.

Blieb England. Auf den Punkt gebracht, ging Hitler zwar davon aus, dass Großbritannien grundsätzlich «eine weitere deutsche Erstarkung» ablehnte, hielt aber die Schwierigkeiten, die London mit dem Empire hatte, für so beträchtlich, dass England «die Tschechei bereits im Stillen abgeschrieben» habe. Vierzehn Tage später, am 19. November 1937, hatte er Gelegenheit, sein Urteil zu überprüfen. Ein knappes halbes Jahr, nachdem Neville Chamberlain, Sohn des vormaligen Kolonialministers Joseph und Halbbruder des langjährigen Außenministers Austen Chamberlain, sein Kabinett gebildet und die britische Politik endgültig auf Appeasement-Kurs gebracht hatte, kam sein Lord President, Edward Wood Halifax, zu Hitler auf den Obersalzberg unweit von Berchtesgaden.

Was der offiziell zum Besuch einer Jagdausstellung nach Deutschland gereiste britische Emissär dem deutschen Kanzler anzubieten hatte, war weit mehr, als dieser in seinen kühnsten Träumen zu erwarten gewagt hätte: In London glaubte man nämlich nicht, dass der Status quo «unter allen Umständen» aufrechterhalten werden müsse, solange es dabei nicht zum Krieg kam. Zu den möglichen Änderungen auf der Karte Europas zählte Halifax ausdrücklich «Danzig und Österreich und die Tschechoslowakei».[19] Als Nahziel seiner Bemühungen, gewissermaßen als eine nicht ausdrücklich formulierte Bedingung für das britische Stillhalten, nannte er Deutschlands Rückkehr in den Völkerbund und auf die Abrüstungskonferenz.

Wie konnte man so falsch liegen? Wie war es möglich, in Hitler den vorerst letzten Repräsentanten einer von Bismarck begründeten Tradition zu sehen? Hatte man *Mein Kampf* nicht studiert, Hitlers Reden nicht gehört? Glaubte man allen Ernstes, Hitler sei vordringlich an der Lösung kolonialer Fragen interessiert? Denn ebendiesen Schluss zogen sie jetzt im Foreign Office. Gewiss, führende Repräsentanten der deutschen Politik, wie der Reichsbankpräsident und Reichswirtschaftsminister Hjalmar Schacht, aber auch Hitler selbst, hatten gelegentlich öffentlich den deutschen Anspruch auf Kolonien angemeldet; auch hatte Hitler gegenüber Halifax diese Frage als die «schwerste» bezeichnet. Tatsächlich lag dem Kanzler aber kaum etwas ferner, als nunmehr die Kolonialfrage in Angriff zu nehmen.

In London hingegen, dem eigentlichen Machtzentrum der europäischen Politik, konzentrierte man sich nunmehr in einer grotesk anmutenden Verkennung von Hitlers eigentlichen Zielen auf die Kolonialfrage, formulierte und unterbreitete entsprechende Vorschläge und ignorierte oder übersah schlicht die Entschlossenheit des Diktators, so rasch wie möglich die Kontrolle über Österreich und die Tschechoslowakei zu erlangen, um von dieser erweiterten Machtbasis aus der Realisierung seiner eigentlichen Ziele ein gutes Stück näher zu kommen. Er glaube nicht, schrieb der britische Botschafter in Berlin, Nevile Henderson, am 5. März 1938 an den inzwischen zum Außenminister avancierten Halifax, dass Hitler zu diesem Zeitpunkt an «Anschluß oder Annexion» denke.[20] Eine Woche später marschierten deutsche Truppen in Österreich ein.

Politisch war die Aktion gut vorbereitet, militärisch schrammte Deutschland knapp an einem Debakel vorbei. Zu den vorbereitenden Maßnahmen gehörte auch das Revirement an den Spitzen von Wehrmacht und Auswärtigem Dienst, also die endgültige Gleichschaltung von Militär und Diplomatie. Dabei hatten ihre Repräsentanten abgewartet, hatten mit einer Mischung aus Argwohn, Erstaunen und schließlich auch Respekt für Hitlers Erfolge die Augen verschlossen – vor den Willkür- und Verfolgungsmaßnahmen im Innern, auch gegenüber Leuten aus ihren eigenen Reihen, und vor einem außenpolitischen Kurs, der zwar nach außen im Mäntelchen der Revision daherkam, diese Bahn aber erklärtermaßen längst verlassen hatte. Nur drei von ihnen, die Botschafter in Washington und Moskau, Friedrich von Prittwitz und Gaffron und Rudolf Nadolny, sowie der langjährige Gesandtschafts- beziehungsweise Botschaftsrat in London, Albrecht Graf von Bernstorff, hatten 1933/34 aus unterschiedlichen Motiven ihren Dienst quittiert; mit Ludwig Beck, dem Generalstabschef des Heeres, entschloss sich sogar erst im August 1938 ein führender Militär zu diesem Schritt.

Hitler wusste, was er an seinen Diplomaten und Offizieren hatte, warum er sie zunächst an der langen Leine ließ. Er brauchte sie. Er war auf ihre Erfahrung und ihre Verbindungen angewiesen. Nur mit ihrer Hilfe war es möglich, eine schlagkräftige Armee aufzubauen und die außenpolitisch gänzlich unerfahrene nationalsozialistische Regierung durch die weltpolitischen Gefahrenzonen zu führen. Dabei hatte Hitler gerade für die Diplomaten bestenfalls Verachtung übrig. Aber er wusste diese hintanzustellen, verstand es, ihnen ebenso wie seinen Generälen mit jedem weiteren Erfolg das Gefühl zu geben, wieder etwas bewirken, sich für große Ziele einbringen zu können.

Viele der solchermaßen Umworbenen honorierten das, arrangierten sich und drehten weltanschaulich bei, soweit sie nicht ohnehin in der nationalsozialistischen Ideologie – oder doch in Teilen derselben – eine Bestätigung ihres Weltbildes sahen: «Der Kampf um Deutschlands Gleichberechtigung wird … aus der Sphäre machtpolitischer Interessen herausgehoben auf eine ideologische Ebene, in der sich nationalsozialistische Weltanschauung und jüdisch-marxistische Lehre unversöhnlich gegenüberstehen. Das zunächst rein innerdeutsche Judenproblem gewinnt damit die Bedeutung einer außenpolitischen Frage ersten Ranges.» So steht es in einem Runderlass des Auswärtigen Amtes, der Ende Februar 1934 mit Billigung des Ministers an sämtliche Auslandsvertretungen ging.[21] Aufgrund des Gesetzes zur «Wiederherstellung des Berufsbeamtentums» und des «Reichsbürgergesetzes» vom April 1933 beziehungsweise September 1935 wurden alleine 130 Beamte des höheren Auswärtigen Dienstes in den endgültigen Ruhestand versetzt.

Die anderen nahmen das hin – aus Überzeugung, aus Opportunismus oder weil ihnen der Mut fehlte, dessen es ohne Zweifel bedurfte, um sich gegen diese und weitere Maßnahmen oder auch gegen den immer deutlicher zu erkennenden außenpolitischen Kurs des Regimes zu stellen. Sofern hinter solcher Linientreue der Versuch stand, den Apparat intakt zu halten, Standesprivilegien zu bewahren und die eigene Stellung zu sichern oder auch durch Anpassung und Mitwirkung Schlimmeres zu verhindern, ist er gescheitert. Anfang des Jahres 1938 hatten die alten Eliten ihren Zweck erfüllt. Im Februar wurden der seit 1932 amtierende Außenminister von Neurath sowie unter anderem der Botschafter in Rom, von Hassell, in den Wartestand versetzt. Ribbentrop stand fortan an der Spitze des Auswärtigen Amtes, wo jetzt Schlüsselpositionen zusehends mit sicheren Kantonisten aus Partei und SS besetzt wurden.

Nicht besser erging es der Wehrmachtsführung. Offenbar reichten schon die vorsichtigen Bedenken, die einige zum Beispiel am 5. November 1937 nicht gegenüber den Zielen, sondern gegenüber dem Tempo anmeldeten, mit denen Hitler diese erreichen wollte, um sich ihrer zu entledigen. Anfang Februar 1938 wurden Blomberg und Fritsch sowie zwölf weitere ranghohe Generäle unter zum Teil fadenscheinigen Vorwänden entlassen. Mit der Entlassung Blombergs entfiel das Amt des Reichskriegsministers. Hitler übernahm dessen Funktion und mit ihr den Oberbefehl über die Wehrmacht. Das Ministerium wurde zum Oberkommando der Wehrmacht (OKW) umfunktioniert, an dessen Spitze die Generäle Wilhelm Keitel und Alfred Jodl standen.

Zu denen, für die er keine Verwendung mehr hatte, gehörte auch Franz von Papen, Steigbügelhalter Hitlers bei der Machtübernahme und jetzt deutscher Botschafter in Wien. Bis zuletzt hatte er dem Diktator gute Dienste erwiesen, hatte noch einen Besuch des österreichischen Bundeskanzlers und Außenministers Kurt von Schuschnigg in Berchtesgaden vermittelt, der dann auch am 12. Februar 1938, eine Woche nach Papens Entlassung, zustande kam. Ultimativ machte der deutsche dem österreichischen Kanzler deutlich, dass ihm ihre Abmachung vom 11. Juli 1936 nicht mehr reichte. Dabei war Schuschnigg – von Briten und Franzosen im Stich gelassen – Hitler schon damals in einer Reihe von Fragen weit entgegengekommen. Unter anderem hatten sich die Österreicher im Sommer 1936 in einem geheimen Zusatz verpflichtet, ihre äußere Politik «unter Bedachtnahme auf die friedlichen Bestrebungen der Außenpolitik der deutschen Reichsregierung zu führen».[22]

Jetzt, während der Februar-Besprechung auf dem Obersalzberg, forderte der deutsche Reichskanzler von seinem österreichischen Amtskollegen unter anderem freie Betätigung für die NSDAP in der Alpenrepublik, die Übertragung des Innenministeriums und damit der Polizeigewalt an den Nationalsozialisten Arthur Seyß-Inquart sowie eine koordinierte Außen- und Militärpolitik. Am 9. März 1938 trat Schuschnigg die Flucht nach vorn an und versuchte, das am 15. Februar angenommene Berchtesgadener Abkommen doch noch abzuschütteln: Am 13. März sollte die Bevölkerung Österreichs über ihre Zukunft abstimmen und sich dabei für ein «freies und deutsches, unabhängiges und soziales, christliches und einiges Oesterreich» entscheiden.[23]

Das war eine Provokation, die Hitler zur Reaktion zwang. Mängel bei der Vorbereitung des Referendums, vor allem aber die leicht durchschaubare Taktik Schuschniggs, durch ein Heraufsetzen des Wahlalters auf 24 Jahre die für den Nationalsozialismus stark eingenommene Jugend von den Urnen fernzuhalten, lieferten den Vorwand. Unter massivem Druck aus Berlin gab Schuschnigg sein Vorhaben auf, trat dann auch am 11. März zurück. Aber weder diese Kapitulation noch der Entschluss des österreichischen Bundespräsidenten Wilhelm Miklas, Seyß-Inquart zum neuen Bundeskanzler zu berufen, oder die Ablehnung einer Intervention durch Seyß-Inquart selbst vermochten an der Entschlossenheit der deutschen Führung, und dort vor allem des drängenden Göring, etwas zu ändern.

Nach einem fingierten Hilferuf begann am frühen Morgen des 12. März 1938 der Einmarsch deutscher Truppen nach Österreich. Ob das «Unternehmen Otto» auch dann im Handstreich gelungen wäre, wenn sich das österreichische Bundesheer den deutschen Eindringlingen entgegengestellt hätte, ist fraglich. Tatsächlich wurden die bereits angelaufenen Maßnahmen, wie die über den

Rundfunk bekannt gegebene Mobilisierung des Jahrgangs 1915, rückgängig gemacht, weil sich Großbritannien und Frankreich demonstrativ zurückhielten, weil man davon ausging, dass die Konzentration italienischer Verbände in Südtirol anders als 1934 nicht als Warnung an die Adresse Hitlers gedacht war – und weil man von einer militärischen Überlegenheit Deutschlands ausging. Zahlenmäßig war sie auch gegeben und wurde durch rund 850 einfliegende Maschinen, darunter 60 von der Lufthansa geborgte, optisch dokumentiert. Hingegen war der Einmarsch des Heeres von zahlreichen technischen und taktischen Pannen begleitet. Bis zu 30 Prozent des rollenden Materials blieben liegen. Treibstoffmangel, unzureichende Marschdisziplin, Koordinierungsprobleme sowie nicht zuletzt der Linksverkehr in der Alpenrepublik taten ein Übriges. Aber einen nennenswerten Widerstand der Heimgesuchten gab es eben nicht.

Der Empfang durch die jubelnde Bevölkerung überraschte selbst Hitler. Und so unterzeichnete er – entgegen seiner ursprünglichen Absicht – am Abend des folgenden Tages das «Gesetz über eine Wiedervereinigung Österreichs mit dem Deutschen Reich»[24] und übernahm den Oberbefehl über das österreichische Bundesheer, das der Wehrmacht als Heeresgruppe 5 eingegliedert wurde. Am 15. März «meldete» der «Führer» in Wien vor einer unüberschaubaren Menschenmenge den «Eintritt» seiner Heimat in das Deutsche Reich, ließ den Anschluss am 10. April durch ein Plebiszit bestätigen und konnte so den bislang größten Erfolg seiner Kanzlerschaft einfahren. Das galt für seine kaum mehr angefochtene Popularität im Innern, und es galt für die Bestätigung seiner außenpolitischen Prognosen und Analysen: England und mit ihm Frankreich hatten stillgehalten, und Mussolini stand endgültig auf seiner Seite. Als dieser am Vorabend des Einmarsches sein Einverständnis mit der Aktion signalisierte, ließ Hitler ihm ausrichten, er «werde ihm das nie vergessen ... Nie, nie, nie, es kann sein, was sein will.»[25]

Kein Wunder, dass sich Hitler unter dem Eindruck dieser Entwicklung bereits Ende März 1938 entschieden zeigte, das nächste Ziel ins Auge zu fassen und die so genannte Tschechoslowakische Frage «in nicht allzu langer Zeit zu lösen».[26] Das signalisierte er jedenfalls Konrad Henlein, dem Führer der Sudetendeutschen Partei, wie sich die vormalige Sudentendeutsche Heimatfront seit 1935 nannte. Tatsächlich hatten Henlein und seine Gefolgsleute ursprünglich keineswegs den Anschluss an das Deutsche Reich, sondern eine Autonomie des Sudetenlandes im Blick. Innerparteiliche Rankküne und andere Anfeindungen hatten Henlein dann aber Mitte November 1937 veranlasst, sich Hitler zu beugen und in seine Plänen zu fügen.

Die Voraussetzungen für eine erfolgreiche Aktion waren seit Anfang der dreißiger Jahre so oder so gut. Denn die Deutschen in der Tschechoslowakei, die nach einer Volkszählung vom November 1930 immerhin 22,5 Prozent, im tschechischen Teil der Republik sogar knapp 30 Prozent der Bevölkerung stellten, fühlten sich zu Recht benachteiligt. Das galt zum Beispiel für ihre allenfalls marginale Berücksichtigung, wenn es um die Besetzung leitender Positionen im öffentlichen Leben ging, und es galt nicht zuletzt für das wirtschaftliche Leben. Die Auswirkungen der Weltwirtschaftskrise verschlechterten ihre Situation weiter, zumal das industriell hoch entwickelte und exportabhängige Sudentenland besonders schwer getroffen wurde. 1936 lebten 60 Prozent der Arbeitslosen der Tschechoslowakei in den sudetendeutschen Gebieten. Das alles war Wasser auf die Mühlen der Sudetendeutschen Partei, die aus den Wahlen des Mai 1935 als klare Siegerin hervorging. Erschwerend kam hinzu, dass im Dezember dieses Jahres Tomáš Masaryk nach anderthalb Jahrzehnten vom Amt des Staatspräsidenten zurücktrat. Seinem Nachfolger Eduard Beneš fehlten die Kraft und vor allem der Wille zur Integration der größeren und kleineren Nationalitäten des Ende 1918 aus der Konkursmasse Österreich-Ungarns hervorgegangenen Vielvölkerstaates, der immerhin einige Zeit lang der einzige Staat in Mittel- und Osteuropa mit einer bürgerlich-demokratischen Ordnung gewesen war.

Am 24. April trat Henlein, den Anweisungen Hitlers folgend, mit dem so genannten Karlsbader Programm an die Öffentlichkeit. Die zentralen Forderungen, darunter «[v]olle Freiheit des Bekenntnisses zum deutschen Volkstum»,[27] waren natürlich für die Prager Regierung nicht akzeptabel. Deshalb ließ Hitler sie erheben. An sich war ihm das Schicksal der Deutschen in der Tschechoslowakei ziemlich gleichgültig. Er brauchte sie für die Umsetzung seiner Pläne, instrumentalisierte ihre außer Frage stehende Diskriminierung für die schon Anfang November 1937 angekündigte Zerlegung der Tschechoslowakei.

Am 30. Mai 1938 gab Adolf Hitler der Wehrmacht seinen «unabänderliche[n] Beschluß» bekannt, «die Tschechoslowakei in absehbarer Zeit durch eine militärische Aktion zu zerschlagen». Bis zum 1. Oktober des Jahres sollte die Wehrmacht in die Lage versetzt sein, «Böhmen und Mähren rasch in Besitz zu nehmen» und dann «in das Herz der Tschechoslowakei vorzustoßen».[28] So geschah es. Und je intensiver die Vorbereitungen für die Umsetzung von «Plan Grün», so der Deckname des Unternehmens, liefen, umso größer wurden die Bedenken in den Reihen derer, die ihn militärisch zu realisieren beziehungsweise seine Umsetzung diplomatisch zu flankieren hatten.

Der Widerstand, der sich jetzt in den Reihen des Militärs und des Auswärtigen Amtes zu regen, in ersten Anfängen auch zu formieren begann, entzündete sich nicht an den Zielen Hitlers oder dem, was man dafür hielt. Welche Einwände hätte man auch gegen die Wiedereinführung der allgemeinen Wehrpflicht, die Wiederbesetzung der entmilitarisierten Zonen des Rheinlandes oder gegen den Anschluss Österreichs vorbringen sollen? Waren diese Aktionen nicht sämtlich auch Schritte auf dem Weg zur Wiederherstellung der deutschen Großmacht? Waren sie nicht Ausdruck der lange vorenthaltenen Gleichrangigkeit des Reiches im Kreise der Mächte? Erhöhten sie nicht auch die Sicherheit Deutschlands in seiner geostrategisch gefährlichen mitteleuropäischen Lage? Und galt das alles nicht auch für den von Hitler anvisierten nächsten Schritt, die Zerschlagung der Tschechoslowakei?

Nein, gegen das Ziel gab es keine Einwände, jedenfalls keine grundsätzlichen. Und was die Methoden anging, so schlossen die allermeisten Vertreter der Wehrmacht und des Auswärtigen Amtes den Krieg als äußerstes Mittel zur Durchsetzung vitaler Interessen nicht aus – wenn denn alle anderen ausgeschöpft sein oder versagt haben sollten. In keiner dieser Fragen gab es also Differenzen, schon gar keine schwerwiegenden. Was allerdings einige irritierte, waren Hitlers Ungeduld und damit der Zeitpunkt der geplanten Aktion, mit der sich Deutschland während einer Phase in einem großen Krieg wiederfinden konnte, in der es gerade erst dabei war, sich für ihn zu rüsten. Es war und blieb jedoch eine Minderheit, die solche Überlegungen anstellte und bereit war, Konsequenzen zu ziehen, zu denen äußerstenfalls auch der Staatsstreich gegen Hitler gehörte.

In den Reihen der Militärs zählten dazu vor allem der Generalstabschef des Heeres Ludwig Beck, der am 18. August 1938 seinen Abschied nahm, und sein Nachfolger Franz Halder, außerdem der Chef der Abwehr, Wilhelm Canaris, und sein Mitarbeiter Hans Oster. Im Auswärtigen Dienst war Staatssekretär Ernst Freiherr von Weizsäcker darum bemüht, einen großen europäischen Krieg zu verhindern. Weizsäcker, Jahrgang 1882, war Anfang April 1920 von der Marine gekommen und hatte auf verschiedenen Posten in der Schweiz und in Skandinavien Dienst getan, als er Ende April 1937 zum Politischen Direktor und ein knappes Jahr später zum Staatssekretär des Auswärtigen Amtes berufen wurde. Ohne die Protektion des Außenministers hätte Weizsäcker diese Karriere nicht machen können. Einmal dort angekommen, kam er im April 1938 dem Drängen Ribbentrops zum Eintritt in die NSDAP und die SS nach. Nach dem Krieg wurde Weizsäcker zwar nicht wegen dieser Mitgliedschaften, wohl aber wegen seiner Mitwirkung an der Deportation französischer Juden nach Auschwitz zu fünf Jahren Haft verurteilt.

Die in dieser Zeit aufgebaute Legende, Weizsäcker habe einer oppositionellen Gruppe im Auswärtigen Amt angehört, ist von diesem selbst nie offensiv vertreten worden. Sie lässt sich auch keinesfalls halten. Ganz im Gegenteil erklärte der Staatssekretär Ende April 1942 Ulrich von Hassell, mit dem er gelegentlich gemeinsam auf Posten gewesen war und der sich nach seiner Versetzung in den Wartestand der Opposition gegen Hitler angeschlossen hatte, ultimativ, er möge ihn «bis auf weiteres» mit seiner «Gegenwart verschonen», und er, Weizsäcker, «sei entschlossen, ihn gegebenenfalls absolut abzuleugnen ... Also auf Wiedersehen, aber ich bitte dringend, nicht zu bald!»[29]

Allerdings steht auch außer Frage, dass Weizsäcker in der schweren Krise um die Tschechoslowakei maßgeblich daran beteiligt gewesen ist, die Ausweitung zu einem europäischen Krieg, den Hitler wollte, zu vermeiden. Außer Frage steht auch, dass es ihm dabei nicht um die von Hitler verfolgten Expansionspläne ging, die er jedenfalls mit Blick auf die Tschechoslowakei weitgehend teilte, sondern um den Zeitpunkt der geplanten Operation, den er wie zum Beispiel auch Beck für zu früh hielt. Außer Frage steht schließlich, dass er deshalb Theodor Kordt, der seit Mitte März 1938 an der deutschen Botschaft in London Dienst tat, und dessen jüngeren Bruder Erich Kordt gewähren ließ. Dieser leitete seit März 1938 das Ministerbüro, nachdem er zuvor in London auf Posten gewesen war. Sein Versuch vom 7. September 1938, als «Sprecher politischer und militärischer Kreise in Berlin, die mit allen Mitteln einen Krieg verhindern wollen»,[30] den britischen Außenminister persönlich zu einem Signal an die deutsche Opposition gegen Hitler zu veranlassen, scheiterte freilich auf ganzer Linie. Wie im Übrigen auch der Versuch Erich Kordts fehlschlug, sich selbst nach dem Krieg als Schlüsselfigur der Verschwörung gegen das Nazi-Regime und Weizsäcker als deren treibende Kraft im Hintergrund zu stilisieren.

Allen Beteiligten, ganz gleich, welche Position sie in der Krise auch bezogen, war klar, dass London am Zug war, und im Mai 1938 hatte es tatsächlich für einige Tage so ausgesehen, als würde Hitler einen Rückzieher machen, wenn eine entschlossen auftretende Tschechoslowakei die Rückendeckung Frankreichs, Großbritanniens und im Hintergrund auch der Sowjetunion finden würde. Aber dann kam alles ganz anders, nämlich so, wie Hitler es vermutet hatte. Die Sowjetunion hielt sich bedeckt – wegen ihrer enormen inneren Schwierigkeiten, aber auch deshalb, weil ihre Beistandsverpflichtung für Prag an die Beistandsbereitschaft Frankreichs gebunden war; Frankreich aber begab sich in der aufziehenden Krise einmal mehr in vollständige Abhängigkeit von Großbritannien; und Großbritanniens Interesse an der Tschechoslowakei war so groß wie sein

Interesse an einem europäischen Krieg, also nicht vorhanden: Um ihre vielfältigen überseeischen Aufgaben wahrnehmen zu können, tat die britische Regierung alles für den Erhalt des fragilen europäischen Friedens.

Das erklärt, warum nicht etwa Hitler, der Fordernde, zum britischen Premierminister, sondern Chamberlain, der Gebende, zum deutschen Reichskanzler reiste – und das gleich dreimal innerhalb von 14 Tagen. Erstmals kam er am 15. September 1938 nach Deutschland, um auf dem Obersalzberg Hitlers Bedingungen für die Lösung der tschechoslowakischen Krise, allen voran die Forderung nach Selbstbestimmung für die Sudetendeutschen, in Empfang zu nehmen. Eine Woche später, vom 22. bis zum 24. September, hielt sich der britische Premier erneut in Deutschland auf, dieses Mal im rheinischen Bad Godesberg. Im Gepäck hatte er nicht weniger als die Zustimmung der völlig isolierten Prager Regierung zu einem britisch-französischen «Vorschlag» vom 19. September, der faktisch auf eine Autonomie der sudetendeutschen Gebiete der Tschechoslowakei hinauslief.

Hitler erwiderte das Entgegenkommen mit einer Serie weiterer Forderungen, darunter die nach einem Einmarsch deutscher Truppen in die fraglichen Gebiete. Das war hoch gepokert. Würde es zum Krieg kommen? Jedenfalls sah es für einige Tage danach aus: Mobilisierung der tschechoslowakischen Armee, Einberufung der französischen Reservisten, Kriegsvorbereitung der englischen Flotte, ein Friedensappell des Präsidenten der USA im «Namen von 130 Millionen Amerikanern»[31] und eine unverhohlene Drohung Hitlers, der seinen deutschen «Volksgenossen und -genossinnen» erklärte, dass «nunmehr die deutsche Geduld endlich doch ein Ende» habe.[32] Die Zeichen standen auf Sturm – und Chamberlain reiste zum dritten Mal nach Deutschland.

Am 29. September traf er mit Hitler in München zusammen. Mit von der Partie waren dieses Mal die Ministerpräsidenten Frankreichs und Italiens, Edouard Daladier und Benito Mussolini. Der «Duce» hatte die Konferenz auf Bitten Chamberlains vermittelt und legte dort einen Vorschlag auf den Tisch, der wiederum im Auswärtigen Amt erarbeitet worden war und die Handschrift Weizsäckers trug.

Dieses so genannte Münchener Abkommen beziehungsweise ein «Zusatz» zu demselben sahen nicht die Abtretung der sudetendeutschen Gebiete der Tschechoslowakei vor, sondern bezogen sich auf das «Abkommen, das hinsichtlich der Abtretung der sudetendeutschen Gebiete bereits grundsätzlich erzielt wurde», also auf die von Prag akzeptierten «englisch-französische[n] Vorschläge vom 19. September». Im Abkommen geregelt wurden der Zeitpunkt und die Modalitäten der tschechoslowakischen «Räumung» und der «etappenweise[n] Besetzung des vorwiegend deutschen Gebietes durch deutsche Truppen», die am 1. Oktober beginnen sollte. Außerdem wurde durch die britische und französische Regierung ihr am 19. September gegenüber Prag abgegebenes «Angebot ... betreffend eine internationale Garantie der neuen Grenzen des tschechoslowakischen Staates gegen einen unprovozierten Angriff» bekräftigt und von Deutschland und Italien zugesagt, «ihrerseits der Tschechoslowakei eine Garantie» zu geben, sobald die Frage der «polnischen und ungarischen Minderheiten in der Tschechoslowakei geregelt» sei.[33]

Hätte es für Hitler besser kommen können? Mag ja sein, dass er eine militärische Lösung und damit einen zu diesem Zeitpunkt begrenzbaren Krieg vorgezogen hätte. Jedenfalls hat er das in der aussichtslosen Rückschau seiner letzten Tage im Führerbunker der Reichskanzlei so gesehen. Tatsächlich musste man aber zu Protokoll nehmen, dass die Großmächte ihn nicht nur weiterhin auf seinem ungebremsten Expansionskurs gewähren ließen, sondern dass sie ihm die Beute seines jüngsten Raubzuges sogar mundgerecht auf dem Silbertablett serviert und damit zu weiteren Unternehmungen dieser Art geradezu eingeladen hatten. Das galt – zu diesem Zeitpunkt nicht weiter überraschend – für Rom; es galt – zur bösen Überraschung jedenfalls der Betroffenen – für London; und es galt – zum Entsetzen der Opfer – auch für Paris. Tatsächlich schien Frankreich, das immerhin seit Oktober 1925 die Garantiemacht der Tschechoslowakei war, unter der kurzzeitigen Regie seines Außenministers Georges Bonnet die britische Appeasement-Politik noch überbieten zu wollen. Wer lesen konnte, wusste doch, dass die Formulierung vom «unprovozierten Angriff» Raum für Interpretationen ließ und dass die Grenzgarantie in München durch Deutschland eben nicht abgegeben, sondern vertagt worden war.

Nein, das war ein Offenbarungseid, eine Bankrotterklärung auch und vor allem des noch freien Teils von Europa. Thomas Mann, der die Münchener Inszenierung vom fernen Amerika aus verfolgte, fand noch 1944, «daß es nichts Abscheulicheres gibt als Massenbetrug und Verrat an den Völkern. Meine unglücklichsten Jahre waren die, in denen im Namen eines falschen Friedens, des appeasements, die Völker an den Faschismus verkauft wurden. Die Opferung des Tschechenvolkes durch die Münchener Konferenz war die schrecklichste und demütigendste politische Erfahrung meines Lebens ...»[34] Damit gehörte er einer Minderheit an, denn die Mehrzahl der Briten, Franzosen und auch Amerikaner begrüßte das Münchener Abkommen und die vermeintliche Sicherung des Friedens.

Die mittelbaren wie unmittelbaren, die lang- wie die kurzfristigen Folgen des Abkommens sind kaum zu überschätzen. Das gilt nicht zuletzt für seine weit über den Untergang des Deutschen Reiches hinausweisenden Wirkungen. So paradox es klingt, diente die Art und Weise, wie es zustande gekommen war, der deutschen Außenpolitik in den siebziger Jahren als entscheidendes Argument für die Formulierung ihres Standpunktes, wonach das Münchener Abkommen nicht «von Anfang an» ungültig gewesen sei. Während der langwierigen Gespräche und Verhandlungen, die schließlich am 11. Dezember 1973 zum so genannten Prager Vertrag zwischen der Bundesrepublik Deutschland und der Tschechoslowakei führten, formulierte das Auswärtige Amt – mit Blick auf die Enteignung, Entrechtung und Vertreibung der Sudetendeutschen nach dem Krieg – schon früh seine nie revidierte Position, wonach das Abkommen «seinerzeit rechtswirksam zustande» gekommen sei.[35]

Kurzfristig bedeutete die erfolgreiche Beilegung der Sudetenkrise einen herben Rückschlag für die sich formierende innere Opposition einiger Militärs, Politiker und Diplomaten gegen Hitler. Die von diesem und Chamberlain am Rande der Konferenz abgegebene gemeinsame deutsch-englische Erklärung, in der vom

«Wunsch der beiden Völker» die Rede ist, «niemals wieder gegeneinander Krieg zu führen»,[36] war nach der kühlen Zurückweisung Erich Kordts durch Außenminister Halifax drei Wochen zuvor ein weiterer, dieses Mal der entscheidende Tiefschlag. Zwar war der Putsch so weit vorbereitet, dass man hätte losschlagen können. Aber wie hätte man der Bevölkerung den Sturz eines Staatsmannes erklären sollen, der innerhalb kürzester Zeit solche außenpolitischen Erfolge verbuchen konnte, ohne dass auch nur ein Schuss gefallen war?

Tatsächlich hatten die Verschwörer im Rahmen des Möglichen alles für einen Staatsstreich vorbereitet. Sowohl Franz Halder, der Chef des Generalstabs des Heeres, als auch die Generäle Walter Graf von Brockdorff-Ahlefeldt, Erich Hoepner, Carl-Heinrich von Stülpnagel und Erwin von Witzleben, aber auch der Polizeivizepräsident in Berlin Fritz-Dietlof Graf von der Schulenburg oder der Regierungsrat im Reichsinnenministerium Hans Bernd Gisevius, um nur sie zu nennen, standen bereit, als das Unerhörte passierte: «Chamberlain rettete Hitler.»[37] Von diesem Rückschlag hat sich die deutsche Opposition lange nicht, wenn überhaupt je erholt. Jedenfalls gingen beinahe fünf Jahre ins Land, bis ein Umsturzversuch unternommen wurde.

Und Hitler war nicht nur gerettet, er stand auch besser da als je zuvor. Er hatte viel riskiert und alles gewonnen. Vor allem aber hatte er mit seiner Prognose vom 5. November des vergangenen Jahres recht behalten, wonach die Briten «die Tschechei bereits im Stillen abgeschrieben» hatten. Die Haltung der in München versammelten Repräsentanten der drei gewichtigsten europäischen Großmächte führte ihn jetzt zu dem Schluss, dass diese auch bei seinen kommenden Aktionen nicht den Mut haben würden, ein- und anzugreifen. Also gab Hitler, kaum dass die Tinte unter dem Münchener Abkommen getrocknet war, am 21. Oktober 1938 den Befehl, die Zerschlagung der «Rest-Tschechei» vorzubereiten,[38] und ordnete am 17. Dezember ihre «Erledigung» an – vorausgesetzt, dass auch bei dieser nunmehr gewaltsamen Aktion «kein nennenswerter Widerstand zu erwarten» sei,[39] wovon er ausging.

Man muss diese Lageeinschätzung in Rechnung stellen, wenn man verstehen will, warum Hitler Anfang 1939, mitten in den Vorbereitungen für den Schlag gegen die Tschechoslowakei, bereits den Blick über Mitteleuropa hinaus richtete und mit den Planungen für die etappenweise Errichtung einer deutschen Weltherrschaft begann. Wie konkret seine Vorstellungen im Einzelnen waren, sei dahingestellt. Jedenfalls befahl er Ende Januar 1939, den Bau einer großen Überseeflotte zu beschleunigen, und wenige Wochen später wurden die zuständigen Stellen angewiesen, die Planungen für die Wiedererrichtung eines deutschen Kolonialreiches in Afrika zu forcieren. Wenn auch davon auszugehen ist, dass Hitler, optimistisch gestimmt, wie er war, in den Wochen und Monaten um die Jahreswende 1938/39 über die transkontinentale Dimension seiner Expansionspolitik nachdachte, wird man darin doch keine konkreten Vorbereitungen für bevorstehende Operationen sehen können.

Bei aller Risikobereitschaft, die der Diktator in dieser Zeit an den Tag legte, wusste er doch zu genau, dass die Voraussetzung für die überseeische Expansion in der faktischen Kontrolle Europas einschließlich der Sowjetunion lag. Von strategischen Erwägungen abgesehen, hatte der Feldzug gegen die Sowjetunion für Hitler schon deshalb absolute Priorität, weil er den Rahmen für die Realisierung seines Vernichtungs- und Versklavungsvorhabens bildete. Nicht zuletzt aber sollte dieser Feldzug, der ja auch als Beutefeldzug gedacht war, jene wirtschaftliche Autarkie herstellen, ohne die an die nächste raumübergreifende Etappe des insgesamt doch sehr vagen globalen Expansionsprogramms gerade für Hitler nicht zu denken war.

Vor diesem Hintergrund hatten die Überlegungen und Planungen für den Bau einer Überseeflotte und die neuerliche Errichtung eines Kolonialreiches eher den Zweck, Großbritannien unter Druck zu setzen. Dass die Taktik funktionierte, wusste man inzwischen in Berlin recht gut: Der unter anderem durch Hitler selbst im Verlauf des Jahres 1937 und gewissermaßen ins Blaue hinein erhobene deutsche Anspruch auf Kolonien hatte bei der britischen Regierung, wie gesehen, hektische Betriebsamkeit hervorgerufen und zur Formulierung eines entsprechenden Angebotes geführt.

Seither glaubte man in London davon ausgehen zu können, dass es sich bei diesem Reichskanzler um eine Art zweiten Bismarck handelte. Nicht auszuschließen ist, dass die britischen Appeaser diesen Gedanken nachhingen, um nicht entschieden intervenieren zu müssen. Sicher ist, dass sich Hitler bis 1941 wie die politischen und militärischen Strategen des Kaiserreichs verhielt, weil er wie diese davon überzeugt war, dass man die Rückendeckung der Engländer – also mindestens ihre Neutralität, möglichst aber ein Bündnis mit ihnen – brauchte, wenn man sich in die entscheidende Schlacht auf dem Kontinent begab. Und um die eine oder das andere zu bekommen, bot sich auch für Hitler massiver Druck an. Dieser Linie ist er bis hin zum deutschen Überfall auf die Sowjetunion treu geblieben. Dass sich Hitler damit in den Bahnen der von ihm eigentlich verachteten Diplomaten des kaiserlichen Deutschland bewegte, ist bemerkenswert und zeigt einmal mehr, dass es tatsächlich für ein auf Expansionskurs befindliches Deutsches Reich nur wenige außenpolitische Optionen gab.

Die Zerschlagung der Tschechoslowakei war eine Sache von wenigen Tagen und Stunden. Am 13. März 1939 rief der deutsche Reichskanzler Adolf Hitler den slowakischen Ministerpräsidenten Jozef Tiso, der gerade vom tschechoslowakischen Staatspräsidenten Emil Hácha abgesetzt worden war, nach Berlin und zwang ihn unter massivem Druck zur Loslösung des Landes von der Tschechoslowakei: Am folgenden Tag proklamierte der Landtag die Unabhängigkeit des slowakischen Staates, an dessen Spitze Tiso zunächst als Minister-, seit Ende Oktober 1939 dann als Staatspräsident stand.

Zu diesem Zeitpunkt hielten sich Hácha und der tschechoslowakische Außenminister František Chvalkovský bereits in Berlin auf. Dort erfuhren sie, dass der deutsche Einmarsch am folgenden Morgen, 6 Uhr, beginnen werde, und legten folglich – mangels Alternativen und international völlig isoliert – «das Schicksal des tschechischen Volkes und Landes vertrauensvoll in die Hände des Führers des Deutschen Reiches».[40] Hitler selbst degradierte am 16. März auf der Prager Burg Böhmen und Mähren zu einem «Protektorat» des

 Deutschen Reiches und stellte fest: «Die Tschecho-Slowakei hat damit aufgehört zu existieren.»[41]

Tatsächlich war der Vielvölkerstaat 20 Jahre nach seiner Gründung vollständig zerschlagen: Der größte Teil, die sudetendeutschen Gebiete sowie Böhmen und Mähren, gehörte fortan zum Deutschen Reich beziehungsweise wurde von ihm verwaltet: Als Präsident fungierte Emil Hácha, als «Reichsprotektor» der vormalige Außenminister Konstantin Freiherr von Neurath, dem Ende September 1941 Reinhard Heydrich, der Chef des Reichssicherheitshauptamtes, als Stellvertreter zur Seite gestellt wurde. Die Slowakei war ein formal unabhängiger Staat und stand seit dem 23. März 1939 vertraglich in einem «Schutzverhältnis» zum Deutschen Reich.[42] Und auch Ungarn und Polen gehörten zu den Gewinnern dieses von Deutschland angeführten internationalen Beutezuges: Unmittelbar nach Unterzeichnung des Münchener Abkommens waren polnische Truppen in das oberschlesische Teschener Gebiet eingerückt und hatten sich so unter anderem zurückgeholt, was Polen 1920 im Krieg gegen Sowjetrussland an die Tschechoslowakei hatte abtreten müssen.

Ungarn hatte sich im November 1938 mit deutscher und italienischer Unterstützung durch den so genannten ersten Wiener Schiedsspruch die südlichen Gebiete der Tschechoslowakei gesichert und verleibte sich am 14. März 1939 die vorübergehend unabhängige Karpato-Ukraine ein. Überhaupt sollte Ungarn zu den größten Gewinnern der maßgeblich durch Deutschland ausgelösten Revision Ostmittel- und Südosteuropas zählen: Auf der Basis des so genannten zweiten, ebenfalls von Deutschland und Italien vermittelten Wiener Schiedsspruchs konnte sich Ungarn Ende August 1940 einen beachtlichen Teil Siebenbürgens von Rumänien zurückholen.

Über die territoriale Neuordnung hinaus eröffneten das Münchener Abkommen wie die beiden Schiedssprüche eine neue Runde «ethnischer Säuberungen». Sie stellte in ihrer Totalität und Geschwindigkeit alles in den Schatten, was man kannte, seit mit dem in Neuilly-sur-Seine geschlossenen Friedensvertrag für Bulgarien und dem in Lausanne geschlossenen, revidierten Friedensvertrag für die Türkei im Herbst 1919 beziehungsweise im Sommer 1923 Präzedenzfälle mit verheerenden Folgen geschaffen worden waren. Immerhin wurde in Lausanne nicht weniger als die fast vollständige ethnische Säuberung Griechenlands und der Türkei beschlossen.

Ohne die Verträge namentlich zu nennen, nahm Hitler doch auf sie Bezug, als er nach der Zerschlagung Polens in seiner berüchtigten Reichstagsrede vom 6. Oktober 1939 auf die «neue Ordnung der ethnographischen Verhältnisse» zu sprechen kam und «Umsiedlungen» zu den «Aufgaben einer weitschauenden Ordnung des europäischen Lebens» zählte. Als eines der «Ziele der Reichsregierung» definierte Hitler «die Ordnung des gesamten Lebensraumes nach Nationalitäten, d. h. eine Lösung jener Minoritätenfragen, die ... fast alle süd- und südosteuropäischen Staaten betreffen». Die Umsetzung dieser «Sanierungsarbeit»[43] hatte gigantische Dimensionen: Selbst wenn man die industrielle Massenvernichtung des europäischen Judentums nicht einbezieht, von der noch zu berichten ist, und die zumindest zeitweilig umgesiedelten Zwangsarbeiter nicht einrechnet, ist für die Zeit zwischen dem Münchener Abkommen und dem Zusammenbruch des deutschen Herrschaftsbereichs sechseinhalb Jahre darauf von «mindestens 6,4 Millionen» Menschen auszugehen.[44]

Wenn der Höhepunkt einer Entwicklung zugleich ihr Scheitelpunkt ist, so hatte die deutsche Außenpolitik ihn mit der Zerschlagung der Tschechoslowakei insofern erreicht, als sie zum letzten Mal einen spektakulären Erfolg verbuchen konnte, ohne dass es zum Krieg gekommen wäre. Der Wirkung dieses Erfolges konnten sich auch jene Offiziere und Diplomaten nicht entziehen, die sich inzwischen in Opposition zu Hitlers Kurs befanden: Die «Aktion gegen die Tschechei», fand Ulrich von Hassell, sei «glänzend durchgeführt, zur völligen Überraschung der Welt, die entsetzt den Mund aufsperrt. Ein äußerer Erfolg ohnegleichen.» Allerdings wurde dem vormaligen Botschafter zugleich «angst und bange dabei. Es ist der erste Fall offenbarer Hybris, das Überschreiten aller Grenzen, zugleich jedes Anstands.»[45]

Genau so wurde das Unternehmen dann auch außerhalb Deutschlands aufgenommen, und die Welt beließ es erstmals nicht mehr dabei, «entsetzt den Mund aufzusperren». Zum Beispiel Italien. Mussolini war über die unabgesprochenen Aktionen des Partners wenig amüsiert, nutzte die turbulente internationale Situation, ließ – ohne vorherige Konsultation Hitlers – am 7. April 1939 Albanien besetzen und erfüllte damit eine alte Forderung des italienischen Imperialismus. Die Quittung, nämlich eine Garantie für Griechenland und Rumänien, die Großbritannien und Frankreich sechs Tage später ausstellten, kam nicht ganz aus heiterem Himmel. Ähnlich hatte die britische Regierung nämlich schon zugunsten Polens Position bezogen und am 31. März durch den Premierminister vor dem Unterhaus klargestellt, dass «im Falle irgendeiner Aktion, die klarerweise die polnische Unabhängigkeit bedrohte, … Seiner Majestät Regierung sich verpflichtet fühlen würde, der polnischen Regierung alle in ihrer Macht stehende Hilfe sofort zu gewähren».[46]

Natürlich war nicht zu übersehen, dass Chamberlain unter wachsendem Druck der eigenen Öffentlichkeit agierte; auch war nicht zu überhören, dass man in London zwar die «Unabhängigkeit» Polens garantiert hatte, nicht aber seine Grenzen. Das ließ auch in Zukunft Raum für Manöver. Dennoch hatte die britische Regierung erstmals überhaupt auf eine Art reagiert, die erkennen ließ, dass Hitlers Spielraum Grenzen gesetzt waren. Dass sie das zu diesem Zeitpunkt und im Falle Polens tat, war kein Zufall. Rechnete man nämlich eins und eins zusammen, musste einem klar werden, dass dieses Land als Nächstes an der Reihe war.

Darauf deuteten nicht nur Hitlers Schläge gegen die Tschechoslowakei, sondern auch andere Aktivitäten dieser Wochen und Monate hin. Zum Beispiel die Beitritte Ungarns und Spaniens zum Antikominternpakt am 24. Februar beziehungsweise 27. März 1939, wobei insbesondere die immer intensivere Annäherung des strategisch wichtigen Ungarn an die Seite Deutschlands aufschlussreich war. Ähnliches galt für die Verträge, die das Reich am 22. beziehungsweise 23. März mit Litauen und Rumänien schloss. Der Gewaltverzichtsvertrag mit Litauen sah zugleich die Wiedereingliederung des gerade durch deutsche Truppen besetzten Memelgebiets ins Deutsche Reich vor; der Wirtschaftsvertrag mit Rumänien sicherte Deutschland die für die Kriegführung wichtigen Ölvorkommen des Landes.

Blieb Polen. Im Winter 1938/39 war sein Schicksal noch keineswegs entschieden. Dass in Hitlers Lebensraum-Planungen kein Weg an einer Vernichtung des Landes vorbeiführte, ist gewiss. Andererseits hatte Hitler Polen von der Zerschlagung der Tschechoslowakei profitieren lassen. Auch ließ der Kanzler seit Ende Oktober 1938 über seinen Außenminister die Möglichkeit einer deutsch-polnischen Kooperation prüfen, lotete aus, ob nicht ein Zusammengehen mit Polen gegen die Sowjetunion für beide Seiten eine interessante Option sein könnte. Allerdings war der Preis, den er dafür verlangte, nämlich unter anderem die Rückkehr Danzigs zum Reich, für Warschau eindeutig zu hoch. Am 26. März 1939 ließ der seit 1932 amtierende Außenminister Józef Beck, der nach dem Tode Piłsudskis immer stärker die Zügel in die Hand genommen hatte, durch seinen Botschafter in Berlin, Józef Lipski, Hitlers Vorschlägen und Forderungen definitiv eine Abfuhr erteilen.

Der reagierte auf seine Weise – umgehend und kompromisslos: Am 3. April wies Hitler das Oberkommando der Wehrmacht an, die Kriegsvorbereitungen gegen Polen bis zum 1. September 1939 abzuschließen, und einige Wochen später, am 23. Mai, erläuterte er den führenden Militärs, welche Ziele er dabei verfolgte: «Danzig ist nicht das Objekt, um das es geht. Es handelt sich um die Erweiterung des Lebensraumes im Osten und Sicherstellung der Ernährung, sowie der Lösung des Baltikum-Problems.»[47] Seine Ausführungen ließen erkennen, dass sich Hitler erstmals nicht wirklich sicher war, wie der Rest der Welt auf diese Aktion reagieren würde. Das galt jetzt auch für die USA.

Zwar spielten die Vereinigten Staaten in dieser Ansprache keine Rolle, doch hatte ihr Präsident wenige Wochen zuvor Hitler zur Stellungnahme gezwungen. Franklin D. Roosevelt, der 1882 geborene 32. Präsident der Vereinigten Staaten, hatte sein Amt Anfang März 1933 – also wenige Wochen nach Hitlers Machtübernahme – angetreten. Als er Mitte April 1945, zwei Wochen bevor sich Hitler im Bunker der Reichskanzlei das Leben nahm, nach einem Gehirnschlag starb, wusste er, dass der deutsche Diktator so gut wie zur Strecke gebracht war. Ohne Zweifel gehörte dieser willensstarke, nach einer Kinderlähmung auf den Rollstuhl angewiesene Mann zu den entschiedenen Widersachern Hitlers.

Als Roosevelt Mitte April 1939 rhetorisch in die Offensive ging, reagierte er unter anderem auf die Radikalisierung des Antisemitismus in Deutschland. Am 9. November 1938 hatten die pogromartigen Exzesse der von den Gegnern der Nazis so genannten Reichskristallnacht erkennen lassen, dass Hitler offenbar meinte, was er sagte, und am 31. Januar 1939 sagte er vor dem Reichstag, was er meinte: «Wenn es dem internationalen Finanzjudentum in und außerhalb Europas gelingen sollte, die Völker noch einmal in einen Weltkrieg zu stürzen, dann wird das Ergebnis nicht die Bolschewisierung der Erde und damit der Sieg des Judentums sein, sondern die Vernichtung der jüdischen Rasse in Europa.»[48]

Es waren diese Radikalisierung des Antisemitismus und das außenpolitische Vorgehen Deutschlands im Frühjahr 1939, die Roosevelt aus der Reserve lockten. Am 14. April forderte er Hitler in einem gleichzeitig veröffentlichten Telegramm auf, in den kommenden Jahren von Aggressionen gegen etwa 30 namentlich genannte Staaten Europas und des Nahen Ostens abzusehen. 14 Tage später antwortete ihm Hitler mit einer seiner längsten Reden vor dem Reichstag, die er mit dem «demütigen Dank» an die Adresse der «Vorsehung» eröffnete und in der er seinen Willen bekräftigte, das «deutsche Volk aus seiner Niederlage zu erheben und es aus den Fesseln des schandvollsten Diktats aller Zeiten zu lösen».[49] Mit beißender Polemik wies er Roosevelts Ausführungen Punkt für Punkt zurück, machte unter anderem darauf aufmerksam, dass einige der vom Präsidenten aufgeführten, vermeintlich von Deutschland bedrohten Länder – wie Irland oder Palästina – zur Zeit unter britischer Kontrolle standen, und gab bei dieser Gelegenheit die Kündigung sowohl des Flottenabkommens mit Großbritannien als auch des Nichtangriffspaktes mit Polen bekannt.

Keine Frage, die Zeichen standen auf Sturm. Hitler wollte den Krieg gegen Polen. Um ihn schnell und erfolgreich führen zu können, musste unter allen Umständen eine Zweifrontensituation verhindert werden. So gesehen hatte sich an Deutschlands Lage seit den Tagen der Reichsgründung nichts geändert. Da man nach der britischen Kurskorrektur vom 31. März 1939 nicht mehr ohne Weiteres davon ausgehen konnte, dass die Westmächte bei einem deutschen Angriff auf Polen stillhalten würden, rückte jetzt zwangsläufig die Sowjetunion ins Zentrum des Kalküls. Nicht ohne Grund ging Hitler in der Besprechung mit seinen Militärs am 23. Mai 1939 davon aus, dass «Rußland sich an der Zertrümmerung Polens desinteressiert»[50] zeigen könnte: Wochen zuvor hatte nämlich der Kreml seinerseits bemerkenswerte Signale nach Berlin gesandt.

Dort hatte seit Mitte der zwanziger Jahre Josef Stalin das Sagen. Der 1879 geborene Georgier hat das Gesicht der Sowjetunion und den Verlauf der Weltpolitik für beinahe 30 Jahre geprägt wie kein Zweiter. Einer wechselvollen Laufbahn als relegierter Theologiestudent, Berufsrevolutionär, Deportierter und Verbannter folgte seit 1912, seit seiner Berufung in das Zentralkomitee der bolschewistischen Partei, die Politkarriere. Im ersten Rat der Volkskommissare leitete Stalin das Ressort für Nationalitätenangelegenheiten. Hier ließ er erstmals jene Verbindung aus skrupelloser Brutalität und beachtlicher taktischer Beweglichkeit erkennen, mit der er sich innerhalb kurzer Zeit die Schlüsselrolle in Partei und Staat sicherte und an der letztlich alle seine Gegner, auch Hitler, gescheitert sind. Noch bevor der schwerkranke Lenin im Januar 1924 starb, hatte Stalin die Spitze erreicht.

Als Hitler und Deutschland zum Siegeszug durch Europa antraten, waren Stalin und die Sowjetunion kaum handlungsfähig: Zwischen 1926 und 1939 dürfte die Bevölkerung des Landes um beinahe 19 Millionen Menschen zurückgegangen sein. Insbesondere die große Hungersnot, die der Missernte von 1931 folgte, kostete auch deshalb Millionen das Leben, weil das namentlich in der Ukraine geerntete Getreide fast ausnahmslos ins westliche Ausland ging, das dafür Maschinen und andere für die Modernisierung der Roten Armee wichtige Ausrüstung lieferte: «... wenn wir jetzt nicht unverzüglich Getreide beschaffen», gab Wjatscheslaw Michailowitsch

Molotow, Vorsitzender des Rates der Volkskommissare, Anfang Januar 1932 auf der Konferenz über Getreide zu Protokoll, «dann zerstören wir unsere Armee ...»[51]

Zudem forderte Stalins Vernichtungsfeldzug gegen tatsächliche und vor allem gegen vermeintliche Gegner ein Millionenheer von Opfern: Geschätzte eine Million von ihnen wurden in der zweiten Hälfte der dreißiger Jahre erschossen, weitere drei Millionen wurden deportiert, verbannt oder in eines der berüchtigten Gulags gesteckt. Gleichermaßen radikal wie folgenreich waren die Säuberungen in den Reihen der Roten Armee. Zwischen 1929 und 1939 erlebte sie davon drei Wellen, von denen die letzte, im Frühjahr 1937 einsetzende die radikalste war. Dabei galt: je höher der Dienstgrad, umso geringer die Überlebenschance. Bis 1939 dürfte fast die Hälfte der insgesamt 1651 Generäle ums Leben gekommen sein. Damit waren die Streitkräfte des Landes praktisch ohne Führung und kaum einsatzbereit, jedenfalls nicht in einem großen Krieg.

Angesichts dieser Lage gewannen die Entwicklungen in Mitteleuropa für Stalin geradezu existentielle Bedeutung. Das galt für das schrittweise Vorrücken Hitlers nach Osten, und es galt für das entsprechende Zurückweichen der Westmächte. Was den sowjetischen Diktator besonders irritierte, war deren Münchener Umarmungsstrategie. Warum wurde das Deutsche Reich von Briten und Franzosen regelrecht umworben? Warum wurde die Sowjetunion systematisch isoliert, von der Lösung der tschechoslowakischen Krise ausgeschlossen, nicht nach München eingeladen, obgleich sie eine der Beistandsmächte Prags war? Man musste nicht einmal Stalins paranoiden Verfolgungswahn besitzen, um zu einer naheliegenden Erklärung zu kommen: Ging man der Sache auf den Grund, dann versuchte allen voran die traditionell antibolschewistisch eingestellte britische Regierung, die natürlichen Gegner der Sowjets gegen Moskau in Stellung zu bringen. Nicht nur die Deutschen, sondern auch die Japaner. Als sich die Engländer mit diesen Ende Juli 1939 im Konflikt um Tientsin verständigten, kam das einer Hinnahme der japanischen Expansion in China gleich. Damit konnte sich Japan, an dieser Front entlastet, ganz auf die Sowjetunion konzentrieren.

Die Politik kollektiver Sicherheit war gescheitert, so viel stand für Stalin fest. Also musste Außenminister Litwinow Anfang Mai 1939 seinen Hut nehmen. Da er Jude war, ließ sich seine Entlassung und Ersetzung durch Molotow auch als ein Hinweis an die Adresse Hitlers verstehen. Ein weiteres Signal waren die seit Ende 1938 zwischen Moskau und Berlin geführten Gespräche über Wirtschaftsfragen. Hitler war gewiss nicht Stalins erste Wahl. Aber wenn die andere Option, ein Zusammengehen mit England und Frankreich gegen Deutschland, nicht realisierbar war, blieb nur diese.

Es lag also an den Westmächten, und die ließen sich Zeit. Dabei waren es Franzosen und Briten gewesen, die seit Mitte April 1939 bei den Sowjets ein Bündnis angeregt und damit entsprechende Verhandlungen in Gang gesetzt hatten. Sie führten auch zunächst zum Erfolg. Am 24. Juli vereinbarten die drei eine Beistandsverpflichtung, die in einem nicht veröffentlichten Zusatz auf zehn weitere Länder, darunter Belgien, die baltischen Staaten, Polen und Rumänien, ausgedehnt wurde. Allerdings konnte sie erst in Kraft treten, nachdem eine ergänzende Militärkonvention geschlossen war, und zu der ist es nie gekommen. Gewiss, Stalins Forderungen, wie zum Beispiel das Durchmarschrecht durch Polen und Rumänien, waren für seine Partner nur schwer, wenn überhaupt zu akzeptieren. Aber dass sich die britische Delegation Zeit ließ, dass sie zunächst auf dem Seeweg an- und dann mit der Bahn weiterreiste, so dass die Verhandlungen erst am 12. August beginnen konnten, war schon deshalb schwer nachvollziehbar, weil der britische Premierminister seinerzeit nicht schnell und oft genug hatte reisen können, als er zu Hitler wollte.

Anders die Deutschen. Seit Ende Juli sandten sie auf verschiedenen Ebenen – direkt und indirekt, formell und informell – deutliche Signale an die Sowjets, dass man über einen Neutralitätsvertrag sprechen könne und dass es von der Ostsee bis zum Schwarzen Meer kein Problem gebe, das sich «nicht zur beiderseitigen Zufriedenheit» lösen ließe. So äußerte sich zum Beispiel Ribbentrop Anfang August 1939 gegenüber dem Geschäftsträger an der sowjetischen Botschaft in Berlin.[52] Drei Wochen später hatte Stalin das

 Taktieren der Westmächte satt und stellte das Verhandlungssignal in Richtung Berlin auf Grün. Ribbentrop fackelte nicht lange, stieg ins Flugzeug und setzte – noch in der Nacht nach der Ankunft und im Beisein Stalins – seine Unterschrift unter zwei Abkommen, über die man sich zuvor schon in groben Zügen verständigt und die er mit Molotow endredigiert hatte. Sie sind als «Hitler-Stalin-Pakt» in die Geschichte eingegangen.

Der eigentliche Vertrag, ein auf den 23. August datierter Neutralitäts- und Nichtangriffspakt, bezog sich zwar ausdrücklich auf den Berliner Vertrag vom April 1926, aber das war Augenwischerei. Als sich die Zeitgenossen am nächsten Morgen ob der Nachricht überrascht die Augen rieben, war klar, dass die Bedingung, unter der sich Deutsche und Sowjets seinerzeit die Neutralität zugesagt hatten, nämlich ein Angriff durch einen Dritten «trotz friedlichen Verhaltens», jetzt fehlte. Damit war einem Angriff des einen, des anderen oder beider auf einen Dritten Tür und Tor geöffnet.

Das konnte man sehen, ohne den geheimen Zusatz zu kennen, dessen Existenz die Sowjets bis 1989, also bis in die Dämmerstunden ihrer Herrschaft hinein, geleugnet haben. Sie wussten warum. Denn mit diesen geheimen Absprachen ließen sie sich durch die Deutschen eine Reihe jener Gebiete wieder zusichern, die Russland im Verlauf des Ersten Weltkrieges nicht zuletzt als Folge der deutschen Kriegführung verloren hatte. Das galt für Finnland, Estland, Lettland, Bessarabien, also den östlichen Teil Rumäniens, sowie Polen östlich einer Linie, die grob durch die Flüsse Narew, Weichsel und San markiert wurde. Polen westlich dieser Linie und Litauen fielen in die deutsche Interessensphäre. Die rasche Einigung auch in diesen delikaten territorialen Angelegenheiten wurde möglich, weil sich beide Seiten in höchstem Maße kompromiss- und konzessionsbereit zeigten. Natürlich wollten sie mehr, aber sie gingen davon aus, dass ihnen ohnehin über kurz oder lang alles zufallen werde.

In der gegebenen Situation zogen beide aus dieser Regelung Vorteile. Für den Moment reichte ihnen das; was danach kam, würde man sehen. Er und Stalin, hatte Hitler einen Tag vor Vertragsunterzeichnung gesagt, seien «die Einzigen, die nur die Zukunft sehen».[53]

Dass die beiden in ihren Absprachen keine Dauerlösung sahen, lag auf der Hand. Für Hitler war der Pakt mit dem, den er früher oder später angreifen und vernichten wollte, ein Zwischenschritt, den er, so wie die Dinge nun einmal lagen, wohl oder übel tun musste, um seinem eigentlichen Ziel, dem Eroberungs-, Beute- und Vernichtungskrieg, näherzukommen. Bei Stalin sah es, was die Lageanalyse angeht, nicht wesentlich anders aus. Beide rückten ja ein gutes Stück an ihren gefährlichsten Gegner heran.

Vorderhand aber konnte der eine wie der andere davon ausgehen, sich nicht in einem Zweifrontenkrieg wiederzufinden, wenn sie sich an die Aufteilung der Beute und zugleich an die Vorbereitung des nächsten Zuges machten. Das galt für Hitler; und es galt für Stalin. Denn zum Zeitpunkt des Vertragsabschlusses befand sich die Sowjetunion in einem nicht erklärten, aber auf beiden Seiten mit hohem Einsatz geführten Krieg gegen Japan. Auf diese Auseinandersetzung im mandschurisch-mongolischen Grenzgebiet, die nach Japans Überfall auf die Mongolische Volksrepublik am 11. Mai 1939 ausgebrochen war, konnte sich Stalin nunmehr ganz konzentrieren. Aber das war nicht der einzige Vorteil, den ihm die Annäherung an Hitler bot. Vielmehr ging er, Pakt hin oder her, davon aus, dass England einem deutschen Angriff auf Polen nicht tatenlos zusehen werde, dass die britische und in ihrem Gefolge auch die französische Regierung vielmehr jetzt die Notbremse ziehen und Deutschland den Krieg erklären würden – aus sowjetischer Sicht eine ideale Konstellation: die kapitalistischen Mächte im Kampf miteinander.

Hitler sah das anders, hoffte, dass der spektakuläre Zuschlag für Stalin die Briten davon abhalten werde, ausgerechnet wegen Polen einen Krieg gegen Deutschland anzufangen: Für Danzig, für Polen sterben? Das war damals eine in Frankreich und England oft und offen gestellte Frage. Weil Hitler sich seiner Sache aber nicht wirklich sicher war, weil er außerdem, genau wie Stalin, lieber mit London ins Geschäft gekommen wäre, sondierte er im Vorfeld sowohl des Vertragsabschlusses mit der Sowjetunion als auch des Überfalls auf Polen noch einmal die Möglichkeiten einer Verständigung, nahm sogar am Abend des 25. August 1939 den bereits gegebenen

Angriffsbefehl zunächst wieder zurück. An diesem Tag war nämlich zwischen England und Polen ein regulärer Beistandspakt unterzeichnet worden. Außerdem hatte Mussolini signalisiert, sich aus einem Krieg gegen Polen heraushalten zu wollen, und auch auf deutscher Seite gab es erhebliche Bedenken, zum Beispiel bei Hermann Göring, der immerhin Oberbefehlshaber der Luftwaffe war.

Aber Hitlers Manöver waren vorübergehende, taktisch motivierte Rochaden, auch Hinweise an die Adresse des eigenen Volkes, dass er bis zuletzt versuchte, den Frieden zu erhalten. Tatsächlich wollte Hitler den Krieg. «Er hat beschlossen», notierte Italiens Außenminister Ciano nach einem Treffen mit dem «Führer» Mitte August, «zuzuschlagen, und er wird zuschlagen.»[54]

7. Der Untergang

1939–1945

In den frühen Morgenstunden des 1. September 1939 schlug Hitler zu. Unter einem Vorwand begann um 4.45 Uhr der deutsche Überfall auf Polen. Gegen die mit massiver Luftunterstützung vorrückenden motorisierten Verbände der Wehrmacht hatten die zum Teil noch mit Kavallerieformationen kämpfenden Polen kaum eine Chance, zumal am 17. September auch die Rote Armee von Osten her den Angriff eröffnete. Der Zeitpunkt war kein Zufall.

Zwei Tage zuvor hatten die Japaner in Ostasien nach verlustreichen Kämpfen einen Waffenstillstand unterzeichnet. Dieser Gesichtsverlust wog umso schwerer, als er, jedenfalls mittelbar, zu Lasten der Deutschen ging. Die Sowjets waren ohnehin schon im Vorteil gewesen, weil sie dank eines in Tokio operierenden Spions halbdeutschen Ursprungs über die japanischen Kräfte und Pläne im Bilde waren. Nach Unterzeichnung seines Pakts mit Hitler wandte sich das Blatt endgültig zugunsten Stalins, konnte er sich seit Ende August doch vollends auf den Krieg gegen Japan konzentrieren. Dort vergaß man den Vorfall nicht, und der Preis, den die Deutschen dafür zahlen sollten, war hoch: Japan griff 1941 nicht in ihren Krieg gegen die Sowjetunion ein.

Unter dem konzentrierten Feuer der beiden angreifenden Armeen kapitulierte die polnische Hauptstadt am 27. September, die letzten Feldtruppen zehn Tage darauf. In den Stunden des Falls von Warschau machte sich der deutsche Außenminister erneut auf den Weg nach Moskau, und schon am folgenden Tag, also am 28. September 1939, waren sich Ribbentrop und Molotow einmal mehr einig: Ein Grenz- und Freundschaftsvertrag bestätigte die Zusammenarbeit und regelte den Verlauf der gemeinsamen Grenze in Polen, der in einem von drei vertraulichen beziehungsweise geheimen Zusätzen näher beschrieben wurde. Danach fiel «das Gebiet des litauischen Staates in die Interessensphäre der UdSSR»,[1] Zentralpolen hingegen ging an Deutschland, das hieß: Die Rote Armee zog sich von der Weichsel an den Bug zurück.

Näheres wurde auf einer Karte festgehalten, die als eines der wenigen Originaldokumente der deutschen Seite erhalten und in mehrfacher Hinsicht aufschlussreich ist: So trägt sie die Unterschriften beider Seiten – für die deutsche diejenige Ribbentrops, für die sowjetische diejenige Stalins. Obgleich er im Spätsommer 1939 lediglich Generalsekretär der KPdSU war, also kein Staatsamt innehatte, nahm der sowjetische Diktator immer wieder an den Verhandlungen teil und quittierte dann auch deren Ergebnis mit seiner Unterschrift. Damit bestätigte Stalin unter anderem zwei bemerkenswerte territoriale Details: Einmal überließen die Sowjets den Deutschen den polnischen Suwalki-Zipfel, ein strategisch wichtiges Gebiet im Knick der Memel, von dem aus in den Morgenstunden des 22. Juni 1941 die 9. Deutsche Armee zum Angriff auf die Sowjetunion antrat. Zum anderen blieb das nördlich davon gelegene litauische Gebiet von Mariampol, der so genannte Litauen-Zipfel, bei Deutschland – jedenfalls vorerst: Stalin hat es, seinerseits mit Blick auf den Krieg, freilich nie aufgegeben und schließlich, im Januar 1941, für einen hohen Preis auch bekommen. 7,5 Millionen Golddollar – die 1867 für den Verkauf Alaskas eingenommene Summe, zu verrechnen in Buntmetallen beziehungsweise mit sowjetischen Warenlieferungen – war dem Kreml der bereits durch die Rote Armee besetzte Gebietsstreifen wert.[2]

Stalins Unterschrift auf der Karte vom 28. September 1939 ist beinahe 60 Zentimeter lang, und man kann darin den Ausdruck eines Triumphes lesen. Dass die Sowjetunion bei dem Handel mehr Fläche gewann, als sie an Deutschland abtreten musste, war nicht einmal entscheidend. Das Ganze war ohnehin nur eine Übergangslösung: Auch jetzt gingen Stalin wie Hitler davon aus, dass ihnen über kurz oder lang die ganze Beute gehören werde. Entscheidend war, dass Stalin Hitler in Polen einstweilen genau jene Gebiete überließ, in denen die Identität des Landes und seines Volkes wurzelten. Wenn es einen Aufstand gegen die Besatzer geben würde, dann hier. Nicht zuletzt aber handelte es sich bei der Ende September 1939 zwischen Ribbentrop und Molotow vereinbarten

Grenze – mit wenigen Ausnahmen – um eine bekannte Linie. Sie war Sowjets und Polen Ende 1919 durch den Obersten Rat der Entente als gemeinsame Grenze vorgeschlagen worden, um den drohenden Ausbruch eines Krieges zwischen beiden Ländern zu verhindern, und firmierte seit 1920 als «Curzon-Linie», benannt nach dem britischen Außenminister, der den beiden Konfliktparteien diesen Vorschlag unterbreitet hatte.

Nach wie vor galt, was 1920 als ein Argument für diese Grenze genannt worden war: Östlich von ihr lebten vor allem Weißrussen und Ukrainer. Also rückten Stalins Armeen jetzt mit der Begründung ein, sie würden diese Völker von der polnischen Zwangsherrschaft befreien. Ein zynischer Vorwand, der auch für die Art und Weise herhalten musste, mit der die sowjetischen Besatzer gegen die polnische Bevölkerung vorgingen: Deportationen und Hinrichtungen waren an der Tagesordnung. Dafür verantwortlich zeichnete Lawrentij Berija, der berüchtigte Chef des sowjetischen Geheimdienstes NKWD. Er legte Stalin im März 1940 auch die Liste mit den Namen jener polnischen Offiziere vor, von denen wenig später mehr als 4400 im Wald von Katyn, unweit von Smolensk, exekutiert und verscharrt wurden. Als die Gräber während der deutschen Besatzung dieser Gebiete im Frühjahr 1943 entdeckt und der Fund von der deutschen Propaganda instrumentalisiert wurde, gingen die Sowjets in die Offensive, machten deutsche Einheiten für die Morde verantwortlich und lehnten jede Verbindung zu der Tat ab. Erst in den Dämmerstunden der Sowjetunion bekannte sich ihre Führung im Frühjahr 1990 zu dem Massaker an den bei Katyn gefundenen sowie weiteren Tausenden polnischen Offizieren, die bei gleicher Gelegenheit erschossen worden waren.

Das Vorgehen der Sowjets in Polen unterschied sich in nichts von dem der Deutschen in deren «Interessensphäre». Denn mit dem Überfall auf Polen begann auch, Schritt für Schritt, der von Hitler immer gewollte Vernichtungs-, Vertreibungs- und Beutefeldzug. Nach Auflösung der Militärverwaltung wurde am 12. Oktober 1939 in dem von Deutschland besetzten Teil Polens ein Generalgouvernement eingerichtet, an dessen Spitze Hans Frank stand. Nachdem einige Gebiete, insbesondere die vormals zu Deutschland gehörenden Territorien einschließlich Danzigs, dem Reich ein- beziehungsweise wiedereingegliedert worden waren, wurden bis zum Sommer 1941 eine Million Polen von dort ins Generalgouvernement umgesiedelt, soweit sie nicht, wie die Angehörigen der polnischen Intelligenz, bereits umgebracht worden waren.

Im Generalgouvernement hatte inzwischen jene «Ordnung und Regelung des jüdischen Problems» begonnen, die Hitler am 6. Oktober 1939 vor dem Reichstag angekündigt hatte.[3] Dahinter verbargen sich zum einen die Verbannung und Einpferchung der jüdischen Bevölkerung in Großghettos, zum anderen aber, so der zuständige Gouverneur, Maßnahmen, durch die Polen «entjudet» werden sollte.[4] Dafür zuständig waren vor allem die SS, die Sicherheitspolizei und der Sicherheitsdienst. Die Wehrmacht war vorerst nicht, jedenfalls nicht direkt, in diese Maßnahmen involviert.

So waren schon in der ersten Etappe alle Elemente erkennbar, die für diesen Krieg charakteristisch werden sollten. Das galt für die Motive, die Ziele und die Methoden der deutschen Kriegführung, wenn sie auch noch nicht ihre radikalste Ausformung gefunden hatten; es galt für den Hintergrund der europäischen Auseinandersetzung, den Konflikt in Ostasien; und es galt für die Haltung der Westmächte, allen voran diejenige Englands. Wie von Stalin prognostiziert, hatten Großbritannien und Frankreich, nach Ablauf eines Ultimatums, Deutschland am 3. September 1939 den Krieg erklärt. Allerdings stand hinter dem völkerrechtlichen Akt keineswegs der politische und militärische Wille, den Krieg auch zu führen.

So sahen London und Paris davon ab, nach dem 17. September 1939 auch der Sowjetunion den Krieg zu erklären. Abgesehen davon, dass Großbritannien aufgrund eines geheimen Zusatzes zu seinem Beistandspakt mit Polen dazu nicht verpflichtet war, zog man sich auf das Argument zurück, das auch Stalin beim Einmarsch der Roten Armee mobilisiert hatte: Der polnische Staat habe aufgehört zu existieren. Und was den Krieg gegen Deutschland anging, beließ man es bei symbolischen Aktionen. Es gibt sogar gute Gründe für die Annahme, dass sich die Regierung Chamberlain mit den geschaffenen Tatsachen abgefunden hätte, wären die deutschen Truppen auf die Reichsgrenze von 1914 zurückgenommen worden. Diesen Vorschlag hatten jedenfalls Vertreter der konservativen Opposition gegen Hitler nach London signalisiert, ihn allerdings mit der Zusage verbunden, in diesem Fall das Hitler-Regime zu stürzen und den Krieg zu beenden.

Spätestens seit der Bildung der ersten Koalitionsregierung unter Winston S. Churchill am 10. Mai 1940 war es mit dieser Chance, so sie denn je bestanden hatte, vorbei. Hitler selbst hatte schon am 27. September 1939 seinen Entschluss kundgetan, «Frankreich zu zerschlagen». Er brauchte die Ruhe an dieser Front, um sich auf sein eigentliches Ziel, die Sowjetunion, konzentrieren und England «auf die Knie ... zwingen» zu können.[5] Dass der Angriff auf Frankreich insgesamt 29 Mal verschoben wurde, ließ allerdings auch erkennen, wie unzureichend die Wehrmacht zu diesem Zeitpunkt auf den großen europäischen Krieg vorbereitet war.

Ohne die Fähigkeit und den Willen zur Improvisation, ohne Hitlers Bereitschaft, aufs Ganze zu gehen, Vabanque zu spielen, hätte sich Deutschland mit dem Polenfeldzug in eine ausgesprochen schwierige Lage manövriert: im Westen der Kriegszustand mit den dortigen Großmächten; im Osten eine gemeinsame Grenze mit der Sowjetunion, dem eigentlichen Gegner; im Süden ein abwartender italienischer, in Fernost ein düpierter japanischer Partner. So aber ergriff Hitler einmal mehr die Initiative und ließ am 9. April 1940 den Angriff auf Dänemark und Norwegen eröffnen.

Neben der Sicherung der Rohstoffzufuhr, vor allem der schwedischen Erzlieferungen, und der Verbesserung der Ausgangslage für die Kriegführung auf dem Atlantik spielten dabei England und die Sowjetunion in Hitlers Kalkül eine wichtige Rolle: Den Briten, denen die Deutschen um wenige Stunden zuvorkamen, sollte der Zugang nach Skandinavien versperrt werden, und auch den Sowjets wollte Hitler ein Signal senden. Denn am 30. November 1939 hatte Stalin den so genannten Winterkrieg gegen Finnland eröffnet. Zwar offenbarte er erhebliche Schwächen der Roten Armee – die Finnen konnten ihre Unabhängigkeit behaupten, und die Sowjets mussten sich am 12. März 1940 im Frieden von Moskau mit einigen Gebietsgewinnen begnügen. Aber insgesamt lief der Beutezug doch auf eine relative Stärkung der Sowjetunion hinaus.

Der deutsche Nordfeldzug war unter militärischen Gesichtspunkten ein wesentlich größerer Erfolg. Zwar leisteten die norwegischen Truppen hartnäckigen Widerstand und kapitulierten erst am 10. Juni 1940; auch waren die deutschen Verluste, etwa nach der alliierten Besetzung Narviks, nicht unbeträchtlich. Aber die Ziele wurden erreicht, schon weil die letzten Truppen der Westmächte zum Zeitpunkt der norwegischen Kapitulation den Norden des Landes wieder geräumt hatten – aus gutem Grund: In den Morgenstunden des 10. Mai hatte der deutsche Angriff auf Belgien, die Niederlande, Luxemburg und Frankreich begonnen.

Es war eine im wahrsten Sinne gut geölte Kriegsmaschine, die sich seit dem Herbst 1939 mit bislang nicht gekanntem Tempo durch Ostmittel-, Nord- und Westeuropa schob. Ihre hohe Beweglichkeit verdankte sie nicht zuletzt der guten Versorgung mit Treibstoffen. Dabei war die Wehrmacht auf Lieferungen aus dem Ausland angewiesen, weil Deutschland keine nennenswerten eigenen Öl- und andere für die Kriegführung unverzichtbare Rohstoffvorkommen besaß. Zwar war es zwei Chemikern der I. G. Farben Ende der zwanziger Jahre gelungen, ein «Hochdruckverfahren» zur Herstellung synthetischer Treibstoffe zu entwickeln, für das sie 1931 mit dem Nobelpreis ausgezeichnet wurden, doch ließ sich die von Hitler angestrebte Autarkie so nicht realisieren. Sie sollte mit dem geplanten Feldzug gegen die Sowjetunion erreicht werden, der ja nicht nur als Eroberungs- und Vernichtungs-, sondern auch und zunächst als Beutefeldzug geplant war, um dem Reich unter anderem solche Vorkommen auf Dauer zu sichern: Schon am Vorabend des Ersten Weltkrieges kam die Hälfte des weltweit geförderten Erdöls aus dem Gebiet um Baku.

Solange die Berliner Strategen noch nicht unmittelbar über diese und andere Vorkommen verfügen konnten, mussten sie auf entsprechende Lieferungen aus dem Ausland zurückgreifen, zum Beispiel aus den USA, aus Rumänien und aus der Sowjetunion. Von erheblicher Bedeutung während der Jahre 1939/40 waren amerikanische Lieferungen von Benzin und insbesondere Ölen, die auch nach dem deutschen Überfall auf die Sowjetunion zunächst nicht eingestellt wurden. Im Falle Rumäniens sicherte sich Deutschland Ende Mai 1940 vertraglich indirekt die Ölvorkommen von Ploiesti, und im Falle der Sowjetunion garantierten die zahlreichen Absprachen und Abkommen, die im Umfeld des Hitler-Stalin-Paktes getroffen wurden, einen zuverlässigen Nachschub von Rohstoffen aller Art, auch von Öl.

Die strategischen Voraussetzungen für den Feldzug gegen ebendiese Sowjetunion zu schaffen, war ein herausragendes Ziel des Feldzuges gegen Frankreich. Es wurde mit einem Tempo und einem Ergebnis erreicht, das auch die letzten Kritiker Hitlers zum Schweigen brachte: «Die unvorstellbar großen Erfolge der Deutschen im Westen durch die weit überlegene Panzer- und Flugwaffe, … durch den Schwung der Truppe … und durch ausgezeichnete Führung», notierte mit Ulrich von Hassell selbst ein Mann des Widerstandes schon unter dem Datum des 29. Mai in sein Tagebuch, «haben eine neue Lage geschaffen. Die Skepsis der meisten Generale, vor allem Becks, ist widerlegt … Die Verdienste Hitlers … auch wohl unmittelbar an der Führung kann niemand bestreiten.»[6] In nicht einmal sechs Wochen schaffte Hitlers Wehrmacht, was den Armeen des Kaisers in mehr als vier Jahren nicht gelungen war. Nach der frühen Kapitulation der niederländischen, dann der belgischen Streitkräfte unterzeichneten die Franzosen am 22. Juni 1940 den Waffenstillstand – im Wald von Compiègne, in jenem Eisenbahnwaggon, in dem seinerzeit die Vertreter Deutschlands die Niederlage im Ersten Weltkrieg hatten besiegeln müssen.

Zwei Drittel Frankreichs, vor allem der Norden mit Paris und die Atlantikküste bis zur spanischen Grenze, wurden besetzt; der Rest stand vorerst unter der Kontrolle einer französischen Regierung mit Henri Philippe Pétain, dem greisen Sieger von Verdun, an der Spitze. Sie residierte in Vichy und blieb von den meisten Staaten, die sich nicht im Kriegszustand mit Deutschland befanden, anerkannt, unter ihnen die USA und die Sowjetunion. Dass es einen einsamen Rufer gab, dass Charles de Gaulle Mitte Juni 1940 von London aus seine Landsleute beschwor, den Kampf an der Seite des britischen Weltreiches fortzusetzen, interessierte in diesem Moment kaum jemanden.

Schon gar nicht Hitler, denn der war jetzt auf dem Gipfel seiner Popularität angelangt. Und weil nichts erfolgreicher ist als der Erfolg, verstummten seine letzten Kritiker im In- und Ausland gleichsam über Nacht. Von wenigen Ausnahmen abgesehen, standen jetzt die Spitzen von Wehrmacht und Auswärtigem Amt wie ein Mann hinter ihm, und auch seine Partner im europäischen und außereuropäischen Ausland suchten wieder seine Nähe. Das galt selbst für Japan. Es galt ohnehin für Spanien und Italien, das am 10. Juni seine Reserve aufgab und in den Krieg gegen Frankreich eintrat. Dabei wurde ein Motiv erkennbar, das Hitler bald zu schaffen machte. Es waren nämlich nicht zuletzt seine Partner – Italien, aber auch die Sowjetunion –, welche die deutschen Erfolge mit zunehmender Irritation quittierten und ihrerseits zur Tat schritten. Ende Juni 1940 begann die sowjetische Besetzung Bessarabiens sowie, über die Vereinbarungen des Paktes mit Deutschland hinausgehend, auch der Nordbukowina, und am 21. Juli wurden Estland, Lettland und Litauen endgültig in Sowjetrepubliken umgewandelt.

Blieb England. Obgleich fast vollständig isoliert, fasste die neue britische Regierung, fasste namentlich Winston S. Churchill den einsamen Entschluss durchzuhalten. 1874 geboren, hatte er bereits eine bewegte Karriere als Soldat, Kriegsberichterstatter, Historiker, Parlamentsabgeordneter für die Konservativen, zwischenzeitlich auch für die Liberalen sowie als Minister diverser Ressorts hinter sich, als er antrat, um Hitler die Stirn zu bieten. Dabei konnte man in London vorerst kaum mit effektiver Unterstützung durch die USA rechnen. Zum Glück, womöglich auch aus Kalkül, hatten Gerd von Rundstedt, der Oberbefehlshaber der Heeresgruppe A, und Hitler während des Westfeldzuges die Panzerspitzen vor Dünkirchen anhalten lassen und damit dem britischen Expeditionskorps, immerhin 250 000 Mann, seit dem 24. Mai die Evakuierung ermöglicht.

Aber natürlich war damit kein Krieg zu gewinnen. Dennoch gingen die Briten in eine begrenzte Offensive. So versenkten sie zum Beispiel Anfang Juli das bei Oran vor Algerien liegende französische Flottengeschwader, um es einem eventuellen deutschen Zugriff zu entziehen, und führten schon seit der Nacht vom 15. auf den 16. Mai 1940 in vorerst eingeschränktem Umfang auch den strategischen Luftkrieg gegen Deutschland. Dass sie in der zweiten Jahreshälfte 1940, an de Gaulle vorbei, geheim auch mit Vertretern des Vichy-Regimes verhandelten, lässt verschiedene Erklärungen zu, von denen die Verzweifelung ihrer Lage gewiss nicht die abwegigste ist.

Spätestens seit die britische Regierung am 22. Juli 1940 seinen öffentlichen Friedensappell zurückgewiesen hatte, wusste Hitler, dass ihm nur der Weg der Gewalt blieb. Entweder der direkte des militärischen Zwangs oder der indirekte der politischen Erpressung. In der zweiten Jahreshälfte 1940 beschritt er beide Wege, auf beiden ist er gescheitert. Das galt zunächst für den Luftkrieg gegen England, der einerseits eine Landungsoperation auf den britischen Inseln vorbereiten und andererseits die Bevölkerung demoralisieren sollte. Die Lufthoheit über England konnte nicht errungen werden; zwischen August 1940 und März 1941 gingen mehr als 2.800 deutsche Maschinen verloren. Und auch der Bombenkrieg gegen zivile Ziele, darunter ein wochenlanges pausenloses Bombardement Londons, führte nicht zur Kapitulation der Bevölkerung. Ganz im Gegenteil.

Blieb der indirekte Weg, nämlich England durch eine Neutralisierung der Sowjetunion, also seines einzigen potentiellen Partners, in Europa so zu isolieren, dass es einknickte. Dem diente unter anderem die Reaktivierung des «weltpolitischen Dreiecks» Berlin-Rom-Tokio. Nicht dass Hitler jetzt auf Ribbentrops Linie eingeschwenkt wäre. Da es aber im Spätsommer keine realisierbaren Alternativen mehr gab, wurde am 27. September 1940 in Berlin von den Vertretern Deutschlands, Italiens und Japans der so genannte Dreimächtepakt unterzeichnet. Er hatte zwar keine direkte Spitze gegen die Sowjetunion, zielte vielmehr gegen die USA; auch wurde – was man freilich in Moskau, selbst in Berlin nicht wusste – die Verpflichtung, sich im Falle eines Angriffs gegenseitig zu unterstützen, in einem geheimen Notenwechsel zwischen dem deutschen

 Botschafter in Tokio, Eugen Ott, und dem japanischen Außenminister Yosuke Matsuoka dahingehend relativiert, dass zuvor eine «Beratung» über den Angriffsfall stattgefunden haben sollte.[7]

Aber natürlich konnte es Stalin nicht unberührt lassen, wenn sich sein westlicher und sein östlicher Nachbar über die Aufteilung der Welt in Interessensphären und über gemeinsame Verteidigung unterhielten. Also nahmen die Sowjets eine Einladung der Reichsregierung zum Gedankenaustausch an. Am 12. und 13. November 1940 war Molotow gewissermaßen auf Gegenbesuch in Berlin und sprach mit seinem alten Verhandlungspartner Ribbentrop, aber auch mit Hitler. Während der sowjetische Außenminister – übrigens wegen britischer Bombenangriffe zeitweilig im Luftschutzkeller der Reichskanzlei – Probleme im bilateralen Verhältnis ansprach, konkrete Forderungen und Wünsche anmeldete und in diesem Zusammenhang über den Balkan, Skandinavien, Polen, die Ostseeausgänge und die türkischen Meerengen reflektierte, ergingen sich der Reichskanzler und sein Außenminister in weiträumigen Planungen: Unter Hinweis auf Südasien mit Indien luden sie die Sowjets ein, dem Dreimächtepakt beizutreten. Dass Hitler und Ribbentrop mit dieser Umarmungsstrategie keine langfristigen Ziele verfolgten, vielmehr die Briten taktisch unter Druck setzen wollten, war kaum zu übersehen.

Als Stalin daher dankend abwinkte, hatte Adolf Hitler keine Optionen mehr. Am 18. Dezember 1940 erließ er die «Weisung Nr. 21»: «Die Deutsche Wehrmacht», heißt es da, «muß darauf vorbereitet sein, auch vor Beendigung des Krieges gegen England Sowjetrußland in einem schnellen Feldzug niederzuwerfen.»[8] «Barbarossa», so das Codewort für das Unternehmen, diente also einem doppelten Zweck. Der Feldzug sollte England seine Isolierung vor Augen führen, und er sollte, vor allem anderen, Hitlers Vernichtungs- und Eroberungspläne ein entscheidendes Stück voranbringen. Alles wurde fortan diesem Ziel untergeordnet, auf dieses Ziel hin geplant und durchgeführt.

Auch die Feldzüge in Nordafrika und auf dem Balkan. Beide waren Reaktionen auf unvorhergesehene Entwicklungen, insbesondere auf nicht abgesprochene Aktionen Mussolinis. Mitte September 1940 hatten italienische Verbände von Libyen aus die Briten in Ägypten angegriffen, und Ende Oktober begann der italienische Feldzug gegen Griechenland. Beide Operationen liefen sich schnell fest und zwangen Hitler zur Reaktion. Als am 27. März 1941 ein Militärputsch Jugoslawien von der Seite Deutschlands an die der Sowjetunion zu bringen drohte, wurde der Vielvölkerstaat kurzfristig in die deutschen Angriffspläne einbezogen. Während das schon seit Februar operierende deutsche Afrika-Korps in einen langwierigen Wüstenkrieg gegen die Briten, später auch die Amerikaner verwickelt wurde, führte der am 6. April begonnene «Blitzkrieg» gegen Jugoslawien und Griechenland innerhalb von 15 Tagen zur Kapitulation beider Staaten.

Damit war jene Flankensicherung gegeben, die Hitler brauchte, um den Feldzug gegen die Sowjetunion zu eröffnen. Nicht nur er, auch seine Militärs waren davon überzeugt, dass man «in 3 Wochen in Petersburg» sein werde.[9] So gesehen bedeutete der Balkanfeldzug, einer späteren Legende zum Trotz, keine Verzögerung für das Unternehmen «Barbarossa». Dass dennoch Eile geboten war, lag an den Rahmenbedingungen, die sich sozusagen täglich verschlechterten: Dass Japan und die Sowjetunion am 13. April 1941 einen Neutralitätspakt schlossen, war zwar als politische Geste nicht gerade ermutigend, aber unter militärischen Gesichtspunkten noch nicht beunruhigend.

Das galt schon eher für den erkennbaren Kurswechsel der USA. Zwar wusste man in Berlin nicht, dass sich die amerikanischen und britischen Generalstäbe Ende März darauf verständigt hatten, im Falle eines Krieges gegen Deutschland und Japan zuerst das Reich in die Knie zu zwingen. Aber es war nicht mehr zu übersehen, dass Roosevelt alle Hebel in Bewegung setzte, um sein Land in den Krieg zu bringen, und dass er insbesondere die Briten unterstützte, wo es ging: Schon Anfang November 1939 hatte man das Waffenembargo aufgehoben, und Anfang September 1940 waren den Briten für die Zusage von Militärbasen von Neufundland bis Britisch-Guyana 50 Zerstörer überlassen worden. Gut möglich, dass Hitler vor diesem Hintergrund den England-Flug seines Stellvertreters Rudolf Heß, eines Psychopathen mit hellen Momenten, wenn nicht initiiert, so doch toleriert hat, mit dem dieser die Briten am 10. Mai 1941 doch noch umstimmen wollte. Keine Frage, Hitler stand unter Zugzwang. Und er ging aufs Ganze.

Als der «Führer» die deutschen Armeen am Morgen des 22. Juni 1941 den Bug überqueren ließ, «begann er, ein großes Reich zu zerstören: aber nicht das russische, sondern das deutsche».[10] 152 deutsche Divisionen, also mehr als drei Millionen Mann, unterstützt von fast 4000 Flugzeugen, setzten an diesem Morgen, um 3.15 Uhr, zum Angriff auf die Sowjetunion an. Damit war es Hitler, der 1941 das apokalyptische Kräftemessen mit seinem eigentlichen Gegner begann. Denn der deutsche Diktator kam dem sowjetischen Despoten zuvor.

Einen Tag bevor er am 6. Mai den Vorsitz im Rat der Volkskommissare übernahm und damit die Regierungsgeschäfte förmlich an sich zog, hatte Stalin in einer Rede vor den Absolventen der 16 sowjetischen Militärakademien über die Unvermeidbarkeit eines Krieges mit Deutschland und auch davon gesprochen, gegebenenfalls selbst die Initiative zu ergreifen. In diesem Sinne legten der sowjetische Verteidigungsminister, Semjon K. Timoschenko, und der Chef des Generalstabes der Roten Armee, Georgi K. Schukow, wenige Tage später Stalin «Erwägungen für den strategischen Aufmarschplan der Streitkräfte der Sowjetunion für den Fall eines Krieges mit Deutschland und seinen Verbündeten» vor. Danach hielten es die führenden sowjetischen Militärs für «notwendig, dem deutschen Kommando unter keinen Umständen die Initiative zu überlassen, dem Gegner beim Aufmarsch *zuvorzukommen* und das deutsche Heer dann anzugreifen, wenn es sich im Aufmarschstadium befindet».[11]

Dass sich Stalin auf den Krieg gegen Deutschland vorbereitet, dass er dabei an einen Präventivschlag – womöglich schon für den Spätsommer 1941 – gedacht hat, ist sicher. Das heißt allerdings nicht, dass es sich bei dem deutschen Angriff auf die Sowjetunion seinerseits um eine vorbeugende Maßnahme gehandelt hat, wenn auch der alte Präventivkriegsgedanke noch in den Köpfen einiger Militärs gespukt haben mag. Nein, mit dem deutschen Überfall auf die Sowjetunion begann ein Vernichtungs- und Vertreibungs-, ein Eroberungs- und Beutefeldzug, wie ihn die Geschichte, jedenfalls die Geschichte der sich für zivilisiert haltenden Welt, bis dahin nicht gesehen hatte. Und er war als solcher geplant. Von Anfang an.

So wurde das Rad der Geschichte zurückgedreht – in einen archaischen, vorzivilisatorischen Zustand. Das war durchaus gewollt. Für Hitler war das kein Selbstzweck. Es war die unvermeidliche Begleiterscheinung einer welthistorischen Epochenwende, als deren Vollstrecker er sich sah und die in der Schaffung eines «neuen Menschen» gipfeln sollte: Mit ihr wurde die Geschichte der Menschheit auf eine neue, abschließende Stufe gehoben, und auch in diesem Ende der Geschichte lag zugleich ihre Revision. Das eine, die Vernichtung des nicht Lebenswerten, war vom anderen, der Schöpfung des Überlebensfähigen, nicht zu trennen. Absurde, perverse Gedanken, gewiss. Zumal für die Repräsentanten jener traditionsreichen preußisch-deutschen Führungsschicht, der die meisten Offiziere entstammten. Aber indem sie den Vernichtungsfeldzug führten, trugen sie – wenn auch in der Regel ungewollt und indirekt – zur Realisierung dieser Ideen bei. Und sie führten ihn.

Am 30. März 1941 stellte Hitler vor 200 höheren Offizieren klar, dass es sich beim Feldzug gegen die Sowjetunion um einen «Vernichtungskampf» handeln werde;[12] am 28. April vereinbarten das Oberkommando der Wehrmacht und das für die Vernichtungsaktionen zuständige Reichssicherheitshauptamt, dass dieses zwar seine Aufgaben «in eigener Verantwortlichkeit» erfüllen solle, aber hinsichtlich «Marsch, Versorgung und Unterbringung» den Armeen unterstellt sei.[13] Am 13. Mai legitimierte ein so genannter Führererlass faktisch Vergehen von Wehrmachtsangehörigen an der sowjetischen Zivilbevölkerung. Und am 6. Juni legten die «Richtlinien für die Behandlung politischer Kommissare» der Roten Armee fest, dass diese, «wenn im Kampf oder Widerstand ergriffen, grundsätzlich sofort mit der Waffe zu erledigen» seien.[14]

Das alles wurde im unmittelbaren Vorfeld des Feldzuges festgelegt; es betraf, direkt oder indirekt, die Wehrmacht. Wenn sich auch einige Kommandeure geweigert haben, den einen oder anderen Befehl an die Truppe weiterzugeben, kann es keinen Zweifel geben, dass die Wehrmachtsführung von Anfang an in die verbrecherischen Dimensionen des Unternehmens «Barbarossa» eingeweiht war, dass sie sich dem Verfolgungs- und Vernichtungsprogramm nicht in den Weg stellte, sondern es unter anderem mit der gewaltigen Logistik des Militärapparats unterstützte.

Das Programm selbst lag allerdings in der Verantwortung des Ende September 1939 gegründeten Reichssicherheitshauptamtes unter seinem Leiter Reinhard Heydrich und der SS unter dem Reichsführer Heinrich Himmler. Dieser gab schon zwei Tage nach Beginn des Feldzuges den so genannten Generalplan Ost in Auftrag. In seiner ein Jahr später akzeptierten Fassung ist unter anderem von «31 Mill. auszusiedelnder Fremdvölkischer» und auch davon die Rede, dass die «Besiedlung des Raums mit Deutschen etwa 30 Jahre nach dem Kriege erreicht sein» solle. Allerdings hatten die Umsiedlungsstrategen ihre Zweifel, ob es ihnen gelingen werde, «im deutschen Volke den Siedlungstrieb nach dem Osten wieder zu erwecken», schon weil «große Teile der Bevölkerung, insbesondere aus der westlichen Reichshälfte, ... die Ostgebiete wegen ihrer weiten Ebenen für zu eintönig und niederdrückend oder für zu kalt oder zu primitiv halten».[15]

Im Zentrum aller Überlegungen und Planungen aber stand die Frage, wie man es mit dem europäischen Judentum halten wolle. Von Anfang an war die deutsche Außenpolitik, also das Auswärtige Amt und die Vertretungen vor Ort, in die Antwort auf diese Frage involviert. Die Aufzeichnung des Legationssekretärs Franz Rademacher über die «Judenfrage im Friedensvertrage» vom 3. Juli 1940 markiert den Beginn der administrativen Beschäftigung mit dem Thema. Mit ihr nahm der Plan einer Deportation «aller Juden aus Europa», der als so genannter Madagaskar-Plan in die Geschichtsbücher Eingang gefunden hat, Konturen an.[16] Er wurde im Reichssicherheitshauptamt aufgegriffen und galt als Grundlage der Planungen, bis mit Beginn des Russlandfeldzuges die physische Ausrottung der Juden Europas in deren Vordergrund rückte.

Im Juni 1941 beauftragte Himmler – unter Berufung auf Hitler – den Kommandanten des Konzentrationslagers von Auschwitz,

Rudolf Höß, mit der Bereitstellung von Vergasungsanlagen. Am 31. Juli forderte Göring, ebenfalls im Namen Hitlers und in diesem Falle schriftlich, Heydrich auf, «alle erforderlichen Vorbereitungen in organisatorischer, sachlicher und materieller Hinsicht zu treffen für eine Gesamtlösung der Judenfrage im deutschen Einflußgebiet in Europa».[17] Am 12. Dezember gab Hitler gemäß einer Tagebuchnotiz seines Propagandaministers Joseph Goebbels den versammelten Gauleitern bekannt, dass er bezüglich «der Judenfrage ... entschlossen» sei, «reinen Tisch zu machen»: «er hat den Juden prophezeit, daß, wenn sie noch einmal einen Weltkrieg herbeiführen würden, sie dabei ihre Vernichtung erleben würden. Das ist keine Phrase gewesen. Der Weltkrieg ist da, die Vernichtung des Judentums muß die notwendige Folge sein.»[18]

Am 20. Januar 1942 wies Heydrich die in einer Villa am Berliner Wannsee versammelten führenden Vertreter der Ministerien in die Modalitäten der «praktischen Durchführung» der «Endlösung der Judenfrage» ein. Die ursprünglich auf den 9. Dezember des Vorjahres terminierte Konferenz war wegen der Eröffnung der sowjetischen Gegenoffensive vor Moskau sowie des japanischen Angriffs auf Pearl Harbor, von denen noch zu berichten ist, verschoben worden. Das Auswärtige Amt war durch seinen Unterstaatssekretär Martin Luther vertreten, der dort die für die «Judenfrage» zuständige Abteilung «Deutschland» leitete. Auf dieser Konferenz stellte Heydrich klar, dass die bislang verfolgte Praxis der «Auswanderung von Juden verboten» und an ihre Stelle «nunmehr ... die Evakuierung der Juden nach dem Osten getreten» sei. «Im Zuge dieser Endlösung der europäischen Judenfrage» kämen «rund 11 Millionen Juden in Betracht». Diese sollten «im Zuge der Endlösung ... in geeigneter Weise im Osten zum Arbeitseinsatz kommen»: «Der allfällig endlich verbleibende Restbestand wird, da es sich bei diesen zweifellos um den widerstandsfähigsten Teil handelt, entsprechend behandelt werden müssen.»[19]

Was das hieß, erläuterte Himmler Anfang Oktober 1943 einer Versammlung von SS-Gruppenführern im Klartext: «Ich bitte Sie, das, was ich Ihnen in diesem Kreise sage, wirklich nur zu hören und nie darüber zu sprechen. Es trat an uns die Frage heran: Wie ist es mit den Frauen und Kindern? Ich habe mich entschlossen, auch hier eine ganz klare Lösung zu finden. Ich hielt mich nämlich nicht für berechtigt, die Männer auszurotten – sprich also, umzubringen oder umbringen zu lassen – und die Rächer in Gestalt der Kinder für unsere Söhne und Enkel groß werden zu lassen. Es mußte der schwere Entschluß gefaßt werden, dieses Volk von der Erde verschwinden zu lassen.»[20] Bis zu sechs Millionen Juden, davon drei Prozent deutscher Abstammung, sind dem Morden zum Opfer gefallen, vor allem in den sechs großen, speziell dafür eingerichteten Vernichtungslagern auf polnischem Territorium.

Für die Wahl der Orte, darunter Auschwitz, gab es eine Reihe von Gründen, nicht zuletzt die Überlegung, dass so der dort während des Krieges verstärkt angesiedelten Industrie die benötigten Arbeitskräfte zur Verfügung gestellt werden konnten. Auch spricht einiges dafür, «dass sich die Nazis ihrer Sache nicht sicher waren und Proteste fürchteten, weshalb sie es vorzogen, die Juden weit nach Osten zu transportieren». Darauf hat 2010 der Historiker Fritz Stern hingewiesen, der als Kind vor deren Zugriff fliehen musste, und der vormalige Bundeskanzler Helmut Schmidt, der während des Krieges als deutscher Offizier an der Ostfront im Einsatz war, hat hinzugefügt, dass er «das Wort Auschwitz ... erst nach dem Krieg gehört» habe.[21]

Und welchen Anteil hatte die amtliche deutsche Außenpolitik an diesen Vorgängen? Sowenig das Auswärtige Amt ein Hort des Widerstandes gegen Hitler gewesen ist, so wenig war es insgesamt eine verbrecherische Organisation. Aber viele Angehörige des Auswärtigen Dienstes blieben im Rahmen des Erwarteten und des Möglichen in die Umsetzung der auf der Wannsee-Konferenz beschlossenen Maßnahmen involviert. Davon legen die sorgfältig edierten Akten der Behörde beredtes Zeugnis ab. So dokumentierte Unterstaatssekretär Luther am 21. August 1942 nicht nur detailliert den Anteil des Amtes an dem monströsen Projekt, Europa «judenfrei» zu machen, sondern er zog auch das keinen Zweifel zulassende Resümee, dass «die für Judensachen zuständige Dienststelle des Reichssicherheitshauptamtes von Anfang an alle Maßnahmen in reibungsloser Zusammenarbeit mit dem Auswärtigen Amt durchgeführt» habe.[22]

Besonders engagiert war das Auswärtige Amt bei der Vorbereitung der Deportation der europäischen Juden in die Vernichtungslager. So bilanzierte zum Beispiel Legationsrat I. Klasse Eberhard von Thadden am 26. Mai 1944 die entsprechenden Fortschritte in Ungarn: «Nach den bisherigen Feststellungen sind etwa 1/3 der abtransportierten Juden arbeitseinsatzfähig. Sie werden sofort nach Eintreffen im Sammellager Auschwitz ... verteilt.»[23] Allerdings war Rudolf Höß, inzwischen für die Inspektion der Lager zuständig, «nur noch an bestarbeitsfähige[n] Männer[n]» interessiert, «die die besonders schwere ... Arbeit auf längere Zeitdauer aushalten können. Diesen Anforderungen nicht entsprechende Juden ... stellten die zur Zeit schwerste Belastung seines Arbeitsbetriebes dar ...» So berichtete der «Bevollmächtigte des Großdeutschen Reiches in Ungarn» am 21. November 1944 an das Auswärtige Amt.[24] Dort wusste man, spätestens seit das amerikanische State Department am 17. Oktober 1944 über die deutsche Gesandtschaft in Bern eine entsprechende «Mitteilung zur Judenfrage ... übermittel[t]» hatte, auch offiziell, dass «Befehle zur Ausrottung der Juden» ergangen waren, «die in drei Konzentrationslagern unter deutscher Kontrolle festgehalten werden».[25]

Der deutsche Ausrottungsfeldzug gegen das europäische Judentum und der Krieg gegen die Sowjetunion fielen nicht zufällig zusammen. Das «Unternehmen Barbarossa» mit seinen großräumigen Eroberungen schuf in den Augen seiner Initiatoren die Voraussetzung für den Vernichtungsfeldzug. So war es kein Zufall, dass dieser erst eingestellt wurde, als aus dem Angriffskrieg gegen die Sowjetunion längst eine Abwehrschlacht gegen die alliierte Koalition geworden war.

Anfänglich hatte es nicht nach einer solchen Wendung ausgesehen, ganz im Gegenteil: Der deutsche Überfall traf Stalin zu diesem Zeitpunkt unvorbereitet. Gewiss, er hielt den Krieg gegen Deutschland für unvermeidlich; auch hatte er zahlreiche präzise Hinweise auf den bevorstehenden Angriff erhalten. Dennoch unternahm er nichts, hielt sich vielmehr peinlich genau an die Absprachen mit Hitler. Noch in der Nacht des deutschen Überfalls rollte ein sowjetischer Warentransport nach Westen. Welche Motive auch immer Stalin bewogen haben, die Warnungen in den Wind zu schlagen, den deutschen Angreifern verschaffte seine Ignoranz einen zusätzlichen Vorteil. Drei Wochen nach Beginn des Feldzuges zeigte sich Hitler gegenüber dem japanischen Botschafter Hiroshi Oshima überzeugt, damit in sechs Wochen «so ziemlich fertig» zu sein.[26] Tatsächlich war die Bilanz aus deutscher Sicht spektakulär: «Die Zahl der Gefangenen ist nunmehr auf rund 2,5 Millionen Sowjetrussen gewachsen. Die Zahl der erbeuteten oder vernichteten ... Geschütze beträgt rund 22 000. Die Zahl der vernichteten oder erbeuteten ... Panzer beträgt über 18 000. Die Zahl der vernichteten ... Flugzeuge über 14 1/2tausend.»[27] Das sagte Hitler zur Eröffnung des Kriegswinterhilfswerkes. Da schrieb man allerdings schon den 3. Oktober 1941.

Einen Tag zuvor hatte die Heeresgruppe Mitte zum Angriff auf Moskau angesetzt. Er führte nie zum Ziel. Wohl verließen zwei Wochen später außer Stalin die gesamte Sowjetregierung und das diplomatische Korps die Hauptstadt, und Anfang Dezember konnte man in Moskau das Donnern der deutschen Geschütze hören. Tatsächlich aber war Hitler schon Mitte November zu der Erkenntnis gelangt, «daß die beiden Feindgruppen sich gegenseitig nicht vernichten» konnten.[28] Am 5. Dezember begann die sowjetische Großoffensive gegen die erschöpften, auf den Winterkrieg nicht eingestellten deutschen Verbände.

Denn Stalin war vorbereitet. Anders als ein halbes Jahr zuvor, als er die ziemlich präzisen Warnungen Richard Sorges vor dem unmittelbar bevorstehenden deutschen Angriff in den Wind geschlagen hatte, ließ er sich jetzt überzeugen. Sorge, 1895 als Sohn eines deutschen Vaters und einer russischen Mutter in Baku geboren, war 1933 von der russischen Auslandsspionage nach Tokio entsandt worden. Dort hatte er, getarnt als Korrespondent der *Frankfurter Zeitung*, beste Verbindungen zur deutschen Vertretung aufgebaut, unter anderem zum stellvertretenden Militärattaché Erwin Scholl und nicht zuletzt zu Botschafter Eugen Ott. Weil er sich Stalins Befehl zur Rückkehr nach Moskau widersetzt hatte, aber auch weil ihm als Freund des Alkohols und der Frauen, darunter

des Botschafters Gattin, ein zweifelhafter Ruf vorauseilte, galten
seine Warnungen nicht viel. Dabei hatten seine präzisen Informationen über die japanischen Streitkräfte einiges dazu beigetragen, dass die Sowjets den begrenzten, aber heftigen Schlagabtausch mit den Japanern im mandschurisch-mongolischen Grenzgebiet während des Sommers 1939 für sich entscheiden konnten. Der deutsche Überfall auf die Sowjetunion rehabilitierte Sorge dann in Moskau mit einem Schlag. Als er im Spätherbst 1941 prognostizierte, dass die Japaner nicht die Sowjets angreifen, sondern sich auf den pazifischen Besitz der Europäer oder auch der Amerikaner konzentrieren würden, verließ sich Stalin auf die Prognose, zog den Großteil der für den Winterkrieg gerüsteten sibirischen Divisionen aus dem Osten ab und warf sie in die Schlacht um Moskau.

Sechs Tage nachdem die Rote Armee ihre Offensive gegen die Heeresgruppe Mitte eröffnet hatte, befanden sich auch die Vereinigten Staaten von Amerika offiziell im Krieg gegen Deutschland. Es war Hitler gewesen, der ihnen am 11. Dezember den Krieg erklärt und damit seinerseits auf den japanischen Überfall auf den amerikanischen Marinestützpunkt Pearl Harbor vom 7. Dezember 1941 reagiert hatte. Der Angriff war der vorläufige Höhepunkt eines Konflikts, der sich angebahnt hatte, seit Japan 1894/95 seinen erfolgreichen Krieg gegen China geführt und die USA 1898 Hawaii annektiert hatten. Dass es nicht früher zu einer direkten Konfrontation gekommen war, hatte auch damit zu tun, dass sich andere Gegner als gefährlicher erwiesen, zunächst und vor allem zwischen 1898 und 1905 die Russen, im Ersten Weltkrieg dann die Deutschen.

Die in dieser Zeit begonnene, nach Kriegsende in amerikanischer Regie aufgehaltene japanische Expansion im asiatisch-pazifischen Raum war für die USA spätestens in dem Augenblick nicht mehr hinnehmbar, als Nippon, 1931 beginnend mit der Besetzung der Mandschurei und seit 1936 mit Deutschland verbunden, nicht nur den Kolonialbesitz der USA auf den Philippinen, sondern auch ihren ungehinderten Zugang zu den Märkten und Rohstoffquellen dieses Raums gefährdete. So gesehen war nicht die Tatsache, sondern die Art und Weise sowie das Ziel des Angriffs überraschend, mit dem Japan auf die amerikanischen Sanktionen des Sommers und Herbstes 1941 reagierte.

Als die Japaner die amerikanische Pazifikflotte fast vollständig vernichteten, war der deutsche Angriff im russischen Winter steckengeblieben. Damit die Truppen wieder die Initiative ergreifen konnten, war es wichtig, dass die Sowjets im Osten ihres Imperiums, in Asien, gebunden blieben. Das konnte nur durch die Japaner geschehen, und die befanden sich seit wenigen Tagen im Krieg gegen die USA. Weil Hitler aber den Japanern militärisch nicht viel zutraute, weil er davon ausging, dass sie über kurz oder lang von den Amerikanern ausgeschaltet würden, erklärte er seinerseits den USA den Krieg. Das sollte die Amerikaner in Europa binden, sie von den Japanern ablenken und diese damit entlasten: Japan musste jedenfalls so lange im Krieg bleiben, bis der Feldzug gegen die Sowjetunion erfolgreich beendet war. Deshalb hatte Hitler dem japanischen Außenminister schon im April 1941 zugesagt, im Fall eines japanisch-amerikanischen Konfliktes «sofort die Konsequenzen» zu ziehen.[29]

Tatsächlich führten die USA längst Krieg gegen Deutschland – politisch und militärisch: Anfang Juli 1941 war Island wie schon einige Wochen zuvor Grönland von amerikanischen und kanadischen Truppen besetzt worden, am 14. August hatten Roosevelt und Churchill in der so genannten Atlantik-Charta unter anderem die «endgültige Zerstörung der Nazityrannei» als gemeinsames Ziel proklamiert, und seit dem 17. September 1941 sicherte die amerikanische Flotte britische Konvois im Atlantik und führte damit einen begrenzten, nicht erklärten Seekrieg gegen Deutschland. Bis zum Jahresende 1941 war mithin geschehen, was Hitler ursprünglich unter allen Umständen hatte vermeiden wollen: der Eintritt der Vereinigten Staaten in den Krieg, bevor der Feldzug gegen die Sowjetunion beendet war. Das «Unternehmen Barbarossa» war gescheitert. Der deutsche Rückzug hatte begonnen.

Dabei hatte es zunächst noch einmal so ausgesehen, als könnten die Deutschen ihre Ziele erreichen, zumindest aber das Eroberte halten. Erst im Herbst 1942 wurde klar, dass dies eine Illusion war. Mit dem Beginn der englischen Offensive bei El Alamein ging Ende Oktober die Initiative in Nordafrika auf die Briten über, und als die Rote Armee am 19. November 1942 zum Gegenangriff bei Stalingrad antrat, waren die deutschen Armeen endgültig auf dem Rückzug. Diese Entwicklung hatte Hitler persönlich zu verantworten. Nach dem Rücktritt von Generalfeldmarschall Walther von Brauchitsch hatte er Mitte Dezember 1941 den Oberbefehl über das Heer übernommen und Anfang April 1942 in seiner berühmt-berüchtigten «Weisung Nr. 41» angeordnet, «bei Verhalten der Heeresmitte, im *Norden* Leningrad zu Fall zu bringen ..., auf dem *Südflügel* der Heeresfront aber den Durchbruch in den Kaukasus-Raum zu erzwingen»,[30] also Stalingrad zu nehmen.

Die darin angelegte totale Überdehnung der Front war insgesamt typisch für den Zugang, den Hitler zum Kriegsgeschehen suchte. Seine Neigung, impulsiv zu handeln und überstürzt zu improvisieren, nahm im Lauf des Krieges weiter zu. In Verbindung mit seinem ausgeprägten Misstrauen gegenüber den alten, aber eben auch erfahrenen Eliten in den Reihen der Militärs und der Bürokratie verschärften diese Eigenarten die Gegensätze und erhöhten damit die Reibungsverluste in allen Bereichen der Kriegführung. Je schwieriger die Lage auf den Schlachtfeldern, umso ausgreifender die strategischen und politischen Visionen. Das spiegelte sich auch in den Vereinbarungen mit Italien und Japan wider, in denen die drei Mächte Mitte Januar 1942 ihr offenkundiges gegenseitiges Misstrauen durch großräumige Planungen zu überspielen suchten. In Südasien, entlang des Indus, sollten sich dereinst der japanische und der deutsche Einflussbereich berühren. Dahin ist es nie gekommen, schon weil die Japaner seit der See-Luft-Schlacht bei den Midway-Inseln, bei der sie Anfang Juni 1942 das Rückgrat ihrer Flotte verloren, zusehends in die Defensive gedrängt wurden.

Nicht anders erging es den Deutschen im Winter 1942/43. Mit der Kapitulation der 6. Armee in Stalingrad wurde Ende Januar beziehungsweise Anfang Februar 1943 die sowjetische Gegenoffensive erfolgreich zu Ende gebracht. Die Verluste beider Seiten waren enorm: Beinahe 330 000 Rumänen, Italiener und Ungarn, die auf deutscher Seite gekämpft hatten, fielen, wurden verwundet oder waren vermisst. Von den eingeschlossenen deutschen Soldaten konnten nur 25 000, meist Verwundete, ausgeflogen werden, 60 000 starben im Kessel von Stalingrad, 110 000 gerieten in sowjetische Kriegsgefangenschaft, gerade einmal 5000 von ihnen kehrten 1955 nach Deutschland zurück. Und das war bei Weitem noch nicht die größte Katastrophe des deutschen Ostheeres, aber es war ein Fanal, stand fortan für Niederlage und Bedrohung.

Was jetzt, wo sich der Kriegsverlauf gegen Deutschland wandte, zu erwarten war, ahnte man, seit die Alliierten im Frühjahr 1942 zum Flächenbombardement deutscher Städte übergegangen waren. Ende Mai hatten sie den ersten so genannten Tausendbomberangriff auf Köln geflogen. Bis Kriegsende wurden mehr als 1000 Ortschaften, darunter zahlreiche Großstädte, dem Erdboden gleichgemacht. Nahezu 1,5 Millionen Tonnen Bomben, die auf zivile wie militärisch relevante Ziele in Deutschland abgeworfen wurden, forderten mehr als 500 000 Tote, von der Zerstörung der historischen Bausubstanz gar nicht zu reden. Weil aber die Bedrohung die Bedrohten, jedenfalls zeitweilig, auch zusammenschweißen kann, suchte die deutsche Propaganda, suchte allen voran Joseph Goebbels, sich die Stimmung zunutze zu machen. Wenn er am 18. Februar 1943 seine Zuhörer im Berliner Sportpalast stellvertretend für alle Deutschen mit der rhetorischen Frage konfrontierte, ob sie, «wenn nötig», einen Krieg wollten, «totaler und radikaler, als wir ihn uns heute überhaupt erst vorstellen können»,[31] dann zielte er auf die Mobilisierung aller Kräfte für den Abwehrkampf, in dem sich Deutschland inzwischen befand.

Und zwar an allen Fronten. Auch zur See, wo Ende Mai 1943 nach anhaltenden schweren Verlusten die Bekämpfung alliierter Geleitzüge durch deutsche U-Boote eingestellt werden musste. Damit stand dem amerikanischen Nachschub für Europa kaum mehr ein Hindernis im Weg, und als am 10. Juli 1943 die alliierte Landung auf Sizilien begann, befanden sich die Amerikaner mit ihrer 7. Armee auch auf dem europäischen Kontinent im direkten Kampf gegen die Achsenmächte. Hitler wusste, was das bedeutete, und auch deshalb brach er drei Tage später die mit großen Erwartungen begonnene Offensive «Zitadelle» gegen die Sowjets ab.

Entschieden war damit der Krieg im Osten noch lange nicht. Ganz im Gegenteil wurde er jetzt umso brutaler und verlustreicher geführt, je mehr sich der Frontverlauf nach Westen verschob. Das betraf vor allem auch die Rote Armee, und so überraschte es nicht, dass Stalin noch entschiedener als ohnehin schon seit Juli 1941 eine echte zweite Front, also die alliierte Landung in Frankreich, forderte. Der verbissene Kampf auf sowjetischem Territorium hatte überdies zur Folge, dass der deutsche Vernichtungsfeldzug, insbesondere gegen das europäische Judentum, gewissermaßen im Rücken der deutschen Front nicht nur fortgesetzt, sondern vorübergehend sogar noch intensiviert werden konnte. Denn unter anderem als Folge des Kriegsverlaufs wurden jetzt auch verbündete Staaten direkt von deutschen Truppen besetzt. So Mitte März 1944 Ungarn, das sich bislang geweigert hatte, seine jüdische Bevölkerung der deutschen Vernichtungsmaschinerie auszuliefern.

Eine entscheidende Wende erfuhr der Kriegsverlauf am 6. Juni 1944. Als um 6.30 Uhr die alliierte Landung begann, als 86 Divisionen mit mehr als 1200 Schiffen – darunter sieben Schlachtschiffe und über 100 Zerstörer –, mehr als 4000 Landungsbooten und über 13 000 Flugzeugen von der Normandie aus zum Sturm auf die Festung Deutschland ansetzten, wusste Hitler, was die Stunde geschlagen hatte. «Gelingt dem Feind hier ein Einbruch in unsere Verteidigung auf breiter Front», hatte er Anfang November 1943 prognostiziert, «so sind die Folgen in kurzer Zeit unabsehbar.»[32] So kam es. Nichts konnte die Alliierten wirklich aufhalten – weder der so genannte Atlantikwall, für den man 13 Millionen Kubikmeter Beton verbaut hatte, noch die mehr als 14 000 auf England abgeschossenen Raketen, so genannte Vergeltungswaffen der Typen V1 und V2, oder eine Mitte Dezember 1944 in den Ardennen begonnene, nach vier Tagen gescheiterte Gegenoffensive. Der versuchte Staatsstreich des deutschen Widerstandes schon gar nicht.

Denn der Attentatsversuch des 20. Juli 1944 stand in einem unmittelbaren Zusammenhang mit der alliierten Landung in der Normandie. Konkrete Planungen gab es seit dem Sommer 1943, als

Claus Schenk Graf von Stauffenberg, in Afrika schwer verwundet, als Chef des Generalstabes beim Befehlshaber des Ersatzheeres nach Berlin versetzt wurde und sich mit Henning von Tresckow, seit November 1943 Chef des Generalstabes der 2. Armee, an die Planung machte. Unwägbare Zwischenfälle wie die Verhaftung einer Reihe von führenden Männern des Widerstandes zwangen die Verschwörer zu immer neuen Modifikationen ihrer Pläne.

Und auch Stauffenbergs Versuch vom 20. Juli 1944, Hitler durch eine Bombe zu töten, war schon der dritte innerhalb von zehn Tagen. Dass auch er scheiterte, obgleich Stauffenberg in diesem Fall die Bombe zünden konnte, hatte mehrere Gründe, darunter die kurzfristige Verlegung der Lagebesprechung in eine Baracke, die dem Druck der Detonation nicht standhielt. Einmal mehr hatte Hitler die von ihm gelegentlich zitierte «Vorsehung» auf seiner Seite und entkam auch diesem Attentatsversuch. Spätestens als er sich in der Nacht über den Rundfunk an die Deutschen wandte, war klar, dass der Staatsstreich gescheitert war. Zwar waren erste Operationen angelaufen, doch gingen jetzt diejenigen, die sich wie Generaloberst Friedrich Fromm, der Chef des Ersatzheeres, abwartend im Hintergrund gehalten hatten, auf klare Distanz zu den Verschwörern.

Noch in der Nacht begann die von Hitler angekündigte «Abrechnung». Während die Militärs entweder, wie Stauffenberg, standrechtlich erschossen wurden oder sich, wie Tresckow, das Leben nahmen, wurden die dem Widerstand angehörenden Zivilisten in der Regel vor Gericht gestellt und nach Schauprozessen hingerichtet. Unter ihnen befanden sich auch einige Angehörige des Auswärtigen Dienstes. Die Vortragenden Legationsräte im Auswärtigen Amt Hans Bernd von Haeften und Adam von Trott zu Solz oder die vormaligen Botschafter Ulrich von Hassell und Friedrich Werner Graf von der Schulenburg und wenige andere mehr trugen so das Ihre dazu bei, dass sich die Vision von einem «anderen Deutschland» und der Versuch, es auf den Weg zu bringen, auch mit diesem Amt in Verbindung bringen lässt.

Sie wollten nicht abwarten, bis Deutschland vom Gegner besetzt und dadurch von der Nazi-Herrschaft befreit würde; sie wollten unter Beweis stellen, dass die Deutschen oder doch einige von ihnen willens waren, sich der Diktatur und des Diktators zu entledigen und einen Waffenstillstand zu erwirken. Das Attentat, sagte Henning von Tresckow, müsse erfolgen, koste es, was es wolle. «Sollte es nicht gelingen, so muß trotzdem in Berlin gehandelt werden. Denn es kommt nicht mehr auf den praktischen Zweck an, sondern darauf, daß die deutsche Widerstandsbewegung vor der Welt und vor der Geschichte den entscheidenden Wurf gewagt hat. Alles andere ist daneben gleichgültig.»[33]

Aber der Widerstand hatte zu viele Gegner, zunächst und allen voran Hitlers Erfolge, aber auch die konsequente Weigerung namentlich der britischen Regierung, sich auf Kontaktversuche und insbesondere auf Umsturzpläne der deutschen Opposition einzulassen: «Nichts würde für unsere neuen Freunde in den Vereinigten Staaten verwirrender und im Verhältnis zu unserem neuen Alliierten Russland gefährlicher sein als die Vermutung, dass wir solchen Ideen nachgehen», ließ Churchill am 10. September 1941 den britischen Außenminister Anthony Eden wissen: «Ich bin absolut gegen den geringsten Kontakt.»[34] Dass die Angehörigen des Widerstandes davon nichts wussten und daher bei ihren gefährlichen Versuchen einer Kontaktaufnahme mit dem Gegner ins Leere liefen, erschwerte ihr ohnehin schwieriges Unterfangen zusätzlich. Ihr größtes Problem aber war, dass sie die politischen und weltanschaulichen Gegensätze in den eigenen Reihen nie wirklich überwinden konnten. Von wenigen Ausnahmen wie dem so genannten Kreisauer Kreis abgesehen, gab es nicht einmal einen mehr oder weniger kontinuierlichen, gruppenübergreifenden Gedankenaustausch, und das lag nicht nur an der konspirativen Natur des Widerstandes. Vor allem aber hatten die allermeisten Angehörigen des Militärs und des Auswärtigen Dienstes, aus deren Reihen sich eine schlagkräftige Opposition hätte entwickeln können, Hitler gedient, bis es zu spät war.

Dafür gab es Gründe, so die Nähe der außenpolitischen Vorstellungen. Vieles von dem, was Hitler erreichte, entsprach ihrem Konzept. Das galt noch für die Wiedereingliederung der vormals deutschen Gebiete Polens; und es galt auch für die antibolschewistische

Grundausrichtung der Politik, die der konservative Widerstand nicht nur mit Hitler, sondern beispielsweise auch mit der politischen Elite Großbritanniens teilte. Dass sich einige seiner Vertreter schließlich auch mit Stalin einlassen wollten, um die Chancen für den Staatsstreich zu verbessern, zeigt nur, wie verzweifelt ihre Lage war.

Dieses Ansinnen war übrigens keineswegs abwegig, und es gibt Hinweise darauf, dass Stalin, nach wie vor misstrauisch gegenüber der Strategie und den wahren Absichten der Westmächte, im Falle eines gelungenen Umsturzes zu einer Geste des Stillhaltens an die Adresse der Verschwörer bereit gewesen wäre. Wie er überhaupt einem Sonderfrieden nicht grundsätzlich ablehnend gegenüberstand. Allerdings wies Hitler alle Initiativen dieser Art, von welcher und nach welcher Seite auch immer, kompromisslos zurück.

So musste Stalin alles auf die Karte eines vollständigen Sieges setzen. Mit Sinn für Symbolik ließ er am 22. Juni 1944, am dritten Jahrestag des deutschen Überfalls, die große Sommeroffensive gegen die Heeresgruppe Mitte eröffnen. Als diese gut zwei Wochen später den Widerstand gegen die bis zu zwanzigfach überlegenen Verbände der Roten Armee einstellte, war die größte Schlacht der Weltgeschichte beendet und die schwerste Niederlage in der deutschen Geschichte besiegelt. 28 Divisionen der Wehrmacht waren vernichtet, 400 000 Soldaten getötet, verwundet oder in Gefangenschaft geraten. Und die Verluste blieben weiterhin so hoch. Zwischen Juli 1944 und Mai 1945 kamen ebenso viele deutsche Soldaten ums Leben wie in den gesamten vorausgegangenen viereinhalb Kriegsjahren. Im Herbst waren es 5000 – Tag für Tag.

Die Verluste auf sowjetischer Seite waren zeitweilig noch ungleich höher. Bis zu 800 000 Getötete, Verwundete und Vermisste kostete allein die Sommeroffensive 1944. Immerhin rückte die Rote Armee jetzt unaufhaltsam auf Berlin vor. Lediglich vom 1. August bis zum 2. Oktober 1944 ließ Stalin in Polen, östlich der Weichsel, die Front anhalten. Dort wartete er ab, bis die SS in Warschau den Aufstand der nationalpolnischen Heimatarmee blutig niedergeschlagen hatte. Indem die Deutschen die Elite des bürgerlichen Widerstandes eliminierten und damit einen potentiellen Gegner der sowjetischen Expansion ausschalteten, erledigten sie dieses Geschäft für Stalin. Dann setzte dieser auch hier den Vorstoß fort. Am 25. April 1945 trafen sowjetische und amerikanische Verbände, die am 7. März erstmals den Rhein überquert hatten, bei Torgau an der Elbe zusammen.

Zu diesem Zeitpunkt hatte sich Adolf Hitler, über Nacht gealtert und in sich zusammengefallen, längst in seinen Bunker unter der Reichskanzlei zurückgezogen. Dort hoffte er vergebens auf ein Mirakel, vergleichbar dem des Hauses Brandenburg im Jahre 1762. Aber Geschichte wiederholt sich nun einmal nicht, und so hielten es die Amerikaner nach dem nicht unerwarteten Tod des schwerkranken Roosevelt am 12. April 1945 nicht wie seinerzeit die Russen nach dem Tod ihrer Zarin Elisabeth.

Bis zuletzt arbeitete Hitler an seinem Vermächtnis. Dazu gehörte sein Politisches Testament, in dem er am 29. April seine Nachfolger «zur peinlichen Einhaltung der Rassegesetze und zum unbarmherzigen Widerstand gegen den Weltvergifter aller Völker, das internationale Judentum», verpflichtete.[35] Dazu gehörte aber auch sein Befehl «Verbrannte Erde», der so genannte Nero-Befehl vom 19. März, der allerdings größtenteils nicht ausgeführt wurde: Alles, was «sich der Feind für die Fortsetzung seines Kampfes irgendwie sofort oder in absehbarer Zeit nutzbar machen» könne, sei zu zerstören – auch auf Reichsgebiet.[36] Sofern die Deutschen nicht die in sie gesetzten Erwartungen erfüllten, sofern sie sich nicht als das stärkere, als das den anderen überlegene Volk erwiesen, dann, so Hitlers Credo, stand ihnen auch nicht das Recht des Überlebens zu.

«Wenn der Krieg verloren geht», prognostizierte Hitler in den frühen Morgenstunden des 19. März 1945 gegenüber Albert Speer, seinem favorisierten Architekten, Reichsminister für Rüstung und Munition und «Halbfreund»,[37] in «eisigem Ton», «wird auch das Volk verloren sein. Es ist nicht notwendig, auf die Grundlagen, die das deutsche Volk zu seinem primitivsten Weiterleben braucht, Rücksicht zu nehmen. Im Gegenteil ist es besser, selbst diese Dinge zu zerstören.»[38] So gesehen war der Untergang Deutschlands eingeplant, von Anfang an und mit aller Konsequenz. Und jedenfalls in dieser einen Hinsicht zogen Hitler und seine alliierten Gegner an einem Strang. Bevor diese seiner habhaft werden konnten, nahm sich der Reichskanzler, Reichspräsident, Oberbefehlshaber der Wehrmacht und des Heeres am 30. April 1945 das Leben.

8. Epilog: Die Deutsche Frage

1945–1991

Am Ende gab es nichts mehr zu verhandeln. Die militärische Gesamtkapitulation, die am 7. Mai im französischen Reims und in der Nacht vom 8. auf den 9. Mai noch einmal in Berlin-Karlshorst unterzeichnet wurde, war bedingungslos. Eine Geschäftsführende Regierung unter Karl Dönitz, dem noch von Hitler testamentarisch eingesetzten Reichspräsidenten, und Johann Ludwig Graf Schwerin von Krosigk, der als «Leitender Minister» und Außenminister amtierte, löste sich am 23. Mai an ihrem Amtssitz, der Marinesportschule in Flensburg-Mürwik, auf. Knapp zwei Wochen später, am 5. Juni 1945, übernahmen die Alliierten die Oberste Regierungsgewalt in Deutschland, das zu diesem Zeitpunkt vollständig von fremden Truppen besetzt war.

Das Schicksal des Landes und des Volkes lag fortan in den Händen der Siegermächte, und die hatten schon während des Krieges einige weitreichende Entscheidungen getroffen. Die wichtigsten waren zwischen den Staats- und Regierungschefs der USA, der Sowjetunion sowie Großbritanniens vereinbart worden. Insgesamt dreimal haben sich die «Großen Drei» getroffen, vom 28. November bis zum 1. Dezember 1943 in Teheran, vom 4. bis zum 11. Februar 1945 in Jalta und zuletzt, nach der Niederwerfung Deutschlands, vom 17. Juli bis zum 2. August 1945 in Potsdam. Allerdings war, was die ursprüngliche Besetzung anging, am Ende des Potsdamer Treffens nur noch Stalin dabei. An Stelle des wenige Monate zuvor verstorbenen amerikanischen Präsidenten Roosevelt nahm dessen Nachfolger, der bisherige Vizepräsident Harry S. Truman, und für den während der Konferenz zuhause abgewählten Churchill der neue britische Premierminister Clement Attlee teil. Der französische Ministerpräsident Charles de Gaulle saß nicht einmal mit am Verhandlungstisch, obgleich man sich bereits in Jalta auf Frankreich als vierte Besatzungsmacht verständigt hatte.

Ohne Zweifel ist Stalin als der große Gewinner aus diesen Treffen hervorgegangen. Insbesondere bei den für ihn entscheidenden Zielen hat der sowjetische Diktator, von Nuancen abgesehen, keine nennenswerten Abstriche machen müssen. Das lag zum einen am Verlauf des asiatisch-pazifischen Krieges. Dort entwickelten sich die Dinge ähnlich wie zuvor auf dem europäischen Kriegsschauplatz: Je näher sich die Alliierten an die japanischen Hauptinseln herankämpften, umso verbissener wurde der Widerstand der Gegner und umso höher die Verluste namentlich der Amerikaner. Daher war Roosevelt wie Truman sehr an einem Kriegseintritt der Sowjets gegen Japan gelegen, der dann auch, einer Zusage Stalins entsprechend, am 8. August, also wenige Tage nach Abschluss der Konferenz und zwischen den beiden amerikanischen Atombombenabwürfen auf Hiroshima und Nagasaki, erfolgte.

Zum anderen gab es die Macht des Faktischen: Als die Rote Armee im Januar 1944 die alte polnische Grenze überschritt, hatte noch kein einziger alliierter Soldat seinen Fuß auf französischen Boden gesetzt. Zum Zeitpunkt der deutschen Kapitulation hielten sowjetische Truppen nicht nur den größten Teil des Deutschen Reiches einschließlich der Hauptstadt Berlin besetzt, sondern auch Polen, Rumänien, Ungarn, Bulgarien, Teile der Tschechoslowakei einschließlich Prags und das östliche Österreich. Der Nordosten Jugoslawiens mit Belgrad wurde aufgrund eines Abkommens mit Tito bereits wieder geräumt. Das also waren die Fakten. An ihnen kamen Truman und Attlee nicht vorbei, und so überließen sie Stalin, von Griechenland und in gewisser Weise auch von Jugoslawien abgesehen, Ostmittel- und Südosteuropa mehr oder minder vollständig.

Auch Polen. Was die inneren Verhältnisse des Landes anging, hatte Stalin schon in Jalta die Anerkennung des von ihm installierten so genannten Lubliner Komitees durchgesetzt. Auch wenn einige Vertreter der Londoner Exilregierung aufgenommen werden mussten, blieb es ein Marionettenregime, zumal «Volkspolen» drei Feldarmeen mit mehr als 220 000 Mann unterhielt, die von sowjetischen Offizieren polnischen Ursprungs kommandiert wurden. Das war natürlich auch Churchill und Roosevelt bewusst. Und so ließen sie sich von Stalin in Jalta zusagen, «so bald wie möglich freie und unbehinderte Wahlen» in Polen durchführen zu lassen.[1]

Im Übrigen erhielt der sowjetische Diktator von seinen westlichen Verhandlungspartnern bereits in Jalta jene Ostgrenze Polens, die schon Hitler im Grenz- und Freundschaftsvertrag vom 28. September 1939 als deutsch-sowjetische Demarkationslinie akzeptiert hatte. Dass Roosevelt über eine Quelle an der deutschen Botschaft Kenntnis von den geheimen territorialen Absprachen Stalins mit Hitler hatte, machte das Zugeständnis noch brisanter. Im Unterschied zu den sowjetisch-deutschen wurde allerdings in den alliierten Absprachen das polnische Kerngebiet Białystok Polen zugeschlagen, das zudem den südlichen Teil des vormals deutschen Ostpreußen erhielt. Im Gegenzug sicherten sich die Sowjets das nördliche Ostpreußen mit dem wichtigen Hafen Königsberg, dem heutigen Kaliningrad. Die Westmächte stimmten einer Verschiebung der alten polnisch-sowjetischen Grenze nach Westen unter der Bedingung zu, dass der polnische Staat eine entsprechende territoriale Kompensation erhielt. Das war nur auf Kosten des Kriegsverursachers Deutschland denkbar.

Es gehört zu den nur schwer begreifbaren Ergebnissen alliierter Politik in der Endphase des Zweiten Weltkrieges, dass der Täter Deutschland und das Opfer Polen nicht nur ähnlich behandelt, sondern dass die Schicksale beider Staaten über die Grenzfrage aufs Engste miteinander verknüpft und die beiden Völker so über Jahrzehnte in einem Zustand latenter Spannung gehalten wurden. Die Potsdamer Konferenz bestimmte, «daß bis zur endgültigen Festlegung der Westgrenze Polens die früher deutschen Gebiete östlich der Linie, die von der Ostsee unmittelbar westlich von Swinemünde und von dort die Oder entlang bis zur Einmündung der westlichen Neiße und die westliche Neiße entlang bis zur tschechoslowakischen Grenze verläuft …, in dieser Hinsicht nicht als Teil der sowjetischen Besatzungszone in Deutschland betrachtet werden sollen».[2] So sagt es das Kommuniqué, mit dem am 2. August 1945 nicht nur diese Zusammenkunft, sondern die Konferenzserie der Drei insgesamt abgeschlossen wurde.

In Potsdam verschob man also die polnisch-deutsche Grenze der Zwischenkriegszeit deutlich nach Westen und erweiterte Polen damit um Gebiete, die weder zu jenem alten Königreich Polen gehört hatten, das seit 1772 zwischen Preußen, Österreich und Russland aufgeteilt worden war, noch zur polnischen Republik der Zwischenkriegszeit. Der Grenzverlauf zeigt, wie sehr sich Stalins Stellung gegenüber seinen westlichen Partnern im Verlauf des Jahres verbessert hatte. Während er noch im Sommer 1944 von der östlichen, der Glatzer Neiße ausgegangen war, setzte er in Potsdam gegenüber den Westmächten die gut 200 Kilometer weiter westlich verlaufende Görlitzer Neiße durch, so dass nunmehr auch Niederschlesien an Polen fiel. Indem die Sieger des Krieges diese Lösung zudem als provisorisch bezeichneten, trugen sie einiges dazu bei, dass sich der deutsche Revisionismus der Nachkriegszeit auf diesen Nachbarn fixierte. Kein Wunder, dass Polen immer wieder auf einer definitiven Anerkennung der Oder-Neiße-Linie durch die Deutschen bestand.

Wenig befriedigend waren auch jene Lösungen, die während des Krieges als Antwort auf die Deutsche Frage gefunden werden konnten. Sie hatten durchweg Kompromisscharakter. Als sicher galt nur, dass Deutschland nach der bedingungslosen Kapitulation vollständig besetzt werden sollte und dass zu diesem Zweck Besatzungszonen einzurichten waren. Über diese beziehungsweise die Grenzen zwischen ihnen machte sich in London eine Beratende Europäische Kommission Gedanken, die im Oktober 1943 bei einem Treffen der drei Außenminister in Moskau eingesetzt worden war.

In dieser Kommission wurde im Januar 1944 auch der wichtigste und zugleich folgenreichste Vorschlag erdacht, nämlich die Demarkationslinie zwischen der östlichen, sprich sowjetischen, und den zwei beziehungsweise drei westlichen Besatzungszonen entlang einer Linie Lübeck-Helmstedt-Eisenach-Hof verlaufen zu lassen. Das war eine britische Idee, der Stalin rasch zustimmte. Als der Vorschlag auf den Tisch kam, war man ja noch fast ein halbes Jahr von der alliierten Invasion in Frankreich entfernt, während die

Rote Armee bereits in Polen vorrückte, und in den Reihen der westlichen Generalstäbe galt es als wahrscheinlich, dass die Sowjets bei Kriegsende am Rhein stehen würden. Stalin wusste es besser, denn er kannte die Verluste.

Im September und November 1944 legten zwei Zonen- und ein Kontrollabkommen das Weitere fest, vor allem die Aufteilung der westlichen in eine britische und eine amerikanische Besatzungszone. Aus diesen beiden wurde später die französische Zone herausgeschnitten. Außerdem sollte «Groß-Berlin» einen besonderen Status erhalten und nicht als Teil der sowjetischen Besatzungszone gelten. Was die Kontrolle in diesem Deutschland westlich von Oder und Neiße sowie in Groß-Berlin anging, so sollte die oberste Gewalt von jedem in seiner Besatzungszone und zugleich in einem Alliierten Kontrollrat gemeinsam durch alle ausgeübt werden. Wie hatte man sich das vorzustellen?

Das Ganze war eben ein Kompromiss. Wie ja auch die Koalition, die ihn erdacht hatte, von Anfang an ein Kompromiss gewesen war. Was hatte denn schon die Sowjetunion, was hatte die Stalin-Diktatur mit den westlichen Demokratien gemeinsam, wenn nicht die bedrohliche Lage, in die sie allesamt durch Hitlers Politik und Kriegführung gebracht worden waren? Was verband sie außer dem alternativlosen Entschluss, Deutschland bis zu dessen totaler Niederlage zu bekämpfen? Tatsächlich trennte die Mitglieder dieser Anti-Hitler-Koalition mehr, als sie verband – nicht nur, aber auch in der Deutschen Frage. Für die Deutschen waren das trübe Aussichten, zumal sie den Spielraum, der sich aus diesen Interessengegensätzen ergab, nicht nutzen konnten. Sie waren Figuren auf einem Schachbrett, und die Züge der Spieler hingen von allen möglichen Erwägungen und Interessen ab. Zuallerletzt von denen der Deutschen.

Am Ende des Zeitalters der Weltkriege galt für Deutschland, was in den Worten des Fürsten Metternich am Ende des Napoleonischen Zeitalters für Italien gegolten hatte: Es war lediglich ein geographischer Begriff. Niemand wusste zu sagen, wie es mit den Deutschen weitergehen würde – die alliierten Sieger nicht, und die Besiegten schon gar nicht. Sicher war nur, dass ihr Land bis auf den letzten Quadratkilometer besetzt war und dass jetzt, wie in Jalta beschlossen, neben der Sowjetunion, den USA und Großbritannien auch Frankreich zu den Besatzungsmächten zählte.

Niemand hat es in den Wochen und Monaten nach der bedingungslosen Kapitulation für möglich gehalten, dass gerade einmal vier Jahre später ein in Maßen souveräner Teilstaat, die am 23. Mai 1949 gegründete Bundesrepublik Deutschland, existieren könnte. Dass es so kam, lag an Vorkommnissen und Entwicklungen, die weder geplant noch gar gewollt gewesen sind, nicht zuletzt am grimmigen Jahrhundertwinter 1946/47, der die katastrophale Versorgungslage in Deutschland zusätzlich erschwerte und nach organisatorischer Reform der Zonenverwaltungen rief. Diese Zwänge standen Anfang 1947 beim Zusammenschluss der britischen mit der amerikanischen zur so genannten Bizone Pate, nicht der Wille zur Gründung eines Staatswesens. Entwicklungen in Ostasien und dort namentlich der Sieg der von den Sowjets unterstützten, von Mao Tse-tung geführten Kommunisten im chinesischen Bürgerkrieg, vor allem aber das Vorgehen der Sowjets in ihrem europäischen Machtbereich gaben den ursprünglich rein administrativen Maßnahmen die entscheidende politische Wendung.

Denn die Gründung der Bundesrepublik war die Antwort der drei Westmächte auf das tatsächliche und vermeintliche Vorgehen ihres vormaligen Verbündeten in der Anti-Hitler-Koalition. Aus ihrer Sicht war es verwerflich genug, dass sich die Sowjets nicht einmal an ihr einziges substantielles Zugeständnis jener Kriegsjahre hielten und erst im Januar 1947 in Polen Wahlen zuließen, die dann – bei einem Stimmenanteil von 90 Prozent für den kommunistischen Block – erkennbar nicht frei waren. In Verbindung mit der vermuteten sowjetischen Unterstützung der griechischen Kommunisten im Mitte 1946 ausgebrochenen Bürgerkrieg, dem kommunistischen Umsturz in der Tschechoslowakei im Februar 1948 oder auch dem Bündnisvertrag, den Stalin wenige Wochen später Finnland aufzwang, ergab sich ein Szenario, auf das man in Washington, in London und schließlich auch in Paris zusehends entschlossen reagierte.

Die Weichenstellungen in der Deutschen Frage waren die Antwort von Stalins vormaligen Verbündeten auf die von diesem zu verantwortenden weltpolitischen Verwerfungen. Dabei blieb es, auch wenn diese Antworten zunehmend von den Deutschen mitformuliert wurden. So bei der für die künftige Entwicklung entscheidenden Frage nach einer neuerlichen Bewaffnung Deutschlands. Es ist schlechterdings nicht vorstellbar, dass diese Frage durch die Besatzungsmächte und in ihrem Gefolge auch durch die Bundesrepublik ohne die asiatischen Krisen, Kriege und Konflikte überhaupt aufgeworfen worden wäre. So aber führten der Überfall des kommunistischen Nordens auf den Süden Koreas Ende Juni 1950 und dann die im Mai 1954 manifeste Niederlage Frankreichs im Krieg gegen das kommunistische Nordvietnam zu dem Entschluss, eine deutsche «Bundeswehr» aufzubauen und sie fest in die NATO zu integrieren. Für die Westmächte waren diese Maßnahmen, die Gründung der Atlantischen Allianz im April 1949 eingeschlossen, Reaktionen auf das Vordringen des Kommunismus in Europa und Asien.

Für die Sowjets verhielt es sich gerade umgekehrt. Für sie war die Gründung der Deutschen Demokratischen Republik am 7. Oktober 1949 eine Reaktion auf die Vorgaben der Westmächte. Wäre es nach Stalin gegangen, der bis zu seinem Tod Anfang März 1953 immer noch die Regie führte, hätte man sich mit den Partnern der vormaligen Anti-Hitler-Koalition auf eine wie auch immer geartete gesamtdeutsche Regelung – und damit auf eine Mitsprache der Sowjets auch im Westen Deutschlands – verständigt. Und auch die Gründung des Warschauer Paktes im Mai 1955 war für den Kreml eine Reaktion – auf die Gründung der NATO, vor allem aber auf die Integration der Bundesrepublik in dieses westliche Bündnis sowie auf die fast vollständige äußere Souveränität, die ihr im Gegenzug durch die Westmächte zugestanden wurde. Immerhin, so sagte es nicht nur die sowjetische Lesweise, wurde die in Bonn residierende Republik mit diesen Maßnahmen im Mai 1955 endgültig vom besetzten Feindstaat zum Verbündeten der Westmächte.

Zehn Jahre nach dem Untergang des Deutschen Reiches im Inferno des von ihm ausgelösten Zweiten Weltkriegs gab es mithin eine völlig gewandelte Situation. Die Partner der Anti-Hitler-Koalition standen sich politisch, wirtschaftlich und militärisch in zwei Lagern unversöhnlich gegenüber, und Deutschland westlich von Oder und Neiße war entlang der Demarkationslinie zwischen der vormaligen östlichen und den ehemaligen westlichen Besatzungszonen geteilt und den jeweiligen Lagern zugeschlagen worden. Das war der Kompromiss, den sie ursprünglich nicht gewollt hatten, mit dem aber namentlich die beiden Vormächte, also die Sowjetunion und die USA, leben konnten und in den sich die Deutschen beiderseits dieser Linie zu fügen hatten, ob ihnen das passte oder auch nicht. Zu viel stand auf dem Spiel, vor allem die rasant wachsende Gefahr, dass ein Krieg zwischen den beiden Blöcken nuklear ausgetragen werden könnte. Kein Wunder, dass Sowjets und Amerikaner – teils vertraglich, teils stillschweigend vereinbart – alles taten, um mögliche Anlässe für eine gefährliche Eskalation zu eliminieren oder zu neutralisieren. So gesehen war der von den Sowjets und ihren ostdeutschen Statthaltern organisierte, von den Amerikanern im Vorhinein akzeptierte Bau der Deutschland und Berlin teilenden Mauer konsequent.

Die Deutschen hatten keine Wahl, als sich in diese Lage zu fügen und die Teilung ihres Landes zu akzeptieren. Das stellte die Außenpolitik der Bundesrepublik vor eine kaum lösbare Aufgabe. Einerseits dem in der Präambel des Grundgesetzes festgeschriebenen Gebot verpflichtet, «in freier Selbstbestimmung die Einheit und Freiheit Deutschlands zu vollenden»,[3] andererseits alternativlos auf den Schutz jener westlichen Verbündeten angewiesen, die ebendiese Teilung akzeptiert und in gewisser Weise forciert hatten, blieb ihr nur eine Negativstrategie: Die Anerkennung der DDR durch Dritte zu verhindern, wurde zum Credo bundesdeutscher Außenpolitik. Und dieses wiederum führte in eine Sackgasse.

Entkommen konnte die Bonner Außenpolitik ihr nur, wenn sie sich ihrerseits auf den Boden der Realitäten stellte, und das hieß: Man musste erstens anerkennen, dass es einen zweiten deutschen Staat, eben die DDR, gab, und man musste in diesem Zusammenhang zweitens akzeptieren, dass die Ostgrenze der DDR und damit – sollte es je dahin kommen – eines wiedervereinigten Deutschland entlang von Oder und Neiße verlief. Ein Vierteljahrhundert, vom Ende des Krieges an gerechnet, hat es gedauert, bis die Bundesdeutschen so weit waren. Beginnend mit dem im August 1970 geschlossenen Vertrag mit der Sowjetunion, dem bis Dezember 1973 entsprechende Abkommen mit Polen, der DDR und der Tschechoslowakei folgten, erkannte die Bundesrepublik Deutschland die durch den Zweiten Weltkrieg geschaffenen Ergebnisse an: «Wir haben den letzten Krieg vom Zaun gebrochen. Dafür muß nun einmal bezahlt werden» – hatte am Jahresende 1965 Georg Ferdinand Duckwitz, ein Bonner Diplomat mit bewegter Karriere, als damals noch einsamer Rufer formuliert und damit die eigentliche Aufgabe deutscher Außenpolitik auf den Punkt gebracht.[4]

Diese «neue» Ostpolitik, die sich vor allem mit dem Namen des Bundeskanzlers Willy Brandt verbindet, verstand sich auch als Ergänzung und Erweiterung des seit 1949 errichteten Fundaments deutscher Außenpolitik. Die Bundesrepublik fest in die westlichen Gemeinschaften zu integrieren war das erklärte, konsequent verfolgte Ziel des langjährigen ersten Kanzlers Konrad Adenauer, der von der Wiedereinrichtung des Auswärtigen Amtes am 15. März 1951 bis zur Erlangung der fast vollständigen Souveränität der Republik am 5. Mai 1955 zugleich ihr erster Außenminister gewesen ist. Beginnend mit der Gründung der Europäischen Gemeinschaft für Kohle und Stahl durch die Bundesrepublik Deutschland, Frankreich, Italien sowie die drei Benelux-Staaten im Frühjahr 1951, in der man den Grundstein der heutigen Europäischen Union sehen kann, hat er die Republik auch wirtschaftlich unwiderruflich im Westen verankert. Militärisch galt das seit der Aufnahme in die NATO sowie in die Westeuropäische Union im Frühjahr 1955 ohnehin.

In der Rückschau muss man feststellen, dass ohne die feste Integration der Bundesrepublik in die westlichen Gemeinschaften und ohne die Anerkennung der durch den Zweiten Weltkrieg in Europa geschaffenen Fakten die Wiedervereinigung Deutschlands schwer vorstellbar ist. Ob sie von den Deutschen damals mehrheitlich noch gewollt oder auch nur erwartet wurde, sei dahingestellt. Tatsache ist, dass sie sich längst mit der Teilung ihres Landes arrangiert hatten. So wie die Dinge in den siebziger und achtziger Jahren lagen, wäre alles andere auch weltfremd gewesen. Entgegen mancher Legende waren es auch nicht die Deutschen selbst, die sich diese Chance erarbeitet oder gar erkämpft haben, sondern es waren die Völker der Sowjetunion, allen voran die baltischen, sowie die von ihr dominierten Völker Ostmittel- und Südosteuropas, hier vor allem die Polen, die sich von Fremdherrschaft und Diktatur befreiten und damit auch den Deutschen eine Tür öffneten.

Noch in den Tagen und Stunden vor dem Mauerfall hat kaum jemand ernsthaft mit dieser Sensation gerechnet, jedenfalls nicht zu diesem Zeitpunkt und mit dieser Konsequenz. Auch nicht Kanzler Helmut Kohl, der sich an diesem 9. November 1989 zu einem Staatsbesuch in Polen aufhielt, dann freilich die Gunst der Stunde nutzte und in den folgenden Wochen das auf den Weg brachte, was man deutscherseits, also aus eigener Kraft, tun konnte. Dazu gehörte an erster Stelle das klare Bekenntnis zu den Fundamenten deutscher Außenpolitik, also zur unveränderten Anerkennung des Status quo, namentlich der Oder-Neiße-Grenze, sowie zur bleibenden Einbindung auch des vereinigten Deutschland in die internationalen Gemeinschaften, zu denen in den ausgehenden achtziger Jahren neben der NATO und der Europäischen Gemeinschaft auch die Konferenz über Sicherheit und Zusammenarbeit in Europa zählte. Die KSZE, die am 1. August 1975 mit Unterzeichnung der Schlussakte ins Leben gerufen worden war, ging ursprünglich auf eine sowjetische Initiative zurück und war während der revolutionären Umbrüche der achtziger Jahre die einzige von allen akzeptierte internationale Organisation in Europa.

Der Wille und die Bereitschaft der Deutschen zur Anerkennung der gegebenen Verhältnisse und das Bekenntnis zu den internationalen Organisationen, denen die Bundesrepublik angehörte, waren eine Sache; die Bereitschaft der anderen, der vormaligen Opfer und Gegner, den Deutschen zu trauen, war eine andere. Ihr Entschluss mit dem so genannten Zwei-plus-Vier-Vertrag, der am 12. September 1990 in Moskau unterzeichnet wurde, eine «abschließende

Regelung in bezug auf Deutschland» zu treffen, setzte nicht weniger voraus als die Revision ihrer Sicht auf die Deutschen und deren Geschichte.

Und dieses Bild hatte eindeutige Konturen. Danach setzten die Deutschen spätestens mit Beginn des europäischen Krieges im Sommer 1939 lediglich eine Tradition fort, die mit den Schlesischen Kriegen Friedrichs des Großen begonnen und in Bismarcks Einigungsfeldzügen sowie der Welt- und Weltkriegspolitik seiner Nachfolger ihre Fortsetzung gefunden hatte. Manches schien für diese Sicht der Dinge zu sprechen. Nicht nur radikalisierte Hitler den in der Reichsgründung angelegten Drang zum Ausbruch aus den gegebenen Verhältnissen und versuchte einmal mehr, die halbhegemoniale Stellung des Deutschen Reiches mit Gewalt zu überwinden. Er machte sich auch dessen Traditionen zunutze.

Mit sicherem Instinkt für die Befindlichkeiten und Bedürfnisse der 1919 schwer gedemütigten Deutschen setzten Hitler und Goebbels, sein Zeremonienmeister, anlässlich der ersten Reichstagssitzung nach der Machtübernahme ein Spektakel in Szene, das viele nur zu gerne als Akt der Auferstehung wahrnahmen. Am 21. März 1933 – dem Jahrestag der ersten Reichstagseröffnung durch Bismarck, der nunmehr als «Tag der nationalen Erhebung» firmierte – erwies die junge nationalsozialistische Bewegung den Vertretern Preußen-Deutschlands die Reverenz. Auf den Stufen der Potsdamer Garnisonkirche, über dem Grab Friedrichs des Großen und in der Uniform des königlich-preußischen Generalfeldmarschalls gab Reichspräsident Paul von Hindenburg dem sich verneigenden Reichskanzler Adolf Hitler, der in Zivil erschienen war, die Hand und führte den Zug zur Zeremonie in das von Friedrich Wilhelm I. errichtete Gotteshaus. Hier erhoben sich nicht nur die Abgeordneten des Parlaments, sondern auch Generäle der Wehrmacht und Veteranen der kaiserlichen Armee und nicht zuletzt Diplomaten aus aller Welt. Die Inszenierung verfing. Die Aktionen der kommenden Jahre taten ein Übriges. Hitler schien der Mann zu sein, der die «deutsche Ehre» wieder «rein» wusch und so auch der Tradition zu ihrem Recht verhalf.[5]

In Wirklichkeit stand Hitler «in keiner deutschen Tradition, am wenigsten in der protestantisch-preußischen, ... Friedrich und Bismarck nicht ausgenommen». Deutschland und die Deutschen interessierten ihn eigentlich gar nicht, es sei denn als «Machtinstrument[e]» zur Umsetzung seiner Pläne und Programme.[6] Dass sie sich dazu verstanden, dass sie Hitler – von seinen Erfolgen geblendet und korrumpiert – ihre Tradition überließen und sie damit aufgaben, war ihr größter Fehler. Was immer sie jetzt taten, wurde auch dieser Tradition angelastet – selbst der rassenideologische Vernichtungskrieg mit seinen beispiellosen Verbrechen.

Wenn man das so sah, wenn man Hitler nicht als den Totengräber dieser Tradition, sondern als ihren letzten Repräsentanten wahrnahm, wenn man selbst den Vernichtungsfeldzug gegen die Juden Europas in dieser Tradition begründet sah – dann allerdings hatte man keine Wahl. Dann musste man nicht nur Hitler und seinem Regime, sondern auch dieser Tradition ein Ende setzen und ihre wichtigste Institution, den deutschen Nationalstaat, zerschlagen. So gesehen waren die Teilung Deutschlands und die alliierten Vorbehalte bezüglich seines künftigen Schicksals nicht nur eine Quittung für die deutsche Politik und Kriegführung in der Ära Hitler, sondern auch ein Urteil über die Deutschen, ihre Geschichte und ihren Charakter.

Entsprechend folgenreich war der Kurswechsel, den die vormaligen Sieger über Deutschland – im Windschatten und im Zusammenhang der Auflösung der Sowjetunion – vornahmen. Mit der Aufgabe ihrer Vorbehalte und der Zustimmung zur Wiedereinrichtung eines vollständig souveränen deutschen Nationalstaates entließen sie die Deutschen aus der langen Nachkriegszeit und korrigierten ihr historisches Urteil über sie. Mit der Ratifikation und dem Inkrafttreten des Zwei-plus-Vier-Vertrages am 15. März 1991 wurde die Entscheidung völkerrechtlich protokolliert.

Die Geschichte der deutschen Nation – auch das signalisiert die «abschließende Regelung in bezug auf Deutschland» – lässt sich nicht auf zwölf Jahre reduzieren oder mit ihnen allein erklären. Das «Dritte Reich» war eine Epoche der neueren Geschichte, und Adolf Hitler war einer von beinahe dreißig Reichs- beziehungsweise Bundeskanzlern – um nur von diesen zu reden –, die seit 1871 die Verantwortung in und für Deutschland getragen haben. Einige von ihnen haben länger amtiert, andere haben Weichen folgenreicher gestellt als er. Ohne die in Otto von Bismarcks Regie vollzogene Gründung des Deutschen Reiches und ohne den Blick in den Abgrund, an dem die Deutschen nach den Ausritten Wilhelms II. in die Weltpolitik standen, hätte Hitler wohl nie seine Chance bekommen. Konrad Adenauers Wegweisung in die westliche Gemeinschaft hat die Deutschen dauerhafter und tiefgreifender geprägt als der Angriff auf das Abendland, zu dem sie unter Hitlers Führung angetreten waren. Und dass sie sich unter der maßgeblichen Direktion Willy Brandts mit einer für sie schmerzlichen Wirklichkeit arrangierten, war für ihre Zukunft bedeutsamer als der Kampf, den sie seit 1871 gegen ihre Wirklichkeit geführt hatten.

Das alles wussten auch ihre vormaligen Opfer und Gegner, als sie die Deutschen in die Freiheit entließen. Sie wussten, dass der deutsche Nationalstaat, den sie 1991 aus der Taufe hoben, nichts oder doch nur wenig mit dem gemeinsam haben würde, den sie beinahe ein halbes Jahrhundert zuvor zerschlagen hatten. Denn die Deutschen hatten ihre Lektion gelernt.

Abkürzungen

ADAP	Akten zur deutschen auswärtigen Politik
DD	Die Deutschen Dokumente zum Kriegsausbruch 1914
Domarus	Hitler, Adolf: Reden und Proklamationen 1932–1945, hrsg. von M. Domarus
GP	Die Große Politik der Europäischen Kabinette
GW	Otto von Bismarck, Die gesammelten Werke
MWG	Max Weber Gesamtausgabe
VfZG	Vierteljahrshefte für Zeitgeschichte

Anmerkungen

1. Prolog

1 Thomas Nipperdey, Deutsche Geschichte 1800–1866. Bürgerwelt und starker Staat, München 1983, S. 11.
2 Deutsche Bundesakte, zitiert nach: Der Wiener Kongress 1814/15. Die Neuordnung Europas, hrsg. von Hans-Dieter Dyroff, München 1966, S. 130ff., Zitat S. 130.
3 Anselm Doering-Manteuffel, Die deutsche Frage und das europäische Staatensystem, München 1993, S. 6.
4 GP 14/I, Nr. 3785.
5 Andreas Hillgruber, Bismarcks Außenpolitik, Freiburg i. Br. 1972, S. 24.
6 Parliamentary Debates. Third Series, Bd. 19, S. 580.
7 Hillgruber, Bismarcks Außenpolitik, S. 25.
8 Zitiert nach: Dokumente zur Deutschen Verfassungsgeschichte, hrsg. von Ernst Rudolf Huber, Bd. 1, Stuttgart 1961, Nr. 182.
9 Doering-Manteuffel, Die deutsche Frage, S. 20.
10 Memorandum Palmerstons vom 16. September 1847, zitiert nach: The Foreign Policy of Victorian England 1830–1902, hrsg. von Kenneth Bourne, Oxford 1970, Dok. 43.
11 Akten zur Geschichte des Krimkriegs, Serie II: Preußische Akten zur Geschichte des Krimkriegs, hrsg. von Winfried Baumgart, Bd. 2, München 1990, Nr. 324.
12 Ebd., Nr. 149.
13 Ebd., Nr. 434.
14 GW 2, Nr. 110.
15 GW 14/I, Nr. 647.
16 GW 14/I, Nr. 27.
17 GW 5, Nr. 229.
18 GW 5, Nr. 371.
19 Die auswärtige Politik Preußens. Diplomatische Aktenstücke, hrsg. von der Historischen Reichskommission […], Bd. 6, Oldenbourg i. O. 1939, Nr. 499.
20 So Clarendon an den britischen Botschafter in Berlin, Loftus, 7. März 1866, zitiert nach: The Foreign Policy of Victorian England 1830–1902, Dok. 85.
21 GW 6 b, Nr. 1612. Dort auch der gekürzte Text.

2. Der halbe Hegemon

1 Gesetz betreffend die Verfassung des Deutschen Reiches vom 16. April 1871, zitiert nach: Dokumente zur deutschen Verfassungsgeschichte, hrsg. von Ernst Rudolf Huber, Bd. 2, Stuttgart [2]1964, 289 ff., Zitate S. 293.
2 Ludwig Dehio, Deutschland und die Epoche der Weltkriege, in: Historische Zeitschrift 173 (1952), S. 77–94, Zitat S. 80.
3 Sebastian Haffner, Von Bismarck zu Hitler. Ein Rückblick, München 1987, S. 47.
4 GP 2, Nr. 294.
5 Parliamentary Debates. Third Series, Bd. 204, S. 81.
6 Deutscher Reichs-Anzeiger und Königlich Preußischer Staats-Anzeiger, Nr. 125, 1. Juni 1875.
7 GP 1, Nr. 189.
8 Hillgruber, Bismarcks Außenpolitik, S. 131.
9 GW 14/II, Nr. 1457.
10 GP 2, Nr. 294.
11 Sten. Ber., Bd. 41.
12 GP 2, Nr. 246.
13 Bismarck an das Auswärtige Amt, 2. November 1878, zitiert nach: Manfred Müller, Die Bedeutung des Berliner Kongresses für die deutsch-russischen Beziehungen, Leipzig 1927, S. 83.
14 GP 3, Nr. 446.
15 GP 3, Nr. 485.
16 GP 3, Nr. 532.
17 GP 3, Nr. 571.
18 GP 3, Nr. 570/Anlage.
19 Die politischen Testamente der Hohenzollern, bearb. von Richard Dietrich, Köln/Wien 1986, S. 489.
20 GP 4, Nr. 743.
21 GP 4, Nr. 758.
22 GP 4, Nr. 757 f.
23 GP 4, Nr. 883.
24 GP 5, Nr. 1137.
25 Herbert von Bismarck an den Bruder, 11. November 1887, in: Staatssekretär Graf Herbert von Bismarck, Aus seiner politischen Privatkorrespondenz, hrsg. von Walter Bußmann, Göttingen 1964, S. 479.
26 Denkwürdigkeiten des General-Feldmarschalls Alfred Grafen von Waldersee, hrsg. von Heinrich Otto Meisner, Bd. 1, Stuttgart/Berlin 1923, S. 334.
27 Zitiert nach: Friedrich Seidenzahl, 100 Jahre Deutsche Bank 1870–1970, Frankfurt a. M. 1970, S. 67.

28 Max Weber, Parlament und Regierung im neugeordneten Deutschland, MWG, Bd. I/15, S. 449.

3. Griff nach der Weltmacht

1 Friedrich Naumann, Das Königtum, in: ders., Werke, Bd. 2: Politische Schriften, hrsg. von Theodor Schieder, Opladen 1964, S. 439.
2 [August Keim], Erlebtes und Erstrebtes. Lebenserinnerungen von Generalleutnant Keim, Hannover 1925, S. 71.
3 Handbuch der Verträge 1871–1964. Verträge und andere Dokumente zur Geschichte der internationalen Beziehungen, hrsg. von Helmuth Stoecker, Berlin (Ost) 1968, S. 74.
4 GP 10, Nr. 2478.
5 GP 11, Nr. 2579.
6 GP 11, Nr. 2610.
7 GP 13, Nr. 3407.
8 GP 13, Nr. 3413.
9 GP 12/II, Nr. 3159.
10 Sten. Ber., Bd. 159.
11 GP 4, Nr. 743.
12 Briefe Wilhelms II. an den Zaren 1894–1914, hrsg. von Walter Goetz, Berlin o. J. [1920], Nr. 14.
13 Zitiert nach: Gregor Schöllgen, Imperialismus und Gleichgewicht. Deutschland, England und die orientalische Frage 1871–1914, München [3]2000, S. 434.
14 Max Weber, Der Nationalstaat und die Volkswirtschaftspolitik, MWG, Bd. I/4, S. 571 f.
15 GP 12/II, Nr. 3345, Anm. der Hrsg.
16 Zitiert nach: Rüstung im Zeichen wilhelminischer Weltpolitik. Grundlegende Dokumente 1890–1914, hrsg. von Volker R. Berghahn und Wilhelm Deist, Düsseldorf 1988, S. 122.
17 Alfred von Tirpitz, Erinnerungen, Leipzig 1919, S. 10.
18 GP 14/I, Nr. 3782.
19 GP 14/I, Nr. 3793.
20 Quellen zur deutschen Außenpolitik im Zeitalter des Imperialismus 1890–1911, hrsg. von Michael Behnen, Darmstadt 1977, S. 247.
21 Zitiert nach: Schöllgen, Imperialismus und Gleichgewicht, S. 451 f.
22 GP 17, Nr. 4998.
23 GP 18/II, Nr. 5713.
24 GP 18/II, Nr. 5844.
25 GP 19/II, Nr. 6255.
26 GP 20/I, Nr. 6376.
27 Zitiert nach: Schöllgen, Imperialismus und Gleichgewicht, S. 190f.

28 GP 20/II, Nr. 6757.
29 GP 21/II, Nr. 7202.
30 Die Britischen Amtlichen Dokumente über den Ursprung des Weltkrieges 1898–1914 [...], deutsche Ausgabe hrsg. von Hermann Lutz, Berlin 1926 ff., Bd. 3, Nr. 418.
31 Andreas Hillgruber, Deutschlands Rolle in der Vorgeschichte der beiden Weltkriege, Göttingen [2]1979, S. 33.
32 GP 25/I, Nr. 8537.
33 GP 26/I, Nr. 9079.
34 Sten. Ber., Bd. 236.
35 Feldmarschall [Franz Graf] Conrad [von Hötzendorf], Aus meiner Dienstzeit, Bd. 1, Wien u. a. 1921, S. 604 ff.
36 Sten. Ber., Bd. 236.
37 Zitiert nach: Quellen zur deutschen Außenpolitik im Zeitalter des Imperialismus, S. 412 ff.
38 Kiderlen-Wächter, der Staatsmann und Mensch. Briefwechsel und Nachlaß, hrsg. von Ernst Jäckh, 2 Bde., Bd. 2, Berlin/Leipzig 1924, S. 128 f.
39 GP 27/II, Nr. 10 167.
40 Heinrich Claß, Wider den Strom. Vom Werden und Wachsen der nationalen Opposition im alten Reich, Leipzig 1932, S. 221.
41 Zitiert nach: Schöllgen, Imperialismus und Gleichgewicht, S. 439.
42 GP 39, Nr. 15 612.
43 GP 39, Nr. 15 613.
44 Zitiert nach: Albert Hopman, Das ereignisreiche Leben eines ‹Wilhelminers›. Tagebücher, Briefe, Aufzeichnungen 1901 bis 1920, hrsg. von Michael Epkenhans, München 2004, S. 269.
45 Friedrich v[on] Bernhardi, Deutschland und der nächste Krieg, Stuttgart/Berlin 1912, S. 344.
46 Sten. Ber., Bd. 286.
47 Zitiert nach: Egmont Zechlin, Motive und Taktik der Reichsleitung 1914. Ein Nachtrag, in: Der Monat 18 (1966), S. 91–95, Zitat S. 92.

4. Die deutsche Katastrophe

1 Friedrich Meinecke, Die deutsche Katastrophe. Betrachtungen und Erinnerungen, Wiesbaden 1946.
2 George F. Kennan, Bismarcks europäisches System in der Auflösung. Die französisch-russische Annäherung 1875 bis 1890, Frankfurt a. M./Berlin/Wien 1981, S. 12.
3 Quellen zur Entstehung des Ersten Weltkrieges. Internationale Dokumente 1901–1914, hrsg. von Erwin Hölzle, Darmstadt [2]1995, Nr. 126.
4 Ebd., Nr. 130 und 134.
5 DD 2, Nr. 293.

6 DD 2, Nr. 359.
7 DD 3, Nr. 487.
8 DD 3, Nr. 491 und 571.
9 Quellen zur Entstehung des Ersten Weltkrieges, Nr. 130.
10 Zitiert nach: Egmont Zechlin, Bethmann Hollweg, Kriegsrisiko und SPD 1914, in: Der Monat 18 (1966), S. 17–32, Zitat S. 32.
11 DD 1, Nr. 248.
12 Paul Sethe, Die großen Entscheidungen, Frankfurt a. M. 1958, S. 58.
13 Sten. Ber., Bd. 117.
14 DD 4, Nr. 839.
15 Zitiert nach: Egmont Zechlin, Friedensbestrebungen und Revolutionierungsversuche, IV: Bethmann Hollwegs Kriegszielpolitik, in: Aus Politik und Zeitgeschichte B 20/1963, S. 3–54, Zitat S. 41 ff.
16 Thomas Mann, Gedanken im Kriege, zitiert nach: ders., Friedrich und die große Koalition, Berlin 1915, S. 16.
17 Max Weber an Karl Oldenburg, 28. August 1914, MWG, Bd. II/8, S. 782.
18 Max Weber, An der Schwelle des dritten Kriegsjahres [1916], MWG, Bd. I/15, S. 656 ff., Zitat S. 682.
19 Zitiert nach: Gerhard Ritter, Staatskunst und Kriegshandwerk. Das Problem des «Militarismus» in Deutschland, 4 Bde., München 1954 ff., Bd. 3, S. 335.
20 Richard von Kühlmann, Erinnerungen, Heidelberg 1948, S. 533.
21 Das Werk des Untersuchungsausschusses der Verfassunggebenden Deutschen Nationalversammlung und des Deutschen Reichstages 1919–1928. Verhandlungen/Gutachten/Urkunden, Vierte Reihe, Zweite Abteilung, Bd. 12/I, Berlin 1929, S. 220.
22 Memorandum von Dr. Helphand, veröffentlicht bei: Winfried B. Scharlau/Zbynek A. Zeman, Freibeuter der Revolution. Parvus-Helphand. Eine politische Biographie, Köln 1964, S. 361 ff., Zitat S. 372.
23 Sebastian Haffner, Der Teufelspakt. Die deutsch-russischen Beziehungen vom Ersten zum Zweiten Weltkrieg, Zürich 1988, S. 26.
24 Hintze an Lersner, 5. August 1918, zitiert nach: Paul von Hintze. Marineoffizier, Diplomat, Staatssekretär. Dokumente einer Karriere zwischen Militär und Politik, 1903–1918, hrsg. von Johannes Hürter, München 1998, S. 468.
25 Kühlmann, Erinnerungen, S. 517.
26 Zitiert nach: Ritter, Staatskunst und Kriegshandwerk, Bd. 3, S. 138.
27 Friedrich Engels, Einleitung [...], in: Karl Marx/Friedrich Engels, Werke, Bd. 21, Berlin (Ost) 1972, S. 346 ff., Zitat S. 350 f.

5. Wandel durch Annäherung

1 Der Friedensvertrag zwischen Deutschland und der Entente. Vollständige Volksausgabe der amtlichen deutschen Übertragung. Im Auftrage des Auswärtigen Amtes, Charlottenburg 1919, Artikel 231.
2 Max Weber, Zur Lage der bürgerlichen Demokratie in Russland, MWG, Bd. I/10, S. 86 ff., Zitat S. 126/Anm. 18.
3 Der Friedensvertrag, Artikel 43.
4 Ebd., Artikel 80.
5 Ebd., Artikel 104.
6 GP 39, Nr. 15 613.
7 Philipp Scheidemann, Der Zusammenbruch, Berlin 1921, S. 251.
8 Klaus Mann, Der Wendepunkt. Ein Lebensbericht (1942), Reinbek 1993, S. 204.
9 W. I. Lenin, Sämtliche Werke, Bd. 25, Wien/Berlin 1930, S. 635 f.
10 Walther Rathenau, Gesammelte Reden, Berlin 1924, S. 194.
11 Ebd., S. 396.
12 Haffner, Teufelspakt, S. 110.
13 Reichsgesetzblatt Teil II, Jahrgang 1922, S. 677 f.
14 Haffner, Teufelspakt, S. 114.
15 ADAP, A V, Nr. 256.
16 Eine Rede Stresemanns über seine Locarnopolitik, in: VfZG 15 (1967), S. 416–436, Zitat S. 418.
17 Rede Egon Bahrs in Tutzing, 15. Juli 1963, Dokumente zur Deutschlandpolitik, Reihe IV, Bd. 9, S. 572 ff.
18 Ursachen und Folgen. Vom deutschen Zusammenbruch 1918 und 1945 bis zur staatlichen Neuordnung Deutschlands in der Gegenwart. Eine Urkunden- und Dokumentensammlung zur Zeitgeschichte, hrsg. von Herbert Michaelis u. a., 26 Bde., Berlin [1958 ff.], Bd. 5, Nr. 1079.
19 ADAP, B I/1, Anhang II.
20 Gustav Stresemann, The Economic Restoration of the World, in: Foreign Affairs 2 (1923/24), S. 557.
21 Reichsgesetzblatt Teil II, Jahrgang 1925, S. 979 ff.
22 Ebd., S. 995.
23 Ebd., S. 1009.
24 ADAP, B II/1, Nr. 168.
25 Ebd.
26 Ursachen und Folgen, Bd. 6, Nr. 1375.
27 ADAP, B VIII, Nr. 60.
28 Ursachen und Folgen, Bd. 7, Nr. 1496.
29 Ebd., Nr. 1483.
30 Zitiert nach: Peter Krüger, Die Außenpolitik der Republik von Weimar, Darmstadt [2]1993, S. 529.

31 ADAP, B XVI, Nr. 181.
32 Ursachen und Folgen, Bd. 8, Nr. 1757.
33 ADAP, B I/1, Nr. 144.

6. Im Zeichen des Angriffs

1 Haffner, Von Bismarck zu Hitler, S. 219.
2 Zitiert nach: Hillgruber, Deutschlands Rolle in der Vorgeschichte der beiden Weltkriege, S. 76 f.
3 Zitiert nach: Thilo Vogelsang, Neue Dokumente zur Geschichte der Reichswehr 1930–1933, in: VfZG 2 (1954), S. 397–436, Zitat S. 435.
4 Sten. Ber., Bd. 457.
5 Akten der Reichskanzlei. Die Regierung Hitler, Teil I: 1933/34, Band 1, bearb. von Karl-Heinz Minuth, Boppard a. Rh. 1983, Nr. 93.
6 Ursachen und Folgen, Bd. 10, Nr. 2436.
7 Joachim von Ribbentrop, Zwischen London und Moskau. Erinnerungen und letzte Aufzeichnungen, hrsg. von Annelies von Ribbentrop, Leoni 1961, S. 64.
8 ADAP, C IV/2, Nr. 485.
9 ADAP, C IV/2, Nr. 579.
10 Paul Schmidt, Statist auf diplomatischer Bühne 1923–45. Erlebnisse des Chefdolmetschers im Auswärtigen Amt mit den Staatsmännern Europas, Bonn 1949, S. 320.
11 Domarus, Bd. 1, S. 606.
12 Ribbentrop, Zwischen London und Moskau, S. 93.
13 ADAP, D I, Nr. 93.
14 Willy Brandt, Erinnerungen. Mit den «Notizen zum Fall G», Berlin/Frankfurt a. M. 1994, S. 116.
15 ADAP, D I, Nr. 17.
16 Reichsgesetzblatt Teil I, Jahrgang 1935, S. 1146.
17 Wilhelm Treue, Hitlers Denkschrift zum Vierjahresplan 1936, in: VfZG 3 (1955), S. 184–210, Zitat S. 210.
18 ADAP, D I, Nr. 19.
19 ADAP, D I, Nr. 31.
20 Zitiert nach: Gregor Schöllgen, Die Macht in der Mitte Europas. Stationen deutscher Außenpolitik von Friedrich dem Großen bis zur Gegenwart, München [2]2000, S. 101.
21 Zitiert nach: Hans-Jürgen Döscher, Das Auswärtige Amt im Dritten Reich. Diplomatie im Schatten der ‹Endlösung›, Berlin 1987, S. 121.
22 ADAP, C V/2, Nr. 446.
23 Kurt von Schuschnigg, Ein Requiem in Rot-Weiß-Rot. «Aufzeichnungen des Häftlings Dr. Auster», Zürich 1946, S. 113.
24 Reichsgesetzblatt Teil I, Jahrgang 1938, S. 237.

25 Der Prozeß gegen die Hauptkriegsverbrecher vor dem Internationalen Militärgerichtshof. Nürnberg 14. November 1945–1. Oktober 1946, 42 Bde., Nürnberg 1947–1949, Bd. 31, S. 369.
26 ADAP, D II, Nr. 107.
27 ADAP, D II, Nr. 135.
28 ADAP, D II, Nr. 221.
29 Ulrich von Hassell, Aufzeichnungen vom anderen Deutschland. Die Hassell-Tagebücher 1938–1944. Hrsg. von Friedrich Frhr. Hiller von Gaertringen, Berlin 1988, S. 316 f.
30 Erich Kordt, Nicht aus den Akten ... Die Wilhelmstraße in Frieden und Krieg. Erlebnisse, Begegnungen und Eindrücke 1928–1945, Stuttgart 1950, S. 279.
31 ADAP, D II, Nr. 632.
32 Domarus, Bd. 1, S. 924 bzw. 930.
33 ADAP, D II, Nr. 675.
34 Thomas Mann, Schicksal und Aufgabe, in: ders., Gesammelte Werke in dreizehn Bänden, Bd. XII, Frankfurt a. M. [2]1974, S. 918 ff., Zitat S. 933.
35 Akten zur Auswärtigen Politik der Bundesrepublik Deutschland (AAPD) 1970, Nr. 581.
36 ADAP, D II, Nr. 676.
37 Hans Bernd Gisevius, Bis zum bittern Ende, Bd. II: Vom Münchner Abkommen zum 20. Juli 1944, Zürich 1946, S. 76.
38 ADAP, D IV, Nr. 81.
39 ADAP, D IV, Nr. 152.
40 ADAP, D IV, Nr. 229.
41 Domarus, Bd. 2, S. 1095.
42 ADAP, D VI, Nr. 40.
43 Domarus, Bd. 2, S. 1383 und 1391.
44 Philipp Ther, Die dunkle Seite der Nationalstaaten. «Ethnische Säuberungen» im modernen Europa, Göttingen 2011, S. 166.
45 Hassell, Aufzeichnungen vom anderen Deutschland, S. 85.
46 Parliamentary Debates. Fifth Series, Bd. 345, S. 2415.
47 ADAP, D VI, Nr. 433.
48 Domarus, Bd. 2, S. 1058.
49 Ebd., S. 1148.
50 ADAP, D VI, Nr. 433.
51 Zitiert nach: Bogdan Musial, Kampfplatz Deutschland. Stalins Kriegspläne gegen den Westen, Berlin 2008, S. 280.
52 ADAP, D VI, Nr. 758.
53 ADAP, D VII, Nr. 193/Anm. 1.
54 Galeazzo Ciano, Tagebücher 1939–1943, Bern 1946, S. 122.

7. Der Untergang

1 ADAP, D VIII, Nr. 159.
2 ADAP, D XI/2, Nr. 638.
3 Domarus, Bd. 2, S. 1391.
4 Das Diensttagebuch des deutschen Generalgouverneurs in Polen 1939–1945, hrsg. von Werner Präg und Wolfgang Jacobmeyer, Stuttgart 1975, S. 335.
5 Generaloberst Halder, Kriegstagebuch. Tägliche Aufzeichnungen des Chefs des Generalstabes des Heeres 1939–1942, hrsg. vom Arbeitskreis für Wehrforschung; bearb. von Hans-Adolf Jacobsen, 3 Bde., Stuttgart 1962–1964, Bd. 1, S. 90.
6 Hassell, Aufzeichnungen vom anderen Deutschland, S. 195.
7 Johanna M. Menzel, Der geheime deutsch-japanische Notenaustausch zum Dreimächtepakt, in: VfZG 5 (1957), S. 182–193, Zitat S. 190.
8 ADAP, D XI/2, Nr. 532.
9 Halder, Kriegstagebuch, Bd. 2, S. 203.
10 Haffner, Teufelspakt, S. 151.
11 Zitiert nach: Walerij Danilow, Hat der Generalstab der Roten Armee einen Präventivschlag gegen Deutschland vorbereitet?, in: Österreichische Militärische Zeitschrift 31 (1993), S. 41–51, Zitat S. 49.
12 Halder, Kriegstagebuch, Bd. 2, S. 337.
13 Hans Buchheim u. a., Anatomie des SS-Staates. Gutachten des Instituts für Zeitgeschichte, Bd. 2: Martin Broszat u. a., Konzentrationslager, Kommissarbefehl, Judenverfolgung, Olten/Freiburg i. Br. 1965, S. 204.
14 Zitiert nach: Hans-Adolf Jacobsen, 1939–1945. Der Zweite Weltkrieg in Chronik und Dokumenten, Darmstadt 1959, S. 572.
15 Stellungnahmen und Gedanken zum Generalplan Ost des Reichsführers SS, 27. April 1942, zitiert nach: Der Generalplan Ost, hrsg. von Helmut Heiber, in: VfZG 6 (1958), S. 281–325, Zitate S. 297 ff.
16 ADAP, D X, Nr. 101.
17 Der Prozess gegen die Hauptkriegsverbrecher, Bd. 26, S. 267.
18 Die Tagebücher von Joseph Goebbels. Im Auftrag des Instituts für Zeitgeschichte hrsg. von Elke Fröhlich, Teil II: Diktate 1941–1945, Bd. 2: Oktober-Dezember 1941, München u. a. 1996, S. 498.
19 ADAP, E I, Nr. 150.
20 Heinrich Himmler, Geheimreden 1933 bis 1945 und andere Ansprachen, hrsg. von Bradley F. Smith und Agnes F. Peterson, Berlin/Frankfurt a. M./Wien 1974, S. 169.
21 Helmut Schmidt/Fritz Stern, Unser Jahrhundert. Ein Gespräch, München 2010, S. 83 f.
22 ADAP, E III, Nr. 209.
23 ADAP, E VIII, Nr. 39.

24 ADAP, E VIII, Nr. 306.
25 ADAP, E VIII, Nr. 276.
26 Staatsmänner und Diplomaten bei Hitler. Vertrauliche Aufzeichnungen und Unterredungen mit Vertretern des Auslandes 1939–1941, hrsg. von Andreas Hillgruber, 2 Bde., Frankfurt a. M. 1967/70, Bd. 2, S. 546.
27 Domarus, Bd. 2, S. 1764.
28 Halder, Kriegstagebuch, Bd. 3, S. 295.
29 ADAP, D XII/1, Nr. 266.
30 Hitlers Weisungen für die Kriegführung 1939–1945. Dokumente des Oberkommandos der Wehrmacht, hrsg. von Walther Hubatsch, Frankfurt a. M. 1962, Nr. 41.
31 Günter Moltmann, Goebbels' Rede zum totalen Krieg am 18. Februar 1943, in: VfZG 12 (1964), S. 13–43, Zitat S. 27.
32 Hitlers Weisungen für die Kriegführung, Nr. 51.
33 Zitiert nach: Fabian von Schlabrendorff, Offiziere gegen Hitler, Frankfurt a. M./Hamburg 1959, S. 138.
34 Zitiert nach: Gregor Schöllgen, Ulrich von Hassell 1881–1944. Ein Konservativer in der Opposition, München [2]2004, S. 123 f.
35 Werner Maser, Hitlers Briefe und Notizen. Sein Weltbild in handschriftlichen Dokumenten, Düsseldorf/Wien 1973, S. 375.
36 Kriegstagebuch des Oberkommandos der Wehrmacht (Wehrmachtführungsstab) 1940–1945, hrsg. von Percy Ernst Schramm, 4 Bde., Frankfurt a. M. 1961–1965, Bd. 4/2, S. 1580.
37 Joachim Fest, Hitler. Eine Biographie, Frankfurt a. M. u. a. 1973, S. 998.
38 Zitiert nach: Albert Speer, Erinnerungen, Frankfurt a. M./Berlin 1969, S. 445 f.

8. Epilog

1 Europa-Archiv 1 (1946/47), S. 344.
2 Ebd., S. 219.
3 Grundgesetz für die Bundesrepublik Deutschland vom 23. Mai 1949, zitiert nach: Dokumente des geteilten Deutschland (...), hrsg. von Ingo von Münch, Stuttgart 1976, S. 91.
4 AAPD 1965, Nr. 480.
5 Joseph Goebbels, Vom Kaiserhof zur Reichskanzlei. Eine historische Darstellung in Tagebuchblättern, München 1934, S. 285 f.
6 Sebastian Haffner, Anmerkungen zu Hitler, München 1978, S. 201 ff.

Quellen und Literatur

1. Quellen (einschließlich Korrespondenzen, Memoiren etc.)

Acten des Wiener Congresses in den Jahren 1814 und 1815, hrsg. von Johann Ludwig Klüber, 10 Bde., Erlangen 1815–1835.

Akten zur deutschen auswärtigen Politik 1918–1945. Aus dem Archiv des Auswärtigen Amtes, 62 Bde. in 76. Serie A: 1918–1925, 14 Bde., Göttingen 1982 ff.; Serie B: 1925–1933, 21 Bde., Göttingen 1966 ff.; Serie C: 1933–1937, 6 Bde., Göttingen 1971 ff.; Serie D: 1937–1941, 13 Bde., Baden-Baden u. a. 1950 ff.; Serie E: 1941–1945, 8 Bde., Göttingen 1969 ff.

Akten zur Geschichte des Krimkriegs, Serie II: Preußische Akten zur Geschichte des Krimkriegs, hrsg. von Winfried Baumgart, 2 Bde., München 1990/91.

Die auswärtige Politik Preußens 1858–1871. Diplomatische Aktenstücke, hrsg. von der Historischen Reichskommission unter Leitung von Erich Bandenburg u. a., 10 Bde., Oldenburg i. O. 1933–1941.

Bismarck, Otto von: Die gesammelten Werke, hrsg. von Herman von Petersdorff u. a., 14. Bde. in 19, Berlin 1924 ff.

Brüning, Heinrich: Memoiren 1918–1934, Stuttgart 1970.

Die Deutschen Dokumente zum Kriegsausbruch 1914. Hrsg. im Auftrag des Auswärtigen Amtes von Graf Max Montgelas und Walther Schücking, 4 Bde., Berlin 1921.

Der Friedensvertrag zwischen Deutschland und der Entente. Vollständige Volksausgabe der amtlichen deutschen Übertragung. Im Auftrage des Auswärtigen Amtes, Charlottenburg 1919.

[Goebbels, Joseph:] Die Tagebücher von Joseph Goebbels, hrsg. von Elke Fröhlich, Teil 1: Aufzeichnungen 1923–1941, 9 Bde.; Teil 2: Diktate 1941–1945, 15 Bde. und Registerbd., München 1993 ff.

Die Große Politik der Europäischen Kabinette 1871–1914. Sammlung der Diplomatischen Akten des Auswärtigen Amtes. Im Auftrage des Auswärtigen Amtes hrsg. von Johannes Lepsius, Albrecht Mendelssohn Bartholdy und Friedrich Thimme, 40 Bde. in 54, Berlin 1922–1927.

[Halder, Franz:] Generaloberst Halder, Kriegstagebuch. Tägliche Aufzeichnungen des Chefs des Generalstabes des Heeres 1939–1942, hrsg. vom Arbeitskreis für Wehrforschung; bearb. von Hans-Adolf Jacobsen, 3 Bde., Stuttgart 1962–1964.

Handbuch der Verträge 1871–1964. Verträge und andere Dokumente zur Geschichte der internationalen Beziehungen, hrsg. von Helmuth Stoecker, Berlin (Ost) 1968.

Hassell, Ulrich von: Aufzeichnungen vom anderen Deutschland. Die Hassell-Tagebücher 1938–1944. Nach der Handschrift revidierte und erwei-

terte Ausgabe, hrsg. von Friedrich Freiherr Hiller von Gaertringen, Berlin 1988.
[Hitler, Adolf:] Hitlers Weisungen für die Kriegführung 1939–1945. Dokumente des Oberkommandos der Wehrmacht, hrsg. von Walther Hubatsch, Frankfurt a. M. 1962.
Hitler, Adolf: Reden und Proklamationen 1932–1945. Kommentiert von einem deutschen Zeitgenossen, hrsg. von Max Domarus, 2 Bde., Neustadt a. A. 1962/63.
[Hitler, Adolf:] Staatsmänner und Diplomaten bei Hitler. Vertrauliche Aufzeichnungen über Unterredungen mit Vertretern des Auslandes 1939–1944, hrsg. von Andreas Hillgruber, 2 Bde., Frankfurt a. M. 1967/70.
Hopman, Albert: Das ereignisreiche Leben eines ‹Wilhelminers›. Tagebücher, Briefe, Aufzeichnungen 1901 bis 1920, hrsg. von Michael Epkenhans, München 2004.
Julikrise und Kriegsausbruch 1914, bearb. von Immanuel Geiss, 2 Bde., Bonn-Bad Godesberg [2]1976.
Kühlmann, Richard von: Erinnerungen, Heidelberg 1948.
[Nürnberger Prozesse:] Der Prozeß gegen die Hauptkriegsverbrecher vor dem Internationalen Militärgerichtshof. Nürnberg 14. November 1945–1. Oktober 1946, 42 Bde., Nürnberg 1947–1949.
Quellen zur deutschen Außenpolitik im Zeitalter des Imperialismus 1890–1911, hrsg. von Michael Behnen, Darmstadt 1977.
Quellen zur Entstehung des Ersten Weltkrieges. Internationale Dokumente 1901–1914, hrsg. von Erwin Hölzle, Darmstadt [2]1995.
Rathenau, Walther: Gesammelte Reden, Berlin 1924.
Stenographische Berichte über die Verhandlungen des Deutschen Reichstages, Berlin 1871 ff.
Ursachen und Folgen. Vom deutschen Zusammenbruch 1918 und 1945 bis zur staatlichen Neuordnung Deutschlands in der Gegenwart. Eine Urkunden- und Dokumentensammlung zur Zeitgeschichte, hrsg. von Herbert Michaelis u. a., 26 Bde., Berlin [1958 ff.].
Weber, Max: Gesamtausgabe. Im Auftrag der Kommission für Sozial- und Wirtschaftsgeschichte der Bayerischen Akademie der Wissenschaften hrsg. von Horst Baier u. a. Abt. I: Schriften und Reden, Tübingen 1984 ff.; Abt. II: Briefe, Tübingen 1990 ff.
Der Wiener Kongreß 1814/1815. Die Neuordnung Europas, hrsg. von Hans-Dieter Dyrhoff, München 1966.

2. Literatur

Afflerbach, Holger: Der Dreibund. Europäische Großmacht- und Allianzpolitik vor dem Ersten Weltkrieg, Wien u. a. 2002.

Aly, Götz: «Endlösung». Völkerverschiebung und der Mord an den europäischen Juden, Frankfurt a. M. ²2002.

Blessing, Ralph: Der mögliche Frieden. Die Modernisierung der Außenpolitik und die deutsch-französischen Beziehungen 1923–1929, München 2008.

Burg, Peter: Die deutsche Trias in Idee und Wirklichkeit. Vom Alten Reich zum Deutschen Zollverein, Stuttgart 1989.

Canis, Konrad: Von Bismarck zur Weltpolitik. Deutsche Außenpolitik 1890 bis 1902, Berlin 1997.

Canis, Konrad: Der Weg in den Abgrund. Deutsche Außenpolitik 1902–1914, Paderborn u. a. 2011.

Clark, Christopher: The Sleepwalkers. How Europe Went to War in 1914, London 2012.

Doering-Manteuffel, Anselm: Vom Wiener Kongreß zur Pariser Konferenz. England, die deutsche Frage und das Mächtesystem 1815–1856, Göttingen/Zürich 1991.

Doering-Manteuffel, Anselm: Die deutsche Frage und das europäische Staatensystem 1815–1871, München 1993.

Döscher, Hans-Jürgen: Das Auswärtige Amt im Dritten Reich. Diplomatie im Schatten der ‹Endlösung›, Berlin 1987.

Fenske, Hans: Friedrich von Holstein. Außenpolitiker mit Augenmaß, Friedrichsruh 2009.

Ferguson, Niall: Der falsche Krieg. Der Erste Weltkrieg und das 20. Jahrhundert, Stuttgart 1999.

Fest, Joachim: Hitler, Frankfurt a. M./Berlin/Wien 1973.

Fischer, Fritz: Griff nach der Weltmacht. Die Kriegszielpolitik des kaiserlichen Deutschland 1914/18, Düsseldorf 1961; zuletzt Kronberg/Ts. 1977.

Fischer, Fritz: Krieg der Illusionen. Die deutsche Politik von 1911 bis 1914, Düsseldorf 1969; zuletzt Kronberg/Ts. 1978.

Fischer, Klaus P.: Hitler & America. Philadelphia 2011.

Gall, Lothar: Bismarck. Der weiße Revolutionär, Frankfurt a. M./Berlin/Wien ⁵1981.

Gall, Lothar: Europa auf dem Weg in die Moderne, 1850–1890, München ³1997.

Geiss, Imanuel: Der lange Weg in die Katastrophe. Die Vorgeschichte des Ersten Weltkrieges 1815–1914, München/Zürich ²1991.

Graml, Hermann: Zwischen Stresemann und Hitler. Die Außenpolitik der Präsidialkabinette Brüning, Papen und Schleicher, München 2001.

Graml, Hermann: Hitler und England. Ein Essay zur nationalsozialistischen Außenpolitik 1920 bis 1940, München 2010.
Graml, Hermann: Bernhard von Bülow und die deutsche Außenpolitik. Hybris und Augenmaß im Auswärtigen Amt. München 2012.
Groepper, Horst: Bismarcks Sturz und die Preisgabe des Rückversicherungsvertrages, Paderborn u. a. 2008.
Grypa, Dietmar: Der Diplomatische Dienst des Königreichs Preußen (1815–1866). Institutioneller Aufbau und soziale Zusammensetzung, Berlin 2008.
Haffer, Dominik: Europa in den Augen Bismarcks. Bismarcks Vorstellungen von der Politik der europäischen Mächte und vom europäischen Staatensystem. Paderborn u. a. 2010.
Haffner, Sebastian: Anmerkungen zu Hitler, München 1978.
Haffner, Sebastian: Von Bismarck zu Hitler. Ein Rückblick, München 1987.
Haffner, Sebastian: Der Teufelspakt. Die deutsch-russischen Beziehungen vom Ersten zum Zweiten Weltkrieg, Zürich 1988.
Hilberg, Raul: Die Vernichtung der europäischen Juden. Die Gesamtgeschichte des Holocaust, Berlin [4]1992.
Hildebrand, Klaus: Das vergangene Reich. Deutsche Außenpolitik von Bismarck bis Hitler 1871–1945, Stuttgart [2]1996.
Hildebrand, Klaus: Das Dritte Reich, München [6]2003.
Hillgruber, Andreas: Deutschlands Rolle in der Vorgeschichte der beiden Weltkriege, Göttingen [3]1986.
Hillgruber, Andreas: Bismarcks Außenpolitik, Freiburg i. Br. [3]1993.
Hillgruber, Andreas: Der Zweite Weltkrieg 1939–1945. Kriegsziele und Strategie der großen Mächte, Stuttgart u. a. [6]1996.
Hirschfeld, Gerhard u. a.: Enzyklopädie Erster Weltkrieg, Paderborn u. a. 2003.
Hoffmann, Peter: Widerstand, Staatsstreich, Attentat. Der Kampf der Opposition gegen Hitler, München [4]1985.
Janorschke, Johannes: Bismarck, Europa und die «Krieg-in-Sicht»-Krise von 1875, Paderborn u. a. 2010.
Kießling, Friedrich: Gegen den «großen Krieg»? Entspannung in den internationalen Beziehungen 1911–1914, München 2002.
Kolb, Eberhard, Die Weimarer Republik, München [6]2002.
Krüger, Peter: Die Außenpolitik der Republik von Weimar, Darmstadt [2]1993.
Kuß, Susanne: Deutsches Militär auf kolonialen Kriegsschauplätzen. Eskalation von Gewalt zu Beginn des 20. Jahrhunderts, Berlin 2010.
Longerich, Peter: Politik der Vernichtung. Eine Gesamtdarstellung der nationalsozialistischen Judenverfolgung, München/Zürich 1998.
Lorenz, Thomas: «Die Weltgeschichte ist das Weltgericht!» Der Versailler Vertrag in Diskurs und Zeitgeist der Weimarer Republik, Frankfurt a. M./New York 2008.

Mark, Rudolf A.: Im Schatten des Great Game. Deutsche «Weltpolitik» und russischer Imperialismus in Zentralasien 1871–1914, Paderborn u. a. 2012.

Mazower, Mark: Hitlers Imperium. Europa unter der Herrschaft des Nationalsozialismus, München 2009.

Mommsen, Hans: Die verspielte Freiheit. Der Weg der Republik von Weimar in den Untergang 1918 bis 1933, Frankfurt a. M./Berlin 1989.

Mommsen, Wolfgang J.: Das Ringen um den nationalen Staat. Die Gründung und der innere Ausbau des Deutschen Reiches unter Otto von Bismarck 1850 bis 1890, Frankfurt a. M./Berlin 1993.

Mommsen, Wolfgang J.: Großmachtstellung und Weltpolitik. Die Außenpolitik des Deutschen Reiches 1870 bis 1914, Frankfurt a. M./Berlin 1993.

Neitzel, Sönke: Weltmacht oder Untergang. Die Weltreichslehre im Zeitalter des Imperialismus, Paderborn u. a. 2000.

Pogge von Strandmann, Hartmut: Imperialismus vom Grünen Tisch. Deutsche Kolonialpolitik zwischen wirtschaftlicher Ausbeutung und «zivilisatorischen» Bemühungen, Berlin 2009.

Recker, Marie-Luise: Die Außenpolitik des Dritten Reiches, München [2]2010.

Ritter, Gerhard: Staatskunst und Kriegshandwerk. Das Problem des «Militarismus» in Deutschland, 4 Bde., München 1954 ff.

Schmidt, Stefan: Frankreichs Außenpolitik in der Julikrise 1914. Ein Beitrag zur Geschichte des Ausbruchs des Ersten Weltkrieges, München 2009.

Schöllgen, Gregor: Imperialismus und Gleichgewicht. Deutschland, England und die orientalische Frage 1871–1914, München [3]2000.

Schöllgen, Gregor/Kießling, Friedrich: Das Zeitalter des Imperialismus, München [5]2009.

Schöllgen, Gregor: Ulrich von Hassell. Ein Konservativer in der Opposition, München [2]2004.

Skor, Holger: «Brücken über den Rhein». Frankreich in der Wahrnehmung und Propaganda des Dritten Reiches, 1933–1939, Essen 2011.

Ther, Philipp: Die dunkle Seite der Nationalstaaten. «Ethnische Säuberungen» im modernen Europa, Göttingen 2011.

Ullrich, Volker: Die nervöse Großmacht. Aufstieg und Untergang des deutschen Kaiserreichs 1871–1918, Frankfurt a. M. [4]2001.

Van Reybrouck, David: Kongo. Eine Geschichte, Berlin 2012.

Wehler, Hans-Ulrich: Bismarck und der Imperialismus, Köln [3]1972.

Wetzel, David: A Duel of Nations. Germany, France, and the Diplomacy of the War of 1870–1871, Madison/London 2012.

Winkler, Heinrich August: Der lange Weg nach Westen. Deutsche Geschichte, 2 Bde., München 2000.

Winzen, Peter: Das Kaiserreich am Abgrund. Die Daily Telegraph-Affäre und das Hale-Interview von 1908. Darstellung und Dokumentation, Stuttgart 2002.

Personenregister

GESCHICHTE BEI C.H.BECK

Sebastian Conrad
Globalgeschichte
Eine Einführung
2013. 300 Seiten. Paperback
Beck'sche Reihe Band 6079

Volker Berghahn
Der Erste Weltkrieg
4. Auflage. 2009. 120 Seiten mit 4 Karten. Paperback
C.H.Beck Wissen in der Beck'schen Reihe Band 2312

Eberhard Kolb
Der Frieden von Versailles
2. Auflage. 2011. 120 Seiten mit 3 Abbildungen und 3 Karten. Paperback
C.H.Beck Wissen in der Beck'schen Reihe Band 2375

Peter Wende
Beck's Historische Bibliothek
Das Britische Empire
Geschichte eines Weltreichs
2011. 367 Seiten mit 15 Karten im Text. Gebunden

James J. Sheehan
Kontinent der Gewalt
Europas langer Weg zum Frieden
Aus dem Englischen von Martin Richter
2008. 315 Seiten mit 10 Abbildungen. Leinen

Michael Howard
Der Krieg in der europäischen Geschichte
Vom Mittelalter bis zu den neuen Kriegen der Gegenwart
Aus dem Englischen übertragen von Karl Heinz Siber
2., aktualisierte und erweiterte Auflage. 2010. 224 Seiten. Paperback
Beck'sche Reihe Band 233

DEUTSCHE GESCHICHTE BEI C.H.BECK

Otto Pflanze
Bismarck Bd. 1: Der Reichsgründer
Aus dem Englischen von Peter Hahlbrock
2008. 906 Seiten mit 86 Abbildungen und 2 Karten. Paperback
Beck'sche Reihe Band 1785

Otto Pflanze
Bismarck Bd. 2: Der Reichskanzler
Aus dem Englischen von Peter Hahlbrock
2008. 808 Seiten mit 78 Abbildungen und 1 Karte. Paperback
Beck'sche Reihe Band 1786

John C. G. Röhl
Wilhelm II.
2013. 144 Seiten mit 1 Abbildung und 2 Karten. Paperback
C.H.Beck Wissen in der Beck'schen Reihe Band 2787

Volker Ullrich
Die Revolution von 1918/19
2009. 127 Seiten. Paperback
C.H.Beck Wissen in der Beck'schen Reihe Band 2454

Gunther Mai
Die Weimarer Republik
2009. 136 Seiten. Mit 1 Karte. Paperback
C.H.Beck Wissen in der Beck'schen Reihe Band 2477

Sebastian Conrad
Deutsche Kolonialgeschichte
2., durchgesehene Auflage. 2012. 128 Seiten mit 2 Karten. Paperback
C.H.Beck Wissen in der Beck'schen Reihe Band 2448

van Laak
Über alles in der Welt
Deutscher Imperialismus im 19. und 20. Jahrhundert
2005. 229 Seiten. Paperback
Beck'sche Reihe Band 1650